全国高职高专道桥与市政工程专业规划教材

公路勘测设计

主　编　王学民　李燕飞　任国志
副主编　公晋芳　胡晓敏　李　柱
　　　　张博辉　汪晓霞
主　审　田万涛

黄河水利出版社
·郑州·

内 容 提 要

本书为全国高职高专道桥与市政工程专业规划教材，是根据教育部对高职高专教育的教学基本要求及全国水利水电高职教研会制定的公路勘测设计课程标准编写完成的。全书共分十章，主要内容包括绪论、公路平面、公路纵断面、公路横断面、公路交叉、公路沿线设施与环境保护、公路选线、公路定线、公路外业勘测、公路现代测设技术等，较系统地介绍了公路勘测设计的基本理论和方法。

本书可作为高职高专院校道路桥梁工程技术、公路监理、工程造价等专业的教学用书，也可供从事公路勘测设计、施工、养护的有关工程技术人员学习参考。

图书在版编目(CIP)数据

公路勘测设计/王学民，李燕飞，任国志主编．—郑州：黄河水利出版社，2013.7

全国高职高专道桥与市政工程专业规划教材

ISBN 978-7-5509-0505-4

Ⅰ．公…　Ⅱ．①王…　②李…　③任…　Ⅲ．①道路测量-高等职业教育-教材　②道路工程-设计-高等职业教育-教材　Ⅳ．①U412

中国版本图书馆 CIP 数据核字(2013)第 149820 号

组稿编辑：王路平　电话：0371-66022212　E-mail:hhslwlp@163.com

路夷坦　66026749　hhsllyt@126.com

出 版 社：黄河水利出版社

地址：河南省郑州市顺河路黄委会综合楼14层　邮政编码：450003

发行单位：黄河水利出版社

发行部电话：0371-66026940、66020550、66028024、66022620(传真)

E-mail: hhslcbs@126.com

承印单位：河南地质彩色印刷厂

开本：787 mm×1 092 mm　1/16

印张：15.25

字数：350 千字　印数：1—4 100

版次：2013 年 7 月第 1 版　印次：2013 年 7 月第 1 次印刷

定价：31.00 元

前 言

本书是根据《教育部关于全面提高高等职业教育教学质量的若干意见》(教高[2006]16号)、《教育部关于推进高等职业教育改革创新引领职业教育科学发展的若干意见》(教职成[2011]12号)等文件精神,由全国水利水电高职教研会拟定的教材编写规划,在中国水利教育协会指导下,由全国水利水电高职教研会组织编写的道桥与市政工程专业规划教材。该套规划教材是在近年来我国高职高专院校专业建设和课程建设不断深化改革和探索的基础上组织编写的,内容上力求体现高职教育理念,注重对学生应用能力和实践能力的培养;形式上力求做到基于工作任务和工作过程编写,便于"教、学、练、做"一体化。该套规划教材是一套理论联系实际、教学面向生产的高职高专教育精品规划教材。

公路勘测设计是道路桥梁工程技术专业及相关专业的一门专业课,其内容涉及面广,实践性较强。在教材编写过程中,遵循现代职业教育理念,按照实践、实用、实际、实效的原则,力求使本教材能反映当前公路工程设计技术的新理念、新技术、新方法,体现针对性和先进性,紧密跟踪公路设计的发展趋势。教材编写内容符合最新的国家及行业标准、规范、规程及职业技能鉴定的要求,满足高职高专人才培养要求。

本书编写人员及编写分工如下:第一章、第九章第二节由河北工程技术高等专科学校王学民编写,第二章由山东水利职业学院李燕飞编写,第三章由甘肃建筑职业技术学院任国志编写,第四章由许昌职业技术学院公晋芳编写,第五章由黑龙江交通职业技术学院张博辉编写,第六章由杨凌职业技术学院李荣华编写,第七章由湖北水利水电职业技术学院胡晓敏编写,第八章由重庆水利电力职业技术学院李柱编写,第九章第一节由安徽水利水电职业技术学院汪晓霞编写,第十章由山西水利职业技术学院李伟编写。本书由王学民、李燕飞、任国志担任主编,王学民负责全书统稿;由黄河水利职业技术学院田万涛担任主审。

本书在编写过程中参考了有关标准、规范、教材和论著,在此向有关编著者表示衷心的感谢!

由于编者水平有限,书中难免存在不足之处,敬请各位读者指正。

编 者

2013 年 4 月

目　录

前　言
第一章　绪　论 …………………………………………………… (1)
第一节　交通运输系统及公路发展规划 ………………………… (1)
第二节　公路的分级与技术标准 ………………………………… (5)
第三节　公路勘测设计的依据 …………………………………… (8)
第四节　公路勘测设计的阶段与任务 …………………………… (14)
第五节　公路设计文件编制 ……………………………………… (18)
思考题及习题 ……………………………………………………… (26)
第二章　公路平面 ………………………………………………… (27)
第一节　直　线 …………………………………………………… (27)
第二节　圆曲线 …………………………………………………… (29)
第三节　缓和曲线 ………………………………………………… (33)
第四节　曲线超高与加宽 ………………………………………… (41)
第五节　中桩坐标计算 …………………………………………… (51)
第六节　行车视距 ………………………………………………… (54)
第七节　平面线形设计方法 ……………………………………… (59)
第八节　平面设计成果 …………………………………………… (64)
思考题及习题 ……………………………………………………… (69)
第三章　公路纵断面 ……………………………………………… (71)
第一节　纵坡及坡长 ……………………………………………… (72)
第二节　竖曲线 …………………………………………………… (78)
第三节　爬坡车道 ………………………………………………… (82)
第四节　公路平、纵线形组合设计 ……………………………… (85)
第五节　纵断面设计方法 ………………………………………… (89)
第六节　纵断面设计成果 ………………………………………… (92)
思考题及习题 ……………………………………………………… (96)
第四章　公路横断面 ……………………………………………… (97)
第一节　路基横断面 ……………………………………………… (97)
第二节　公路建筑限界与公路用地范围 ………………………… (106)
第三节　路基边坡 ………………………………………………… (109)
第四节　横断面设计方法 ………………………………………… (113)
第五节　路基土石方数量计算及调配 …………………………… (116)
第六节　横断面设计成果 ………………………………………… (121)

思考题及习题 …… (123)
第五章　公路交叉 …… (126)
第一节　公路交叉口交通分析 …… (126)
第二节　公路与公路平面交叉 …… (127)
第三节　公路与公路立体交叉 …… (134)
第四节　公路与其他线路交叉 …… (144)
思考题及习题 …… (147)
第六章　公路沿线设施与环境保护 …… (148)
第一节　公路服务设施 …… (148)
第二节　公路交通安全与管理设施 …… (151)
第三节　公路绿化 …… (155)
第四节　公路环境保护 …… (159)
思考题及习题 …… (162)
第七章　公路选线 …… (163)
第一节　概　述 …… (163)
第二节　路线方案比较 …… (166)
第三节　平原地区选线 …… (171)
第四节　山岭区选线 …… (175)
第五节　丘陵区选线 …… (191)
思考题及习题 …… (194)
第八章　公路定线 …… (195)
第一节　纸上定线 …… (195)
第二节　实地定线 …… (201)
第三节　纸上移线 …… (207)
思考题及习题 …… (209)
第九章　公路外业勘测 …… (210)
第一节　公路初测 …… (210)
第二节　公路定测 …… (215)
思考题及习题 …… (226)
第十章　公路现代测设技术 …… (227)
第一节　公路路线 CAD 技术 …… (227)
第二节　数字地面模型 …… (232)
第三节　公路透视图 …… (233)
第四节　"3S"技术在公路勘测设计中的应用 …… (234)
思考题及习题 …… (237)
参考文献 …… (238)

第一章　绪　论

教学目标　了解公路发展规划；掌握公路的分级与技术标准、公路勘测设计的依据和阶段；熟悉公路设计文件的组成内容。

第一节　交通运输系统及公路发展规划

一、交通运输系统

常言道：民以食为天，以行为先，行是通过交通实现的。交通是货物的交流和人员的来往。交通运输是劳动者使用运输工具，有目的地实现人与物空间位移的生产过程。

交通运输业是一个特殊的物质生产部门，是国民经济的基础产业之一。交通运输设施是发展国民经济、促进社会进步、提高人民生活水平的重要基础设施。交通运输把国民经济各个领域和各个地区联系起来，因此它是联系工业和农业、城市和乡村、生产和消费的纽带，在国家的政治、经济、军事、文化建设中具有重要的作用。交通运输具有服务功能，应能安全、舒适、快捷地满足运输要求，以适应国民经济和社会发展的需要。

（一）交通运输系统的构成

现代交通运输系统由铁路、公路、水运、航空以及管道等五种运输方式组成。各种运输方式由于技术经济特征不同，各有其优势。

铁路运输适用于远程的大宗货物及旅客运输，其特点是运量大、速度快、连续性较强、成本较低，特别是高速铁路（轮轨、磁悬浮）的出现，使铁路运输能力得到进一步提高。但铁路运输建设周期长、投资大，由于铁路运输需转运（二次、三次），装卸费用较高，使其一般只在远距离运输上占有优势。受铁路轨道的限制，铁路运输属线性运输。

水路运输通过能力高，运量大，耗能少，成本低，但受自然因素制约大，连续性较差，速度慢。其运输方式包括内河运输及海洋（近海、远洋）运输。

航空运输适用于快速运送旅客、紧急物资及邮件，速度快，但成本高，通用性差。

管道运输是用于液态、气态及散装粉状材料运输的专用方式，具有连续性强、运输成本低、损耗少、安全性好的特点。

公路运输适用于旅客及货物各种运距的批量运输。

（二）公路运输的特点及其在国民经济中的地位

公路运输是以公路设施为基础的，利用汽车等陆路交通运输工具，做跨地区或跨国的移动，以完成人员和货物位移的运输方式。公路运输是对外贸易运输和国内客货运输的主要方式之一，它既是独立的运输体系，也是车站、港口和机场物资集散的重要手段。公路运输与其他运输方式比较，具有以下几方面特点：

(1)机动灵活，覆盖面广。由于公路运输网一般比铁路、水路网的密度要大十几倍，分布面也广，因此公路运输车辆可以“无处不到、无时不有”。公路运输在时间方面的机动性也比较大，车辆可随时调度、装运，各环节之间的衔接时间较短。尤其是公路运输对客、货运量的多少具有很强的适应性，汽车的载重吨位有小有大，既可以单个车辆独立运输，也可以由若干车辆组成车队同时运输，这一点对抢险、救灾工作和军事运输具有特别重要的意义。

(2)可实现“门到门”直达运输。由于汽车体积较小，中途一般也不需要换装，除可沿分布较广的路网运行外，还可离开路网深入到工厂企业、农村田间、城市居民住宅等地，即可以把旅客和货物从始发地门口直接运送到目的地门口，实现“门到门”直达运输。

(3)中、短途运输速度较快。在中、短途运输中，由于公路运输可以实现“门到门”直达运输，中途不需要倒运、转乘就可以直接将客货运达目的地，因此与其他运输方式相比，其客、货在途时间较短，运送速度较快。

(4)原始投资少，操作较容易。与铁、水、航运输方式相比，公路运输所需固定设施简单，车辆购置费用一般也比较低，同时，汽车驾驶技术比较容易掌握，对驾驶员的各方面素质要求相对也比较低。因此，投资较少，资金周转快，社会效益显著。

(5)运量较小，运行持续性较差，运输成本较高。与铁路、水运比较，公路运输所消耗的燃料价格较高，服务人员较多，单位运距小，运行持续性较差，在长距离运输中，其运输成本偏高。

(6)安全性较低，污染环境较大。由于公路运输的机动性强、普遍性高等因素，交通事故频发，其运输安全性较低。同时，汽车所排出的尾气和引起的噪声也严重地威胁着人类的健康，是环境污染的主要污染源之一。

随着汽车制造技术的不断发展及运输管理水平的不断提高，公路运输的不足也在逐步得到改善。到20世纪70年代，经济发达国家大多改变了一个多世纪以来以铁路运输为中心的局面，公路运输在各种运输方式中起到了主导作用，特别是现代高速公路的出现，使公路运输在经济建设中发挥着更加重要的作用，它以强大的通行能力、快捷的运行速度、灵活的运行方式，极大地提高和丰富了运输的能力与内容。它是现代运输体系中最活跃的一种运输方式，并显示出广阔的发展前景。在国家综合运输系统中，公路运输承担的运输任务占综合运输系统总运量的比重不断提高。国民经济的发展离不开公路运输的支撑，公路运输在国民经济发展中的地位十分突出，起着举足轻重的作用。

二、我国公路现状与发展规划

(一)公路发展史

公路是现代交通运输发展的产物，是人类文明的象征，是科学进步的重要标志。

相传在公元前2000多年，就有了轩辕氏造舟车，已出现可行驶牛、马车的道路。而“道路”名称始于周代，原意为导路，周代又有“周道如砥，其直如矢”的记载。秦始皇统一六国后，大修驰道，颁布“车同轨”法令，使得道路建设得到了较大的发展。公元前2世纪，我国通往中亚细亚和欧洲的“丝绸之路”开始发展起来。唐代是我国古代道路发展的鼎盛时期，初步形成了以城市为中心的四通八达的道路网。宋代、元代、明代对驿道网的建设和管理也有所发展。清代的道路网系统分为三等，即“官马大路”、“大路”、“小路”。

1886 年，第一辆汽车在德国问世，开始了汽车运输的新纪元。20 世纪初(1902 年)汽车输入我国，通行汽车的道路开始发展起来。从 1906 年在广西友谊关修建第一条公路开始，到 1949 年，全国公路通车里程仅有 8.07 万 km，且缺桥少渡，路况极差。

中华人民共和国成立以后，为了迅速恢复和发展国民经济，巩固国防，国家对公路建设做出了很大的努力，取得了显著成就，截至 1978 年年底，全国公路通车里程达 88 万 km。改革开放以来，公路建设迅速发展。交通部于 1981 年公布实施了《国家干线公路网试行方案》，1982 年又提出了“普及与提高相结合，以提高为主”的公路建设方针。同时组织力量论证公路在国民经济中的地位和作用，阐述修建高速公路的经济效益和社会效益，使“要想富，先修路；公路通，百业兴”的口号，逐步成为多数人的共识。20 世纪 80 年代末 90 年代初，中央明确把加快交通运输发展作为事关国民经济全局的战略性和急迫性任务，公路交通迎来了大发展的历史机遇。从“八五”开始，我国公路建设进入了发展速度快、建设规模大、科技含量不断提高的新时期。截至 2010 年年底，全国公路网总里程达到 398.4 万 km，极大地促进和保障了我国经济社会的发展。

1998 年 1 月，我国正式颁发并实施《中华人民共和国公路法》，这是我国交通法制建设的一个里程碑，对我国公路规划、建设、养护、经营、使用和管理等方面的法律制度以及发展公路的基本原则、重要方针做了明确规定。

高速公路建设是交通运输现代化的重要标志之一。1988 年 10 月，沪嘉(上海—嘉定)高速公路建成通车，实现了我国大陆高速公路零的突破。这条高速公路全长 18.5 km，双向 4 车道，设计行车时速为 120 km，中央分隔带宽 3 m，全封闭，全立交，沿线建有大型互通式立交桥 3 座，设有完整的交通标志、标线和交通监控系统。

1990 年 9 月，沈大(沈阳—大连)高速公路建成通车。沈大高速公路全长 375 km，连接沈阳、辽阳、鞍山、营口、大连 5 座城市，是当时公路建设项目中由我国自行设计施工、规模最大、标准最高的工程，开创了我国建设长距离高速公路的先河，为 20 世纪 90 年代大规模的高速公路建设积累了经验。

1993 年，京津塘(北京—天津—塘沽)高速公路建成通车，这是我国第一条经国务院批准，利用世界银行贷款进行国际公开招标建成的高速公路，也是第一次引入“FIDIC”(国际咨询工程师联合会)条款实施工程监理的高速公路。

到 1999 年，我国高速公路通车里程突破 1 万 km。2000 年，全国高速公路通车总里程达到 1.6 万 km，居世界第三位。2001 年年底，中国高速公路通车里程达到 1.9 万 km，跃居世界第二位。近十年来，我国高速公路建设突飞猛进，截至 2010 年年底，全国各省(自治区、直辖市)都已拥有高速公路，通车总里程达 7.4 万 km。

(二)公路建设存在的问题

我国公路建设虽然取得了巨大成就，但仍不能完全适应国民经济对公路运输的要求，而且与世界上发达国家相比，存在着较大的差距。公路网标准低、基础设施薄弱、公路密度低、通达能力差、抗灾能力弱、服务水平不高、发展不平衡等，仍是当前存在的突出问题。从高速公路在各地区的分布情况看，东、中、西各地区公路总量以及所占比例都存在较明显的差异。据2008年资料统计，我国东部地区高速公路共有25 262 km，占高速公路总里程的42.10%；中部地区18 285 km，占30.47%；西部地区16 456 km，仅占全国高速公路总里程的27.43%。公路密度低，高等级公路总量不足，制约了西部地区经济发展水平的进一步提高。在通车里程中，我国二级及二级以上的高等级公路里程为39.97万km，只占等级公路总里程的14.39%。在全国公路总里程373.02万km中，铺有沥青混凝土、水泥混凝土等高级路面里程为146.38万km，只占全国公路总里程的39.24%；简易铺装路面里程为53.08万km，占全国公路总里程的14.23%；未铺装路面里程为173.56万km，占全国公路总里程的46.53%；达不到技术标准的等外公路95.17万km，占全国公路总里程的25.51%。因此，加快公路网新线建设，对原有公路进行技术改造，逐步提高技术标准和通行能力，仍是我国当前的主要任务。

（三）公路发展规划

1. 高速公路发展规划

在经济社会和交通加快发展的新形势下，2004年12月，《国家高速公路网规划》经国务院审议通过，标志着中国高速公路建设发展进入了一个新的历史时期。

国家高速公路网规划采用放射线与纵横网格相结合的布局方案，形成由中心城市向外放射以及横连东西、纵贯南北的大通道，由7条首都放射线、9条南北纵向线和18条东西横向线组成，简称“7918网”，总规模约8.5万km，其中，主线6.8万km，地区环线、联络线等其他路线约1.7万km。

规划的国家高速公路网将连接所有现状人口在20万以上的319个城市，包括所有的省会城市以及港澳台地区。届时，我国汽车的经济运距将大幅提高，东部、中部、西部地区平均上高速的时间可缩短为0.5 h、1 h、2 h。总体上实现“东网、中联、西通”的目标，形成“首都连接省会、省会彼此相通、连接主要地市、覆盖重要县市”的高速公路网络，见表1-1。

2. “十二五”公路建设发展目标

国家《交通运输“十二五”发展规划》指出：我国经济社会发展将进入一个新的历史阶段，为保持我国经济平稳较快发展，需进一步增强交通运输保障能力；运输需求结构和消费结构升级，必须提升交通运输服务水平；建设资源节约型、环境友好型社会的发展战略，需加快构建绿色交通运输体系；经济社会快速发展和人民生活水平的提高，也必须强化交通运输安全与应急保障能力建设。

“十二五”时期，公路交通要坚持建、养、运、管并重，完善国家公路网规划，基本建成国家高速公路网，加大国道改造力度，加强公路科学养护，优化营运车辆结构，创新运输组织模式，规范运输市场管理，全面提升公路运输保障能力和服务水平。预计到“十二五”末，公路总里程达到450万km，国家高速公路网基本建成，高速公路总里程达到10.8万km，覆盖90%以上的20万人以上城镇人口城市，二级及以上公路里程达到65万km，国、省道总体技术状况达到良等水平，农村公路总里程达到390万km。同时，公路交通安全应急水平应明显提高。基本形成适应综合运输体系发展要求的公路交通网络，公路网结构明显趋于合理，区域公路发展差距明显缩小，城乡之间路网衔接更加顺畅。

表 1-1　国家高速公路网规划方案　　（单位:km）

北京放射线			南北纵线			东西横线		
序号	起终点	里程	序号	起终点	里程	序号	起终点	里程
1	北京—上海	1 245	1	鹤岗—大连	1 390	1	绥芬河—满洲里	1 520
2	北京—台北	2 030	2	沈阳—海口	3 710	2	珲春—乌兰浩特	885
3	北京—港澳	2 285	3	长春—深圳	3 580	3	丹东—锡林浩特	960
4	北京—昆明	2 865	4	济南—广州	2 110	4	荣成—乌海	1 820
5	北京—拉萨	3 710	5	大庆—广州	3 550	5	青岛—银川	1 600
6	北京—乌鲁木齐	2 540	6	二连浩特—广州	2 685	6	青岛—兰州	1 795
7	北京—哈尔滨	1 280	7	包头—茂名	3 130	7	连云港—霍尔果斯	4 280
			8	兰州—海口	2 570	8	南京—洛阳	710
			9	重庆—昆明	838	9	上海—西安	1 490
						10	上海—成都	1 960
						11	上海—重庆	1 900
						12	杭州—瑞丽	3 405
						13	上海—昆明	2 370
						14	福州—银川	2 485
						15	泉州—南宁	1 635
						16	厦门—成都	2 295
						17	汕头—昆明	1 710
						18	广州—昆明	1 610

第二节　公路的分级与技术标准

公路是指连接城市、乡村和工矿基地之间，主要供汽车行驶并具备一定技术标准和设施的道路。

公路按其重要性、使用性质和行政等级可分为国家干线公路（简称国道）、省干线公路（简称省道）、县公路（简称县道）、乡村公路（简称乡道）和专用公路。一般把国道和省道称为干线，县道和乡道称为支线。

国道是在国家干线网中，具有全国性政治、经济、国防意义的主要干线公路，包括重要的国际公路、国防公路，连接首都与各省（自治区、直辖市）首府的公路，连接各大经济中心、港站枢纽、商品生产基地和战略要地的公路。

省道是指在省（自治区、直辖市）公路网中，具有全省性的政治、经济、国防意义，并由省级公路主管部门负责修建、养护和管理的省级公路干线。

县道是指具有全县政治、经济意义，连接县城和县内主要乡（镇）、主要商品生产和集散地的公路，以及不属于国道、省道的县际间公路。县道由县、市公路主管部门负责修建、养护和管理。

乡道是指直接或主要为乡（镇）村经济、文化、生产、生活服务的公路，以及不属于县道以上的乡村与外部联络的公路。乡道由县统一规划，由县、乡组织修建、养护和管理。由于乡村公路主要为农业生产服务，一般不列入国家公路等级标准。

专用公路是指专供或主要供厂矿、林区、农场、油田、旅游区、机场、港口、军事要地等与外部联系的公路。专用公路由专用单位负责修建、养护和管理，也可委托当地公路部门修建、养护和管理。专用公路的技术要求应按其专门制定的技术标准或参照公路工程技术标准执行。

一、公路分级与等级选用

（一）公路等级

公路等级是表示公路通过能力和技术水平的指标。为了满足经济发展、设计交通量、路网建设和功能等要求，公路应分等级规划与建设。根据公路的使用任务、功能和适应的交通量，我国《公路工程技术标准》（JTG B01—2003）将公路分为五个等级，即高速公路、一级公路、二级公路、三级公路和四级公路。

（1）高速公路。高速公路为具有特别重要的政治、经济意义，专供汽车分向、分车道行驶并全部控制出入的多车道公路。它具有四条或四条以上车道，设有中央分隔带，全部立体交叉，并具有完善的交通安全设施、管理设施和服务设施。

四车道高速公路应能适应将各种汽车折合成小客车的年平均日交通量 25 000 ~ 55 000辆，六车道高速公路为 45 000 ~ 80 000 辆，八车道高速公路为 60 000 ~ 100 000 辆。

（2）一级公路。一级公路为连接重要的政治、经济中心，通往重点工矿区，供汽车分向、分车道行驶，并可根据需要控制出入的多车道公路。

四车道一级公路应能适应将各种汽车折合成小客车的年平均日交通量 15 000 ~ 30 000辆，六车道一级公路为 25 000 ~ 55 000 辆。

（3）二级公路。二级公路为连接中等以上城市或者是通往大工矿区、港口等地，供汽车行驶的双车道公路。为保证汽车的行驶速度和交通安全，在混合交通量大的路段，可设置慢车道，供非汽车交通行驶。

双车道二级公路应能适应将各种汽车折合成小客车的年平均日交通流量 5 000 ~ 15 000辆。

（4）三级公路。三级公路为主要供汽车行驶的双车道公路，沟通县及县以上城市。

双车道三级公路应能适应将各种车辆折合成小客车的年平均日交通量 2 000 ~ 6 000 辆。

（5）四级公路。四级公路为主要供汽车行驶的双车道或单车道公路，是沟通县、乡、村的支线公路。

双车道四级公路应能适应将各种车辆折合成小客车的年平均日交通量 2 000 辆以下，单车道四级公路应能适应将各种车辆折合成小客车的年平均日交通量 400 辆以下。

（二）公路等级的选用

公路等级的选用应根据公路功能、路网规划和设计交通量，并充分考虑项目所在地区的综合运输体系、远期发展规划、社会经济等因素，经论证后确定。

在确定公路等级时，应明确以下几个问题：

（1）确定一条公路的等级，应首先确定该公路的功能。分析其是用于干线公路，还是用于集散公路，即属于直达还是属于连接，以及是否需要控制出入等，根据预测交通量初拟公路等级，结合地形、交通组成等，确定设计速度、路基宽度。

（2）公路等级应根据公路网规划和该路段的设计交通量确定。设计交通量是指各级公路所能适应的年平均日交通量。高速公路和具干线功能的一级公路的设计交通量应按 20 年预测；具集散功能的一级公路，以及二、三级公路的设计交通量应按 15 年预测；四级公路可根据实际情况确定。设计交通量预测的起算年应为该项目可行性研究报告中的计划通车年，设计交通量的预测应充分考虑走廊带范围内远期社会、经济的发展和综合运输体系的影响。

（3）当公路里程较长时，可分段选用不同的公路等级、不同的设计速度和路基宽度，但不同公路等级、设计速度、路基宽度间的衔接应协调，过渡应顺适。要结合地形的变化设置过渡段，使主要技术指标随之逐渐过渡，避免出现突变。不同设计路段相互衔接的地点应选择在驾驶人员能够明显判断路况发生变化而需要改变行车速度的地点，如村镇、车站、交叉道口或地形明显变化等处，并应设置相应的标志。

（4）一级公路既可作为干线公路，也可作为集散公路。作为干线公路时，为保证运行速度、交通安全和服务水平，应根据需要采取控制出入措施；作为集散公路时，纵横向干扰较大，为保证机动车分道、分向行驶，可设置慢车道，供非机动车交通行驶。

（5）干线公路宜选用二级及二级以上公路。当干线公路采用二级标准时，应采取增大平面交叉间距、渠化平面交叉、主路优先或信号交通管理方式等措施，以减少横向干扰。

（6）集散公路采用二级标准时，在非机动车交通量较大的路段，可采取设置慢车道、主路优先或信号控制等交通管理方式，以及优化平面交叉等措施，以减少纵、横向干扰，其平面交叉间距不应小于 300 m。

（7）设计的路段长度不宜过短。一般情况下，高速公路不宜小于 15 km，一级公路、二级公路不宜小于 10 km，三级公路、四级公路可根据实际情况适当缩短。

（8）支线公路或地方公路可选用三级公路或四级公路，允许各种车辆在车道内混合行驶。

二、公路技术标准

公路技术标准是指在一定自然环境条件下能保持车辆正常行驶性能所采用的技术指标体系。公路技术标准是法定性技术准则，它反应了我国公路建设的方针、政策和技术要求，公路勘测设计时必须严格遵守。归纳起来公路技术标准大体可分为三类，即线形标准、载重标准和净空标准。

线形标准或称几何标准，主要是确定路线线形几何尺寸的技术标准。载重标准用于道路的结构设计，它的主要依据是汽车的载重标准等级。净空标准是根据不同汽车的外轮廓尺寸和轴距来确定道路的空间界限的。各级公路的具体标准是由各项技术指标来体现的，主要技术指标一般包括设计速度、行车道数及宽度、路基宽度、最大纵坡、平曲线最小半径、行车视距、车辆荷载等，见表1-2。设计速度是技术指标中最重要的指标，对工程费用和运输效率的影响最大。路线在公路网中具有重要的经济、国防意义者，交通量较大者，地形平易者，规定较高的设计速度；反之，则规定较低的设计速度。

表1-2　各级公路的主要技术指标汇总

公路等级		高速公路			一级公路			二级公路		三级公路		四级公路
设计速度(km/h)		120	100	80	100	80	60	80	60	40	30	20
车道数(条)		4、6、8	4、6、8	4、6	4、6	4、6	4	2	2	2	2	1、2
路基宽度(m)(一般值)		28.0 34.5 42.0	26.0 33.5 41.0	24.5 32.0	26.0 33.5	24.5 32.0	23.0	12.0	10.0	8.5	7.5	4.5 6.5
停车视距(m)		210	160	110	160	110	75	110	75	40	30	20
圆曲线半径(m)	一般值	1 000	700	400	700	400	200	400	200	100	65	30
	最小值	650	400	250	400	250	125	250	125	60	30	15
最大纵坡(%)		3	4	5	4	5	6	5	6	7	8	9
汽车荷载等级		公路－Ⅰ级			公路－Ⅰ级			公路－Ⅱ级		公路－Ⅱ级		公路－Ⅱ级

第三节　公路勘测设计的依据

一、设计车辆

设计车辆是指公路设计所采用的具有代表性的车辆。公路上行驶的车辆主要是汽车，对于混合交通的公路还有一部分非机动车。汽车的行驶性能、外廓尺寸以及不同种类车辆的组成对公路几何设计具有决定作用，因此选择有代表性的车辆作为设计的依据是必要的。

(一)设计车辆的外廓尺寸

研究公路路幅组成、弯道加宽、交叉口的设计、纵坡、视距等都与设计车辆的外廓尺寸有着密切的关系。汽车的种类很多，按使用的目的、结构或发动机的不同分成各种类型，而作为公路设计依据的车辆可分为三类，即小客车、载重汽车、鞍式列车。各类设计车辆的外廓尺寸如表1-3和图1-1所示。

自行车在大城市近郊和居民密集的地段，数量较多而且有发展的趋势，在设计时应充分注意。自行车的外廓尺寸为宽0.75 m，长2.00 m，载人以后高为2.00 m。

表 1-3　设计车辆的外廓尺寸　（单位:m）

车辆类型	总长(m)	总宽(m)	总高(m)	前悬(m)	轴距(m)	后悬(m)
小客车	6	1.8	2	0.8	3.8	1.4
载重汽车	12	2.5	4	1.5	6.5	4
鞍式列车	16	2.5	4	1.2	4 + 8.8	2

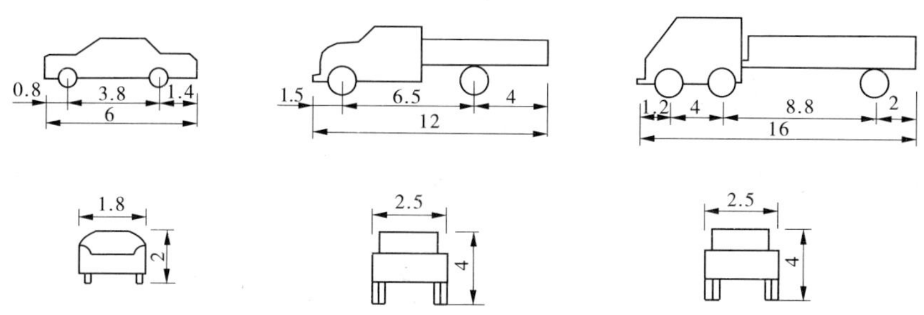

图 1-1　设计车辆的外廓尺寸　（单位:m）

（二）车辆折算系数

公路上行驶的汽车种类较多，其速度、行驶规律以及占用道路的净空差异较大，但作为公路设计的交通量应折算成某一标准车型。我国标准规定交通量换算采用小客车为标准车型，确定公路等级的各汽车代表车型和车辆折算系数规定如表 1-4 所示。

表 1-4　代表车型与车辆折算系数

代表类型	车辆折算系数	说明
小客车	1.0	≤19 座的客车和载重量≤2 t 的货车
中型车	1.5	>19 座的客车和 2 t < 载重量≤7 t 的货车
大型车	2.0	7 t < 载重量≤14 t 的货车
拖挂车	3.0	载重量 > 14 t 的货车

在我国的二、三、四级公路上，还有着相当大比例的非机动车。畜力车、人力车、自行车等非机动车，在设计交通量换算中按路侧干扰因素计。一、二级公路上行驶的拖拉机按路侧干扰因素计，三、四级公路上行驶的拖拉机每辆可折算为 4 辆小客车。

公路通行能力分析所要求的车辆折算系数应针对路段、交叉口等形式，按不同的地形条件和交通需求，采用相应的折算系数。

二、设计速度

（一）设计速度的定义

设计速度又称计算行车速度，是指在气候条件良好、交通密度小、汽车运行只受公路本身条件（几何要素、路面、附属设施）影响时，中等驾驶技术的驾驶员能保持安全、舒适行驶的最大速度。

设计速度与运行速度是不同的两个概念。运行速度是指车辆在公路上的实际行驶速度，它受气候、地形、交通密度以及公路本身条件的影响，同时与驾驶员的技术水平也有很大的关系。根据国内外观测研究，当设计速度高时，运行速度低于设计速度；而当设计速度低时，运行速度高于设计速度，这也说明设计速度与运行安全有关。

设计速度是决定公路几何线形的最基本的控制要素。公路圆曲线半径、行车视距、超高、路幅宽度、纵坡、竖曲线半径等指标均直接或间接地与设计速度有关。公路技术标准根据车辆动力性能和地形条件，确定了不同等级公路的设计速度指标。所以，它是体现公路等级的一项重要技术指标。

我国公路工程技术标准规定的各级公路设计速度见表 1-5。设计速度最高值是根据汽车性能，并参考国内外的实际经验，从节约能源以及人在感官上的感觉出发确定的，采用 120 km/h。设计速度最低值考虑我国实际的地形条件、土地利用和投资的可能性，确定为 20 km/h。

表 1-5　各级公路设计速度　　（单位：km/h）

公路等级	高速公路			一级公路			二级公路		三级公路		四级公路
设计速度	120	100	80	100	80	60	80	60	40	30	20

（二）设计速度的选用

各级公路设计速度应根据公路的功能、等级、交通量，并结合沿线地形、地质等自然状况，经论证确定。

（1）高速公路应根据交通量、地形等情况选用高的设计速度。位于地形、地质等自然条件复杂的山区，经论证，设计速度可采用 60 km/h，但要注意到运行速度和设计速度的不一致性，并从设计和安全设施等方面采取措施保证其运行的安全。

（2）一级公路作为干线公路时，设计速度宜采用 100 km/h 或 80 km/h；作为集散公路时，根据混合交通量、平面交叉间距等因素，设计速度宜采用 60 km/h 或 80 km/h。

（3）二级公路作为干线公路时，设计速度宜采用 80 km/h；作为集散公路时，在混合交通量较大、平面交叉间距较小的路段，设计速度宜采用 60 km/h。二级公路位于地形、地质等自然条件复杂的山区，经论证，该路段的设计速度可采用 40 km/h。

（4）三级公路作为支线公路时，设计速度宜采用 40 km/h。在地形、地质等自然条件复杂的路段，设计速度可采用 30 km/h。

（5）地形、地质等自然条件复杂的山区，或交通量很小的路段，可采用设计速度为 20 km/h的四级公路。

三、交通量

交通量是指单位时间内通过公路某一断面的车辆数，其计量单位常用日交通量（pcu/d）或小时交通量（pcu/h）。交通量是道路工程与交通工程中的一个基本参数，是确定公路等级的主要依据。

交通量与社会经济发展速度、气候、物产、文化生活水平等多方面因素有关，且随时间、地点的不同而随机变化。交通量的具体数值由交通调查和交通预测确定，交通调查、分析和交通预测是公路建设项目可行性研究阶段进行现状评价、综合分析建设项目的必要性和可行性的基础，也是确定公路建设项目的建设规模、技术等级、工程设施、经济效益评价及公路几何线形设计的主要依据。交通调查、分析及交通量预测水平的高低，尤其是预测的水平、质量和可靠程度，将直接影响到项目决策的科学性和工程技术设计的经济合理性。

（一）年平均日交通量

一条公路交通量普遍采用的计量单位是年平均日交通量（$AADT$），即全年 365 d 交通量观测结果的平均值，其表达式为

$$N = \frac{1}{365}\sum_{i=1}^{365} Q_i \tag{1-1}$$

式中 N——年平均日交通量，pcu/d；

Q_i——一年 365 天的每日交通量，pcu/d。

（二）设计交通量

设计交通量是指拟建公路到达交通预测年限时能达到的年平均日交通量（pcu/d）。它对确定公路等级、论证公路的计划费用或各项结构设计等有重要作用。设计交通量与公路使用任务、功能及性质有关，可根据历年交通观测资料推算求得。一般按年平均增长率计算确定，计算公式为

$$N_{\mathrm{d}} = N_0(1+\gamma)^{t-1} \tag{1-2}$$

式中 N_{d}——预测年的平均日交通量，pcu/d；

N_0——起始年的平均日交通量，pcu/d；

γ——年平均增长率（%）；

t——设计年限，按公路等级确定。

（三）设计小时交通量

小时交通量（辆/h）是以小时为计算时段的交通量，是确定车道数和车道宽度或评价服务水平时的依据。统计表明，在一天以及全年时间，每小时交通量变化很大。若以一年中最大的高峰小时交通量作为设计依据，会造成浪费，但如果采用日平均小时交通量，则不能满足实际需要，会造成交通拥挤，甚至阻塞。为了保证交通安全畅通，又使工程造价经济、合理，我们可借助一年中每小时交通量变化曲线来确定适合于设计使用的小时交通量。

将一年中所有 8 760 h 交通量按其与年平均日交通量百分数的大小顺序排列起来并绘成曲线，如图 1-2 所示。从该图中可以看出，在 30 ~ 50 位小时交通量附近曲线急剧变化，其右侧曲线明显变缓，而左侧曲线坡度则较大。如以第 30 位小时交通量作为设计依据，意味着在 1 年中有 29 个小时超过设计值，将发生交通拥挤，占全年小时数的 0.33%，而能顺利通过的保证率达 99.67%。因此，设计小时交通量宜采用第 30 位小时交通量作为设计依据，也可根据当地调查结果采用第 20 ~ 40 位小时之间最为经济合理时位的小时交通量。

对于各种不同年份、不同地区的公路都能绘出相应的如图 1-2 所示的关系曲线。虽然各条曲线的弯曲程度和上下位置各有所差别，但曲线的基本图形都是相同的。在确定

设计小时交通量时，应绘制各路线交通量变化图。有平时观测资料的公路，必须使用观测资料；没有观测资料的公路，可参考性质相似、交通情况相仿的其他公路观测资料进行推算。

设计小时交通量一般按预测年度的年平均日交通量计算，公式如下

$$DDHV = N_d Dk \tag{1-3}$$

式中 $DDHV$——主要方向设计小时交通量，pcu/h；

D——方向不均匀系数，一般取 0.5 ~ 0.6，也可根据当地交通量观测资料研究确定；

k——设计小时交通量系数（%），为选定时位小时交通量与年平均日交通量的比值，当有观测资料时绘制图 1-2 求得 k，当缺乏资料时，一般平原区取 13% ~ 15%，山区取 15% ~17%；

其他符号含义同前。

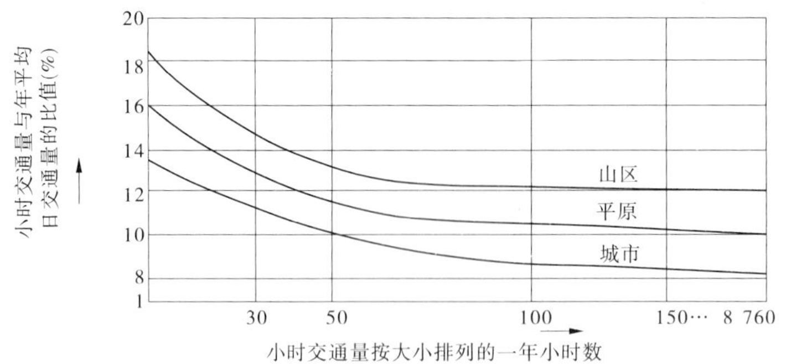

图 1-2　年平均日交通量与小时交通量关系曲线

四、通行能力与服务水平

通行能力是在一定的道路和交通条件下，单位时间内公路某一断面所能通过的最大车辆数，是特定条件下公路所能承担车辆数的极限值，通常以辆/小时（pcu/h）表示。公路通行能力反映了公路设施所能疏导交通流的能力，是公路规划设计和运营管理的重要参数。根据使用性质和要求，通行能力通常分为基本通行能力、设计通行能力和实际通行能力。

（一）基本通行能力

基本通行能力是指在理想条件下，某一车道或某个断面上单位时间内所能通过的最大车辆数，即理论上所能通行的最大小时交通量。所谓理想条件，包括公路本身和交通两个方面，即公路本身应在车道宽、侧向净宽有足够的宽度，平、纵线形和视距良好；交通方面只有单一标准车辆行驶，没有其他车型混入且车速不受限制。

基本通行能力的计算可采用“车头时距法”或“车头间距法”求得。车头时距是指连续两车安全通过车道同一地点的时间间隔，车头间距是指交通流中连续两车车头之间的最小安全距离。我国公路基本通行能力是指在理想条件下，公路设施在四级服务水平时所能通过的最大小时交通量。

（二）设计通行能力

设计通行能力是设计某一公路设施时，根据交通运行质量的要求，即在一定服务水平要求下，公路设施所能通行的最大小时交通量。因此，设计通行能力与选取的服务水平级别有关。

1. 公路服务水平

服务水平是用路者在不同的交通流状况下，公路所能提供的速度、舒适性、经济性等方面的服务程度，即公路在某种交通条件下为驾驶者和乘客所能提供的运行服务质量。服务水平通常由速度、交通密度、行驶自由度、交通中断情况、舒适性和便利程度等来描述和衡量。

我国现行规范将公路服务水平划分为四级，以交通流状态为划分条件，定性地描述交通流从自由流、稳定流到饱和流和强制流的变化阶段。高速公路、一级公路以车流密度作为划分服务水平的主要指标，二、三级公路以延误率和平均运行速度作为主要指标，交叉口则用车辆延误来描述其服务水平。各级公路设计采用的服务水平等级如表 1-6 所示。

表 1-6　各级公路设计采用的服务水平等级

公路等级	高速公路	一级公路	二级公路	三级公路	四级公路
服务水平	二级	二级	三级	三级	—

注：1. 一级公路作为集散公路时，可采用三级服务水平设计。
2. 互通式立体交叉的分合流区段、匝道以及交织区段，可采用三级服务水平设计。

各级服务水平的含义如下。

一级服务水平：交通量小，驾驶员能自由或较自由地选择行车速度并以设计速度行驶，行驶车辆不受或基本不受交通流中其他车辆的影响，交通流处于自由流状态，超车需求远小于超车能力，被动延误少，为驾驶员和乘客提供的舒适便利程度高。

二级服务水平：随着交通量的增大，速度逐渐减小，行驶车辆受别的车辆或行人的干扰较大，驾驶员选择行车速度的自由度受到一定限制，交通流状态处于稳定流的中间范围，有拥挤感；到二级下限时，车辆间的相互干扰较大，开始出现车队，被动延误增加，为驾驶员提供的舒适便利程度下降，超车需求与超车能力相当。

三级服务水平：当交通需求超过二级服务水平对应的服务交通量后，驾驶员选择车辆运行速度的自由度受到很大限制，行驶车辆受其他车辆或行人的干扰很大，交通流处于稳定流的下半部分，并已接近不稳定流范围，流量稍有增长就会出现交通拥挤，服务水平显著下降；到三级下限时行车延误的车辆达到 80%，所受的限制已达到驾驶员所允许的最低限度，超车需求超过了超车能力，但可通行的交通量尚未达到最大值。

四级服务水平：交通需求继续增大，行驶车辆受其他车辆或行人的干扰更加严重，交通流处于不稳定流状态；靠近下限时每小时可通行的交通量达到最大值，驾驶员已无自由选择速度的余地，交通流变成强制状态，所有车辆都以相对均匀一致的速度行驶。一旦上游交通需求和来车强度稍有增加，或交通流出现小的扰动，车流就会出现走走停停的状态，此时能通过的交通量很不稳定，时常发生交通阻塞。

2. 设计通行能力

设计通行能力由基本通行能力乘以与该路服务水平相应的交通量和基本通行能力之

比(V/C)得到。

V/C 是指在理想条件下,各级服务水平最大服务交通量与基本通行能力之比。基本通行能力是四级服务水平上限最大小时交通量。V/C 值小,则最大服务交通量小,车流运行条件好,服务水平就高;反之,V/C 值大,服务交通量也大,车流运行条件差,服务水平也低。当设计小时交通量超过设计通行能力时,公路将发生堵塞。

(三)实际通行能力

实际通行能力是指设计或评价某一具体路段时,根据该设施具体的公路几何构造、交通条件以及交通管理水平,对不同服务水平下的服务交通量(或设计通行能力)按实际公路条件(车道数、车道宽度和路侧宽度等)和交通条件(行驶速度、交通量、交通组成和路侧干扰等)进行相应修正后的小时交通量。

第四节　公路勘测设计的阶段与任务

公路建设是社会化生产,它有着产品体积庞大、建造场所固定、建设周期长、占用资源多的特点。在建设过程中,工作量极大,牵涉面很广,内外协作关系复杂,且存在着活动空间有限和后续工作无法提前进行的问题。因此,公路建设就必然存在着一个分阶段、按步骤,各项工作按序进行的客观规律。公路建设程序是在认识公路建设客观规律基础上总结提出的,在公路建设全过程中各项工作都必须遵守的先后次序,它也是公路建设各个环节相互衔接的顺序。根据我国《公路建设监督管理办法》的规定,我国公路建设项目的实施,应当按照下列程序进行:项目建议书(立项)、可行性研究、勘察设计、开工准备、工程施工、竣工验收、通车运营及后评价等。其中,公路勘测设计主要涉及可行性研究、勘察设计两部分。

一、公路工程可行性研究

工程可行性研究是基本建设前期工作的一项重要内容,是建设程序的组成部分,是工程决策民主化、科学化的可靠基础。国家规定,没有进行可行性研究和技术经济论证的重大工程,不得列入国家计划。工程可行性研究的目的是对工程项目建设必要性、技术可行性、经济合理性、实施可能性等进行综合研究,推荐最佳方案,进行投资估算和经济评价,为建设项目的决策审批和编制设计任务书提供科学依据。

对一些大型工程建设项目,可在项目建议书与工程可行性研究之间增加预可行性研究阶段。预可行性研究的主要任务是复查、落实项目建议书中提供的投资机会,对不同建设方案作出粗略分析、比选,明确项目中哪些问题是关键,是否有必要列专题研究。预可行性研究的内容结构与可行性研究基本一致,但论证依据、数据资料等没有可行性研究详细、准确。

公路可行性研究一般包括下列内容:

(1)总论(或概述):包括建设任务依据和历史发展背景、研究范围与主要内容、研究主要结论、存在问题与建议等。

(2)现有公路技术状况评价:包括区域运输网现状和存在问题、拟建项目在区域运输网中的地位与作用、现有公路技术状况及适应程度等。

(3)经济及交通量发展预测:包括项目所在区域经济特征、经济发展与公路运量和交通量的关系、交通量的发展预测。

(4)建设规模与标准:包括项目建设规模、采用的等级和主要技术指标。

(5)建设条件和方案比选:包括调查沿线自然条件和社会条件、进行方案拟订和比选、提交推荐方案及主要控制点和工程概况,对环境影响作出分析并编制环境影响评价报告。

(6)投资估算与资金筹措:包括主要工程数量、公路建设与拆迁、项目总投资估算、资金来源和筹措办法。若为贷款或引资,还要研究利率、偿还方式及可能性等。

(7)工程建设实施计划:包括勘测设计和工程施工的计划和要求、工程管理人员和技术人员的培训等。

(8)经济评价:包括运输成本等经济参数的确定、建设项目的直接经济效益和费用的估算、进行经济评价敏感性分析、建设项目的间接经济效益分析。对于贷款项目,还要进行项目的财务评价。

根据上述研究结果,经过综合分析评价后,提出技术先进、投资少、效益好的建设方案。

二、设计(计划)任务书

公路勘测设计工作是根据批准的设计任务书进行的。设计任务书一般由提出计划的主管部门下达或由下级单位编制后报批。设计任务书应包括下列内容:

(1)建设的依据和意义。

(2)路线的建设规模和修建性质。

(3)路线的基本走向和主要控制点。

(4)工程技术等级和主要技术标准。

(5)勘测设计的阶段划分及各阶段完成的时间。

(6)建设期限和投资估算,分期修建的,应提出每期的建设规模和投资估算。

(7)施工力量的原则安排。

(8)路线示意图、工程数量、“三材”数量及投资估算表等。

在计划任务书实施过程中,如对建设规模、期限、技术等级标准及路线走向等重大问题有变更,则应报原批准机关审批同意。

三、设计阶段及任务

(一)设计阶段

《公路工程基本建设项目设计文件编制办法》规定,公路工程基本建设项目可以采用一阶段设计、两阶段设计或三阶段设计。

一阶段设计即施工图设计,适用于技术简单、方案明确的小型建设项目。

两阶段设计即初步设计和施工图设计,适用于一般公路建设项目。

三阶段设计即初步设计、技术设计和施工图设计，适用于技术复杂、基础资料缺乏和不足的公路建设项目或建设项目中的个别路段、特殊大桥、互通式立体交叉、隧道等。

不论采用哪种划分阶段设计，在勘测前都要进行实地调查（或称视察），它是勘测前不可缺少的一个步骤，也可与可行性研究结合在一起，但不作为一个阶段。

（二）各设计阶段的主要任务

1. 初步设计

两阶段设计和三阶段设计中的初步设计应根据批准的可行性研究报告、设计任务书（或测设合同）及初测资料编制。初步设计阶段的目的是确定设计方案，主要内容包括拟定修建原则、选定设计方案、计算工程数量和主要材料数量、提出施工方案、编制设计概算、提供文字说明及图表资料。初步设计在选定方案时，应对路线的走向、控制点和方案进行现场核查，征求沿线地方政府和建设单位意见，基本落实路线布置方案。一般应进行纸上定线，赴实地核对，落实并放出必要的控制线位桩。对复杂困难地段的路线、路基、路面、特大桥、大桥、特长隧道、互通式立体交叉、服务设施等，一般应选择两个或两个以上的方案进行同深度、同精度的测设工作和方案比选，提供推荐方案。

初步设计应完成的工作任务如下：

(1)选定路线设计方案，基本确定路线位置。

(2)基本查明沿线地质、水文、气候、地震、矿产、文物等情况。

(3)基本查明沿线筑路材料的质量、储量、供应量及运输条件，并进行原材料、混合料的试验。

(4)基本确定路基标准横断面和高填深挖路基、特殊路基的设计方案及沿线路基取土、弃土方案。

(5)基本确定排水系统与支挡、防护工程的方案、位置、长度、结构类型和尺寸。

(6)基本确定路面设计方案、路面结构类型及主要尺寸。

(7)基本确定特大、大、中桥桥位，设计方案、结构类型及主要尺寸。

(8)基本确定小桥、涵洞等的位置、结构类型及主要尺寸。

(9)基本确定隧道位置、设计方案、结构类型及主要尺寸。

(10)基本确定路线交叉的位置、形式、结构类型及主要尺寸。

(11)基本确定交通工程及沿线设施各项工程的位置、形式、类型及主要尺寸。

(12)基本确定改（扩）建工程施工期间的交通组织方案。

(13)基本确定环境保护措施与景观设计方案。

(14)基本确定改路改渠等其他工程的位置、结构形式及主要尺寸。

(15)基本确定占用土地、拆迁建筑物及管线等设施的数量。

(16)提出需要试验、研究的项目。

(17)初步拟订施工方案及工期安排。

(18)论证确定分期修建的工程实施方案。

(19)计算各项工程数量。

(20)编制设计概算。

2. 技术设计

三阶段设计中的技术设计应根据批准的初步设计和定测资料编制。技术设计阶段的目的是对重大、复杂的技术问题进一步落实设计方案。主要内容包括通过科学试验、专题研究,加深勘探调查及分析研究,解决初步设计中未解决的问题,落实技术方案,计算工程数量,提出修正的施工方案,修正设计概算,批准后则为编制施工图设计的依据。

3. 施工图设计

一阶段施工图设计应根据批准的可行性研究报告、设计任务书(或测设合同)及定测资料编制;两阶段设计中的施工图设计应根据批准的初步设计及定测资料编制;三阶段设计中的施工图设计应根据批准的技术设计及补充定测资料编制。

施工图设计阶段的目的是对所采用方案进行详细设计,以满足施工的要求。主要内容包括审定的修建原则、设计方案具体设计,确定各工程数量,提供文字说明和图表资料以及施工组织计划,并编制施工图预算,满足施工要求。

施工图设计应完成的工作任务如下:

(1)确定路线具体位置。

(2)确定路基标准横断面和高填深挖路基、特殊路基横断面,绘制路基超高、加宽设计图;计算土石方数量并进行调配;确定路基取土、弃土的位置,绘制取土坑、弃土场设计图。

(3)确定路基路面排水系统和支挡、防护工程的结构类型及尺寸,绘制相应布置图和结构设计图。

(4)确定高填深挖、陡坡路堤及特殊路基设计的结构形式及尺寸,并绘制设计图。

(5)确定各路段的路面结构类型、路面混合料类型,并绘制路面结构图。

(6)确定特大、大、中桥的位置,孔数及孔径,结构类型及各部尺寸,绘制结构设计图。

(7)确定小桥、涵洞、漫水桥及过水路面等的位置,孔数及孔径,结构类型及各部尺寸,绘制布置图。特殊设计的,应绘制特殊设计详图。

(8)确定隧道及其附属设施的形式及尺寸,绘制布置图和设计详图。

(9)确定路线交叉形式、结构类型及各部尺寸,绘制布置图和设计详图。

(10)确定交通工程及沿线设施的各项工程的位置、类型及各部尺寸,绘制布置图和设计详图。

(11)确定改(扩)建工程施工期间的交通组织设计详图。

(12)确定环境保护与景观工程的位置、类型及数量,绘制布置图和设计详图。

(13)确定改路、改渠(河)等其他工程的位置、结构形式及尺寸,绘制相应的布置图和设计详图。

(14)落实沿线筑路材料的质量、储存量、供应量及运距,绘制筑路材料运输示意图。

(15)确定征用土地、拆迁建筑物及电力、通信等的数量。

(16)计算各项工程数量。

(17)提出施工组织计划。

(18)提出人工数量及主要材料、机具、设备的规格及数量。

(19)编制施工图预算。

第五节 公路设计文件编制

公路工程设计文件是公路勘测设计的最后成果,是控制工程投资、编制招标文件、组织施工和竣工验收的重要依据,它还关系到公路建设的进度和质量。公路工程设计必须贯彻"安全、耐久、节约、和谐"的设计理念,应遵循因地制宜、就地取材的原则;结合我国经济、技术条件,吸取国内外先进经验,采用新技术、新材料、新设备、新工艺;节约用地,重视环境保护,注意与农田水利及其他建设工程的协调和综合利用,使设计的工程建设项目取得经济、社会和环境的综合效益。因此,设计文件的编制必须贯彻国家有关方针政策,按照基本建设程序和有关标准、规范、规程,精心设计,确保设计文件的质量。

一、公路勘测设计的标准、规范及文件

公路勘测设计依据的标准、规范及文件主要有《公路工程技术标准》、《公路路线设计规范》、《公路勘测规范》、《公路工程地质勘察规范》、《公路摄影测量规范》、《公路全球定位系统(GPS)测量规范》、《工程测量规范》、《公路工程基本建设项目设计文件编制办法》、《公路工程勘察设计招标投标管理办法》、《建设工程勘察设计管理条例》、《公路交通安全设施设计规范》、《公路环境保护设计规范》、《道路交通标志和标线》、《公路基本建设工程概算、预算编制办法》、《公路工程概算定额》、《道路工程制图标准》等。

二、公路设计文件的组成

公路设计文件的组成、内容和要求随设计阶段不同而异。其表达形式有文字说明、设计图、表格三种。

(一)初步设计

根据《公路工程基本建设项目设计文件编制办法》,结合初步设计的工作内容和任务要求,初步设计文件由总体设计,路线,路基路面及排水,桥梁涵洞,隧道,路线交叉,交通工程及沿线设施,环境保护及景观设计,渡口码头及其他工程,筑路材料,施工方案,设计概算共12篇及附件组成。

1. 总体设计

(1)项目地理位置图。

(2)说明书。

(3)图表及附件。

2. 路线

(1)路线平面图。

(2)路线纵断面图。

(3)山区复杂路段以地质调绘为基础的路线比较方案平面图、纵断面图。

(4)直线、曲线及转角表。

(5)纵坡、竖曲线表。

(6)公路用地表。
(7)公路用地图。
(8)赔偿树木、青苗数量表。
(9)拆迁建筑物表。
(10)拆迁电力、电信及其他管线设施表。
(11)工程地质平面图。
(12)工程地质纵断面图。
(13)不良地质地段表。
(14)安全设施。
3. 路基、路面及排水
(1)路基标准横断面图。
(2)一般路基设计图。
(3)高填深挖路基工程数量表。
(4)高填深挖路基设计图。
(5)低填浅挖路基处理工程数量表。
(6)低填浅挖路基处理设计图。
(7)桥头路基处理工程数量表。
(8)桥头路基处理设计图。
(9)陡坡路堤或填挖交界处理设计图。
(10)陡坡路堤或填挖交界处理工程数量表。
(11)特殊路基设计工程数量表。
(12)特殊路基设计图。
(13)路基每千米土石方数量表。
(14)取土坑(场)、弃土堆(场)一览表。
(15)取土坑(场)、弃土堆(场)设计图。
(16)路基防护工程数量表。
(17)路基防护工程设计方案比较图(表)。
(18)路基防护工程设计图。
(19)路面工程数量表。
(20)路面结构设计图。
(21)路基、路面排水工程数量表。
(22)路基、路面排水工程设计图。
4. 桥梁、涵洞
(1)沿线水系分布示意图。
(2)特大、大、中桥桥梁表。
(3)特大、大、中桥主要工程数量表。
(4)特大、大、中桥设计图。
(5)小桥表。

(6)典型小桥布置图。

(7)涵洞表。

(8)典型涵洞设计图。

(9)附属工程设计图表。

5. 隧道

(1)隧道表。

(2)隧道工程数量表。

(3)隧道主体工程设计图。

(4)隧道机电设施图。

6. 路线交叉

(1)互通式立体交叉设计图表。

(2)服务设施、匝道及连接道路设计图表。

(3)分离式立体交叉设计图表。

(4)通道、天桥设计图表。

(5)平面交叉设计图表。

(6)管线交叉设计图表。

7. 交通工程及沿线设施

(1)总体设计。

(2)管理养护机构。

(3)监控设施。

(4)收费设施。

(5)通信设施。

(6)供配电设施。

(7)照明设施。

(8)服务设施。

(9)房屋建筑。

8. 环境保护及景观设计

(1)环境敏感区一览表。

(2)环境保护工程数量表。

(3)降噪设计图。

(4)污水处理设计图。

(5)取土场、弃土场处理设计图。

(6)其他环保工程设计图。

(7)植物配置表。

(8)景观工程数量表。

(9)景观设计图。

9. 渡口码头及其他工程

(1)渡口码头表。

(2)渡口码头平面布置图。

(3)渡口码头纵断面图。

(4)其他工程表。

(5)其他工程一般布置图。

10. 筑路材料

(1)沿线筑路材料料场表。

(2)材料试验资料表。

(3)沿线筑路材料供应示意图。

11. 施工方案

(1)工程概略进度图。

(2)施工便道主要工程数量表。

(3)其他临时工程一览表。

(4)公路临时用地表。

12. 设计概算

施工图预算应按交通部现行《公路工程基本建设项目概算预算编制办法》和《公路工程概算定额》及其他相关规定编制。

13. 附件——基础资料

(1)各级政府相关部门的批准文件。

(2)专题研究成果资料。

(3)地震灾害性评价报告。

(4)地质安全性评价报告。

(5)环境影响评价报告。

(6)水土保持方案报告书。

(7)平面控制测量、高程控制测量。

(8)综合地质勘察和地震动峰值加速度复核等资料。

(9)水文调查与计算资料,流速、流量模型试验等资料。

(10)原有公路路基、路面、桥涵、隧道检测结果及评价报告。

(11)其他。

(二)技术设计

技术设计应根据初步设计批复意见、测设合同和需要解决的技术问题,满足下列要求:

(1)对初步设计所定方案详加研究,进一步修改。

(2)补充必要的地质、水文、气候、地震和地质钻探资料,以及土工、材料、结构或模型试验成果。

(3)提出科学试验成果、专题报告。

(4)提出修正的施工方案。

(5)编制修正概算。

技术设计文件应根据技术设计的目的与要求以及工程需要解决的技术问题,参照规定编制。对于公路工程建设项目中的特大桥、互通式立体交叉、隧道、交通工程及沿线设施的技术设计文件，还必须对整个建设项目的总体设计情况予以补充说明，对总概算加以修正。

（三）施工图设计

根据施工图设计的工作内容和要求，施工图设计文件由总体设计，路线，路基、路面，桥梁、涵洞，隧道，路线交叉，交通工程及沿线设施，环境保护及景观设计，渡口码头及其他工程，筑路材料，施工组织计划，施工图预算共12篇及附件组成。

1. 总体设计

（1）项目地理位置图。

（2）说明。

（3）路线平、纵面缩图。

（4）主要技术经济指标表。

（5）附件。

（6）公路平面总体设计图。

2. 路线

（1）说明。

（2）路线平面图。

（3）路线纵断面图。

（4）直线、曲线及转角表。

（5）纵坡、竖曲线表。

（6）总里程及断链桩号表。

（7）公路用地表。

（8）公路用地图。

（9）赔偿树木、青苗表。

（10）砍树挖根数量表。

（11）拆迁建筑物表。

（12）拆迁电力、通信设施表。

（13）纸上移线图。

（14）路线逐桩坐标表。

（15）控制测量成果表。

（16）安全设施。

3. 路基、路面

（1）说明。

（2）路基设计表。

（3）边沟（排水沟）设计表。

（4）路基标准横断面图。

（5）一般路基设计图。

（6）路基横断面设计图。

(7)超高方式图。
(8)隧道进出口过渡设计图。
(9)耕地填前夯(压)实数量表。
(10)挖淤泥排水数量表。
(11)高填深挖路基工程数量表。
(12)高填深挖路基设计图。
(13)低填浅挖路基处理工程数量表。
(14)低填浅挖路基处理设计图。
(15)桥头路基处理工程数量表。
(16)桥头路基处理设计图。
(17)陡坡路堤或填挖交界处理工程数量表。
(18)陡坡路堤或填挖交界处理设计图。
(19)特殊路基设计表。
(20)特殊路基设计工程数量表。
(21)特殊路基设计图。
(22)特殊路基处理段地质纵断面图。
(23)中间带设计图。
(24)中央分隔带开口设计图。
(25)路基土石方数量表。
(26)路基每千米土石方数量表。
(27)路基土石方运量统计表。
(28)取土坑(场)、弃土堆(场)一览表。
(29)取土坑(场)、弃土堆(场)设计图。
(30)路基防护工程数量表。
(31)路基支挡、防护工程设计图。
(32)路面工程数量表。
(33)路面结构图。
(34)平曲线上路面加宽表。
(35)路基、路面排水系统布置图。
(36)路基、路面排水工程数量表。
(37)路基、路面排水工程设计图。
4. 桥梁、涵洞
(1)说明。
(2)特大、大、中桥工程数量表。
(3)特大、大、中桥设计图。
(4)小桥工程数量表。
(5)小桥设计图。
(6)涵洞工程数量表。

(7)涵洞设计图。

5. 隧道

(1)说明。

(2)隧道表。

(3)隧道工程数量表。

(4)隧道设计图。

(5)隧道机电设施。

6. 路线交叉

(1)说明。

(2)互通式立体交叉设计图表。

(3)服务区、停车区等服务设施主体工程设计图表。

(4)分离式立体交叉设计图表。

(5)通道、天桥设计图表。

(6)平面交叉设计图表。

(7)管线交叉设计图表。

7. 交通工程及沿线设施

(1)说明。

(2)总体设计。

(3)监控设施。

(4)通信设施。

(5)收费设施。

(6)供配电设施。

(7)照明设施。

(8)房屋建筑。

8. 环境保护及景观设计

(1)说明。

(2)环境保护工程数量表。

(3)降噪设计图。

(4)污水处理设计图。

(5)其他环保工程设计图。

(6)植物配置表。

(7)景观工程数量表。

(8)景观工程设计图。

9. 渡口码头及其他工程

(1)说明。

(2)渡口码头数量表。

(3)渡口码头设计图。

(4)其他工程数量表。

(5)其他工程设计图。

10. 筑路材料

(1)说明。

(2)沿线筑路材料料场表。

(3)沿线筑路材料试验资料表。

(4)沿线筑路材料供应示意图。

11. 施工组织计划

(1)说明。

(2)临时工程一览表。

(3)施工增加工程数量表。

(4)公路临时用地表。

12. 施工图预算

施工图预算应按交通部现行《公路工程基本建设项目概算预算编制办法》和《公路工程预算定额》及其他相关规定编制。

13. 附件——基础资料

(1)各级政府相关部门的批准文件。

(2)专题研究成果资料。

(3)平面控制测量、高程控制测量。

(4)地质勘察资料。

(5)水文调查与计算资料,流速、流量模型试验等资料。

(6)原有公路路基、路面、桥涵、隧道检测结果及评价等资料。

(7)其他。

三、公路设计文件格式

(1)各阶段的设计文件幅面尺寸应采用297 mm×420 mm(横式)和210 mm×297 mm(立式)。设计文件应装订成册,每册不宜过厚或过薄,以便于使用和保管。

各种设计图纸的幅面尺寸一般采用297 mm×420 mm。必要时可以增大幅面,其尺寸应符合国家现行《道路工程制图标准》的规定,送审的图纸应按297 mm×420 mm折叠,也可按210 mm×297 mm折叠,但必须按210 mm×297 mm折叠归档,交付施工的图纸可不折叠。

(2)设计文件每册封面上一般应列出公路路段或建设项目名称及里程长度、设计阶段及设计文件名称、册数(第×册、共×册)、测设单位名称。

(3)设计文件每册扉页内容应包括公路路段或建设项目名称及里程长度、设计阶段及设计文件名称、册篇组成、主办单位、勘察设计证书等级及编号、各级负责人签署、参加测设人员(技术员以上)姓名职务及工作项目或内容、设计文件编制年月。

(4)设计文件每册应有总目录。

(5)设计文件中的图表均应经设计人员签署。

(6)送审的设计文件封面颜色初步设计为淡绿色,技术设计为粉红色,施工图设计为奶白色或象牙白色。

(7)路线平面图、路线纵断面图等的起讫方向均应从左到右,里程桩号由小到大,标注的字头向上,地形图上的标注仍按测绘标注不变。

(8)所有重要的有价值的试验资料、设计计算资料,以及按保密法划分为密级以上的原始资料均不附入文件中,但整理归档备查。

(9)设计文件报送主管部门或委托单位的份数为:两阶段或三阶段初步设计的第一篇 16 份,其他各篇 10 份,技术设计 10 份,施工图设计 8 份;一阶段施工图设计 14 份,如需要增加份数,可与设计单位协商解决。

(10)为便于公路建设、运营、养护和改建等工作,建设单位可与设计单位协商,在提交纸质文件的同时,提交对应的电子文件。

思考题及习题

1-1　各种运输方式的特点及其适用性是什么?

1-2　道路运输的地位和作用有哪些?

1-3　简述国家高速公路网规划的主要内容。

1-4　我国公路是如何分级的?公路等级选用一般要考虑哪些因素?

1-5　公路勘测设计的依据有哪些?

1-6　为什么用第 30 位小时交通量作为设计小时交通量是合理的?

1-7　可行性研究一般包括哪些内容?

1-8　公路勘测设计为什么要划分阶段?各阶段应完成哪些内容?技术设计阶段一般在什么情况下采用?

1-9　初步设计文件与施工图设计文件在内容上主要有什么不同?

第二章　公路平面

教学目标　掌握直线、圆曲线和缓和曲线设计参数的确定；掌握曲线超高、加宽的设计，路线坐标的计算；掌握行车视距计算与设计；熟悉平面线形组合设计方法；能绘制平面线形设计图。

公路是带状的空间实体，是由路基、路面、桥梁、涵洞、隧道和沿线设施等构成的线形构造物。一般所说的路线，是指公路中线的空间位置。路线设计是指确定路线空间位置、各部分几何尺寸和形状的工作，可分解为平面设计、纵断面设计和横断面设计。

公路平面线形由直线、圆曲线和缓和曲线构成，称为平面线形三要素。公路平面设计应根据汽车行驶要求，合理地确定各种线形要素的几何参数，保持线形的连续性与均衡性，使线形与地形、地物、环境和景观相协调，并与纵面线形和横断面相互配合，以保证汽车在公路上能安全、顺适地行驶。

第一节　直　线

一、直线的特点

直线是平面线形基本要素之一，一般在选线和定线时，只要地势平坦，无大的地物、地形障碍，可考虑使用直线。直线线形的特点如下：

(1)直线能以最短的距离连接两控制点，路线短捷，线形易于选定。

(2)直线路段上汽车行驶受力简单、方向明确、便于驾驶操作、视距良好、路基排水方便。

(3)直线线形简单，便于测设，已知两点就可以确定一条直线。

(4)直线公路给人以简捷、直达、刚劲的良好印象，在美学上有独特的视觉特点。

(5)直线线形不易与地形相协调，特别是对于山区公路，过多地采用直线会使公路整体线形僵硬，同时也会导致公路与周边自然环境难以协调配合，破坏自然环境景观，或导致边坡防护工程建设规模增大，诱发地质病害等。

(6)过长的直线，线形呆板、景观单调，易引起驾驶疲劳并增加夜间行车车灯眩目的危险，还会导致出现超高速行驶状态，不利于安全行车。

二、直线长度限制

在路线设计中，应根据路线所处地形、地物、驾驶员的视觉、心理状态以及行车安全等合理布设直线，直线的最大、最小长度应有所限制。

(一)直线最大长度

由于长直线的安全性差，在设计直线线形和确定直线长度时，应结合地形、地物条件和直线的特点，慎重选用，不宜采用过长的直线。调查研究表明，最大直线长度以汽车按设计速度行驶 70 s 左右的距离控制为宜。受地形条件或其他特殊情况限制而采用长直线时，为弥补景观单调的缺陷，应结合沿线具体情况采取相应的技术措施。

（二）直线最小长度

考虑到线形的连续性和驾驶的方便，相邻两曲线间以直线径相连接时，直线的长度不宜过短。

1. 同向曲线间直线最小长度

同向曲线是两个转向相同的相邻曲线间连以直线形成的线形，如图 2-1（a）所示。互相通视的同向曲线间若插以短直线，容易产生把两个曲线看成是一个曲线的错觉，破坏了线形的连续性，形成“断背曲线”，易于造成驾驶操作的失误，设计中应尽量避免。规范规定，设计速度 $V \geqslant 60$ km/h 时，同向圆曲线间最小直线长度（以 m 计）以不小于设计速度（以 km/h 计）的 6 倍为宜。设计速度 $V \leqslant 40$ km/h 时，参照上述规定执行。

2. 反向曲线间直线最小长度

反向曲线是两个转向相反的相邻曲线间连以直线形成的线形，如图 2-1（b）所示。当此直线长度很短时，不利于超高和加宽过渡，且易形成反弯的错觉，影响驾驶员操作。规范规定，当设计速度 $V \geqslant 60$ km/h 时，反向圆曲线间的最小直线长度（以 m 计）以不小于设计速度（以 km/h 计）的 2 倍为宜。设计速度 $V \leqslant 40$ km/h 时，参照上述规定执行。

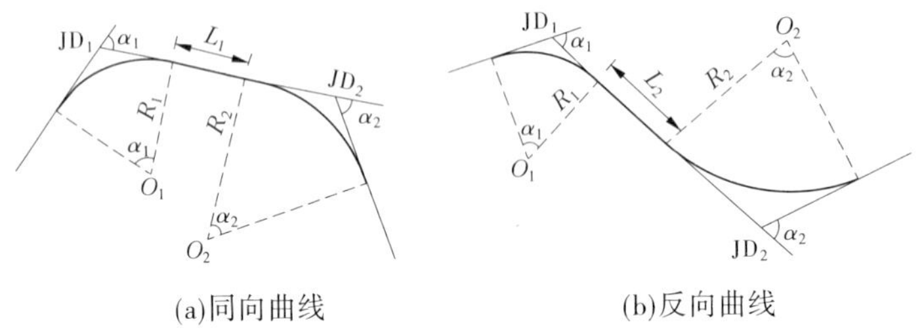

图 2-1　同向曲线与反向曲线

三、直线设计要点

（一）直线的适用条件

（1）农田、河渠规整的平坦地区、城镇近郊规划等以直线条为主体时，宜采用直线。

（2）特长、长隧道或结构特殊的桥梁等构造物所处的路段，以及路线交叉点前后的路段宜采用直线。

（3）双车道公路为超车所提供的路段宜采用直线。

（二）直线的运用

（1）直线的运用应注意同地形、环境的协调与配合，并考虑驾驶者的视觉、心理状态等合理布设。

（2）直线的最大长度应有所限制。当采用较长直线线形时，应结合沿线具体情况采取相应的技术措施改善公路沿线单调的景观。

（3）圆曲线间的直线最小长度应满足规范要求，避免使司机产生错觉造成驾驶操作的失误。

第二节　圆曲线

圆曲线是使用最多的平面基本线形之一。圆曲线在现场易于设置，采用平缓而适当的圆曲线，既可引起驾驶员的注意，又起到诱导视线的作用，自然地表明方向的变化。

一、圆曲线的几何要素

（一）圆曲线的几何要素

如图2-2所示，圆曲线的几何要素如下：

切线长　$$T = R\tan\frac{\alpha}{2} \tag{2-1}$$

曲线长　$$L = \frac{\pi}{180}R\alpha \tag{2-2}$$

外距　$$E = R\left(\sec\frac{\alpha}{2} - 1\right) \tag{2-3}$$

校正值　$$D = 2T - L \tag{2-4}$$

式中　T——切线长，m；

R——圆曲线半径，m；

α——转角，(°)。

L——曲线长，m；

E——外距，m；

D——切曲差（或校正值），m。

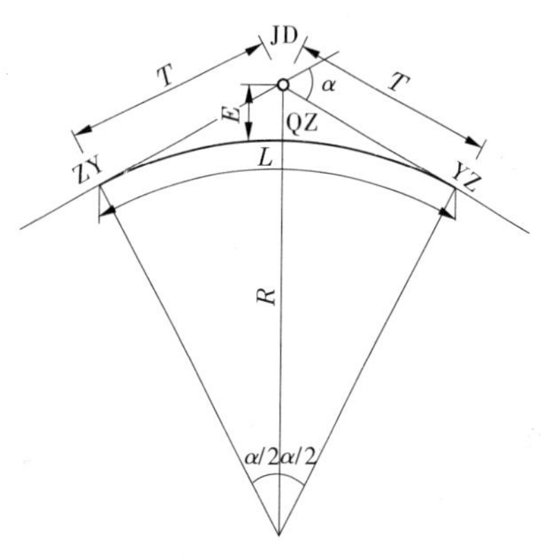

图2-2　圆曲线几何要素

（二）里程桩号的计算

圆曲线有三个主点桩号，相互关系如下：

ZY = JD − T

QZ = ZY + L/2

YZ = ZY + L

JD = QZ + D/2（校核）

二、圆曲线半径计算

各级公路平面不论转角大小，均应设置圆曲线。在选用圆曲线半径时，应与设计速度相适应，保证汽车在平曲线上以适当车速安全、顺适行驶。

（一）汽车在曲线上行驶时力的平衡

汽车在平曲线上行驶时，除受到自身的重力作用外，还受到离心力作用。离心力的存在，使汽车产生横向不稳定的危险，可能导致汽车向弯道外侧滑移或倾覆。

1. 离心力

汽车在平曲线上行驶时会产生离心力，其作用点在汽车的重心，方向水平背离圆心。

假定汽车做匀速圆弧运动,其离心力大小为

$$F = \frac{G}{g}\frac{v^2}{R} = \frac{G}{127}\frac{V^2}{R} \tag{2-5}$$

式中 F——离心力,N;

G——汽车的重力,N;

g——重力加速度, m/s^2;

R——圆曲线半径,m;

v、V——汽车行驶速度,m/s、km/h。

2. 横向力与法向力

汽车在平曲线上行驶时受到重力和离心力作用,如图 2-3 所示,其中,沿着平行于路面方向分解的力的合力为横向力,用 X 表示,即

$$X = F\cos\alpha \pm G\sin\alpha$$

垂直于路面方向分解的力的合力为法向力,用 Y 表示,即

$$Y = G\cos\alpha \pm F\sin\alpha$$

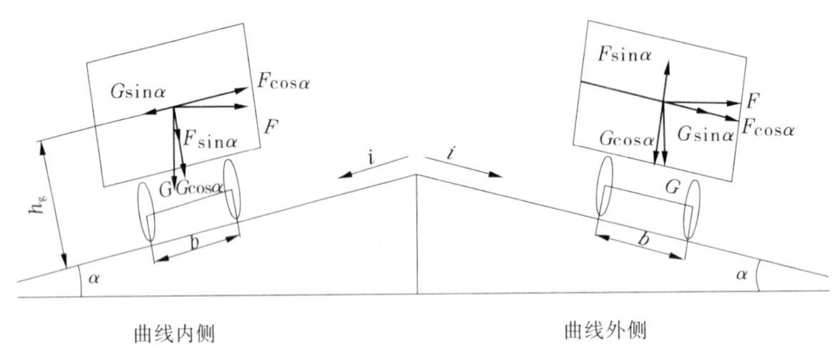

图 2-3 汽车在曲线上行驶的受力分析

由于路面横向倾角很小,则取 $\sin\alpha = \tan\alpha = i$(路面横坡度,%),$\cos\alpha \approx 1$,由于 $F\sin\alpha$ 数值很小,略去不计,则有

$$X = F \pm Gi = G(\frac{V^2}{127R} \pm i) \tag{2-6}$$

式中 X——平行于路面方向分解的力的合力(横向力);

i——路面横坡度(%)。

$$Y \approx G \tag{2-7}$$

式中 Y——垂直于路面方向分解的力的合力(法向力);

G——汽车的重力,N。

横向力 X 和法向力 Y 是反映汽车稳定性的两个重要因素,横向力是不稳定因素,法向力是稳定因素。但大小相等的横向力作用在不同的汽车上会有不同的稳定程度,只用横向力不能准确反映汽车行驶的稳定性。

3. 横向力系数

为了反映汽车在圆曲线上行驶时的稳定性、安全性和舒适性,引入横向力 X 与法向力 Y 的比值,用横向力系数 μ 表示,即

$$\mu = \frac{X}{Y} \approx \frac{X}{G} = \frac{V^2}{127R} \pm i \tag{2-8}$$

式中　i——路面横坡度，当为超高横坡或双坡内侧时为“－”，当为双坡外侧时为“＋”。

由式(2-8)可知，横向力系数可近似视为单位车重受到的横向力大小。行驶速度越大，横向力系数就越大，表明单位车重受到的横向力也越大，汽车在圆曲线上的横向稳定性越差；而圆曲线半径越大，横向力系数就越小，表明单位车重受到的横向力也越小，汽车在圆曲线上的横向稳定性越好。可见，横向力系数越大，对行车越不利。

横向力系数μ对行车的影响体现在以下几个方面：

(1)危及行车安全。汽车在弯道上稳定行驶的前提是轮胎在路面上不滑移，要求横向力系数低于轮胎与路面间的横向摩阻系数。

(2)增加驾驶操纵的困难。弯道上行驶的汽车，在横向力作用下，弹性的轮胎产生横向变形，增加了汽车在方向操纵上的困难。

(3)增加燃料消耗和轮胎磨损。当汽车在曲线上行驶时，除要克服行驶阻力外，还要克服横向力对行车的作用，才能使汽车沿着正确的方向行驶，为此增加了燃料的消耗；与此同时，在曲线上行驶时，横向力的作用使汽车轮胎发生变形，致使轮胎的磨损也额外增加了。

(4)乘客舒适性。随着μ值的加大，乘车舒适感下降。研究表明，μ的舒适界限由0.10到0.16随行车速度而变化，设计中车速高时取低值，车速低时取高值。

综上所述，μ值的采用关系到行车的安全、经济与舒适。

(二)圆曲线半径计算公式

根据汽车行驶在曲线上横向稳定分析得圆曲线半径计算公式，即

$$R = \frac{V^2}{127(\mu \pm i)} \tag{2-9}$$

式中　R——圆曲线半径，m；

V——设计速度，km/h；

μ——横向力系数；

i——路面横坡度(%)，有超高或曲线内侧为“－”，曲线外侧为“＋”。

三、圆曲线半径及其选择

行驶在曲线上的汽车受到离心力的作用，其稳定性受到了影响。为减小离心力，在选择曲线半径时应尽可能采用较大的半径值，只有在地形或其他条件受到限制时才可使用较小的曲线半径。我国设计规范规定了圆曲线半径在不同情况下的最小值，即极限最小半径、一般最小半径和不设超高最小半径。

(一)圆曲线最小半径

圆曲线最小半径是以汽车在曲线上安全、顺适行驶为条件确定的。

1.极限最小半径

极限最小半径是指按设计速度行驶的车辆，能保证其安全行驶的最小半径。它是设计采用的极限值。当横向力系数μ和路面超高横坡度i都取最大值时，按式(2-9)可计算

出极限最小半径。规范规定了极限最小半径，如表 2-1 所示的“极限值”，极限最小半径仅在特殊困难的条件下使用。

表 2-1　圆曲线最小半径

设计速度(km/h)		120	100	80	60	40	30	20
圆曲线最小半径(m)	极限值	650	400	250	125	60	30	15
	一般值	1 000	700	400	200	100	65	30
不设超高圆曲线最小半径(m)	路拱≤2%	5 500	4 000	2 500	1 500	600	350	150
	路拱＞2%	7 500	5 250	3 350	1 900	800	450	200

2. 一般最小半径

一般最小半径远大于极限最小半径，其取值一方面要考虑汽车以设计速度在这种小半径的曲线上行驶时的安全性、稳定性和旅客有充分的舒适性，另一方面也要注意到在地形比较复杂的情况下不会过多地增加工程数量。

《公路路线设计规范》(JTG D20—2006)规定了“一般最小半径”，如表 2-1 中的“一般值”。确定一般最小半径时，横向力系数 μ 和超高横坡度 i 没有取到最大值，都留有一定的余地。通常在路线设计时，采用的圆曲线半径应尽量大于或等于一般最小半径。

3. 不设超高的最小半径

在一定设计速度行车时，当圆曲线半径较大，离心力影响就比较小，路面摩阻力可保证汽车有足够的稳定性，此时可不设超高。弯道即使采用与直线相同的双向路拱断面时，离心力对外侧车道上行驶的汽车的影响也很小。因此，《公路路线设计规范》(JTG D20—2006)规定了“不设超高圆曲线最小半径”，如表 2-1 所示。此时，横向力系数 $\mu=0.035$，横坡度 $i=-0.02$(或 $i=-0.015$)。

不设超高最小半径是判断圆曲线设不设超高的一个界限，当圆曲线半径大于或等于不设超高最小半径时，不设超高，圆曲线横断面采用与直线相同的双向路拱横断面，路拱坡度大小与直线段相同。当圆曲线半径小于不设超高最小半径时，则采用向内倾斜单向超高横断面形式。

【例 2-1】　某二级公路设计速度为 80 km/h，路拱横坡为 2%。试计算：

(1)极限最小半径($\mu=0.12$，$i_b=8\%$)；

(2)一般最小半径($\mu=0.06$，$i_b=7\%$)；

(3)不设超高最小半径。

解：(1)极限最小半径

$$R_{\min}=\frac{V^2}{127(\mu+i)}=\frac{80^2}{127\times(0.12+0.08)}=252.0(\text{m})\text{，规范取 250 m。}$$

(2)一般最小半径

$$R=\frac{V^2}{127(\mu+i)}=\frac{80^2}{127\times(0.06+0.07)}=387.6(\text{m})\text{，规范取 400 m。}$$

(3)不设超高时，即为反超高，$\mu=0.035$，$i_b=-2\%$

$$R=\frac{V^2}{127(\mu-i)}=\frac{80^2}{127\times(0.035-0.02)}=3\ 359.58(\mathrm{m})$$，规范取 3 350 m。

（二）圆曲线最大半径

从汽车转弯时的受力分析可知，圆曲线越大，离心力越小，行车的舒适性越好。但当半径大到一定程度，其几何性质和形成条件与直线并无太大区别，容易给驾驶员造成判断上的错误，反而带来不良后果，也会增加计算和测量的难度。因此，规范规定，在考虑与地形、地物等条件相适应的同时，尽量采用大半径，但不宜超过 10 000 m。

（三）圆曲线半径的选择

圆曲线能较好地适应地形的变化，它在路线遇到障碍或地形需要改变方向时需设置，适应范围广泛而灵活。圆曲线半径选用得当，可获得圆滑、舒顺的平面线形。

（1）在地形、地物等条件许可时，优先选用大于或等于不设超高的最小半径。

（2）一般情况下，宜采用极限最小曲线半径的 4～8 倍或超高 2%～4% 的圆曲线半径。

（3）条件受限制时，可采用大于或接近于圆曲线最小半径的“一般值”；地形条件特殊、困难而不得已时，方可采用圆曲线最小半径的“极限值”。

（4）为便于测设，圆曲线最大半径不宜超过 10 000 m。

（5）设置圆曲线时，应同相衔接路段的平、纵线形要素相协调，使之构成连续、均衡的曲线线形，并避免小半径圆曲线与陡坡相重合的线形。

第三节　缓和曲线

在公路设计中，通常在直线和圆曲线之间或在不同半径的两圆曲线之间，加入缓和曲线，以适应汽车行驶轨迹。缓和曲线的曲率从零逐渐过渡到某一定值，使圆曲线与直线平顺衔接。

一、缓和曲线的作用

（1）有利于驾驶员操纵方向盘。汽车从直线驶入圆曲线或从大半径圆曲线驶入小半径圆曲线时，其中间需要插入一个曲率逐渐变化的缓和曲线，使汽车保持车速不变而前轮的转向角从 0 至 α 逐渐转向，从而有利于驾驶员操纵方向盘。

（2）消除离心力的突变，提高舒适性。当圆曲线半径较小时，离心力很大。为了使汽车能安全、迅速、平稳地从没有离心力的直线逐渐驶入离心力较大的圆曲线，或从离心力小的大半径圆曲线逐渐驶入到离心力大的小半径圆曲线，消除离心力的突变，必须在直线和圆曲线之间，或大圆与小圆之间设置曲率半径随弧长逐渐变化的缓和曲线。

（3）完成超高和加宽的过渡。当圆曲线需要设置超高和加宽时，一般应在缓和曲线长度内完成超高或加宽的过渡。

（4）与圆曲线配合得当，增加线形美观。圆曲线与直线径相连接，连接处曲率突变，在视觉上不平顺，设置了缓和曲线后，线形连续圆滑，增加了线形美观。

二、缓和曲线的性质

(一)汽车转弯时行驶的理论轨迹方程

考察汽车由直线进入圆曲线的行驶轨迹。如图2-4所示,先假定汽车是匀速行驶的,驾驶员等角速度转动方向盘,通过理论推导得出,汽车转弯时的理论轨迹方程如下

$$C = \rho l \tag{2-10}$$

式中 C——常数,m^2;

l——汽车自直线终点进入曲线经一定时间后行驶的弧长,m;

ρ——汽车行驶经一定时间后行驶的弧长 l 处相对应的曲率半径,m。

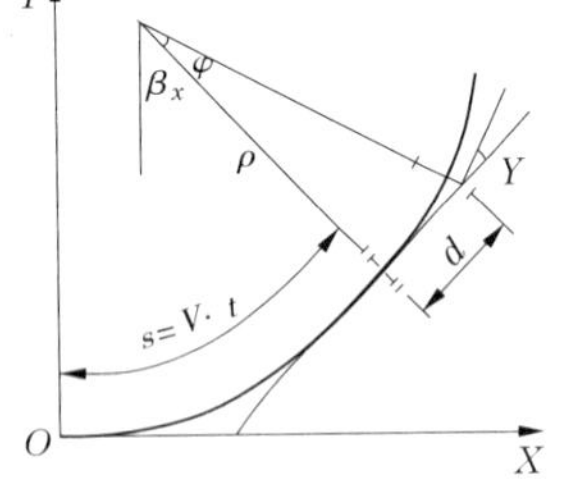

图2-4 汽车进入曲线行驶轨迹图

(二)缓和曲线的线形选择

由式(2-10)可见,汽车匀速从直线进入圆曲线,其行驶轨迹的弧长与曲线的曲率半径的乘积为常数。数学上满足这一几何特性的曲线有很多,其中,由于回旋线与汽车由直线驶入圆曲线的轨迹完全相符且计算简便,公路设计规范规定道路缓和曲线应采用回旋线。

数学上,回旋线是曲率随曲线长度成比例增大的曲线,由于式(2-20)中 C 的单位为 m^2,故取 $C = A^2$。因此,回旋线的数学表达式为

$$\rho l = A^2 \tag{2-11}$$

式中 A——回旋线的参数,m;

l——回旋线上任一点到回旋线起点的距离,m。

可见,在回旋线上任一点,ρ 随 l 的变化而变化,在缓和曲线的终点处,$\rho = R, l = L_s$,则式(2-11)可写成

$$RL_s = A^2$$

则参数

$$A = \sqrt{RL_s} \tag{2-12}$$

式中 R——回旋线所连接的圆曲线半径,m;

L_s——缓和曲线长度,m。

由式(2-12)可见,只要设计选定圆曲线半径和缓和曲线长度,回旋线参数 A 就确定了。参数 A 对整个道路线形而言是一个放大的倍数,R 确定圆的大小,A 确定缓和曲线曲率变化的缓急,A 越大,则曲率变化越缓和。

三、缓和曲线技术标准

由于汽车在缓和曲线上完成不同曲率的过渡,所以要求缓和曲线有足够的长度,以使驾驶员能从容地操纵方向盘,乘客感觉舒适,线形美观流畅,并且能顺利地完成超高和加宽过渡,《公路路线设计规范》(JTG D20—2006)中规定了缓和曲线的最小长度。

(一)缓和曲线最小长度

1. 控制离心加速度变化率,满足旅客舒适要求

汽车在缓和曲线上行驶时,离心加速度随着缓和曲线的曲率而变化,如果变化过快,将使乘客产生不适,因此需要控制离心力的变化率。

在缓和曲线起点处:半径 $\rho = \infty$,离心加速度 $a_1 = 0$;在缓和曲线终点处:半径 $\rho = R$,离心加速度 $a_2 = v^2/R$。如果汽车从缓和曲线起点行驶到终点的时间为 t,则

$$t = \frac{L_s}{v}$$

离心加速度变化率为

$$a_s = \frac{\Delta a}{t} = \frac{a_2 - a_1}{t} = \frac{v^3}{RL_s} = \frac{0.0214V^3}{RL_s}$$

从乘客舒适性来看,a_s 不能过大,我国公路设计中采用 $a_s = 0.6\ \mathrm{m/s^3}$,则有

$$L_s = 0.036\frac{V^3}{R} \tag{2-13}$$

式中 L_s——缓和曲线最小长度,m;

V——设计速度,km/h;

R——圆曲线半径,m。

2. 满足驾驶员操作方向盘所需时间

一般认为汽车在缓和曲线上的行驶时间最少为 3 s,因此

$$L_{smin} = vt = \frac{Vt}{3.6} = \frac{V}{1.2} \tag{2-14}$$

3. 满足超高渐变率的要求

设置超高时,应在缓和曲线上完成超高过渡,如果缓和曲线太短,使超高渐变率太大,不但对行车和路容不利,还影响到舒适性;如果缓和曲线太长,超高渐变率太小,对排水不利。因此,缓和段长度应满足超高过渡的要求,即

$$L_{smin} \geqslant L_c \tag{2-15}$$

式中 L_c——超高过渡段长度。

4. 缓和曲线最小长度的取值

考虑上述因素,《公路路线设计规范》(JTG D20—2006)规定了回旋线最小长度,如表 2-2所示。

表 2-2 回旋线最小长度

设计速度(km/h)	120	100	80	60	40	30	20
回旋线最小长度(m)	100	85	70	50	35	25	20

注:四级公路为超高、加宽过渡段长度。

(二)回旋线参数

上面讨论了条件受限制时缓和曲线的最小长度,在一般情况下,应使用更长的缓和曲线。公路线形中,缓和曲线使用回旋线,回旋线通常以其参数 A 表示。因此,应确定回旋

线参数 A 的取值。

根据回旋线几何特征，其长度 L_s 和参数 A 具有对应关系，因此在确定参数 A 的最小值时，同样需要满足离心加速度变化率、驾驶员操作方向盘所需时间及超高渐变率的要求。此外，为改善线形，还需满足视觉美观要求。经验表明，按视觉考虑，缓和曲线角最好为 3°～29°，如图 2-5 所示。

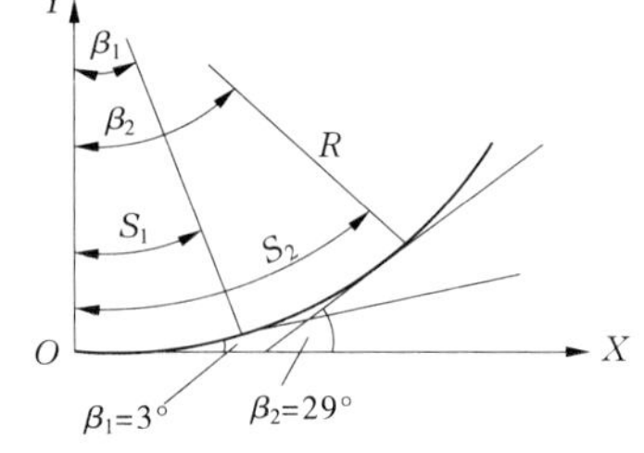

图 2-5　按视觉要求的回旋线长度范围

缓和曲线角是指回旋线上任意一点的切线与 x 轴的夹角，它可以反映从回旋线起点至终点形成的方向变位。其中，缓和曲线终点处切线角 β_0 为

$$\beta_0 = \frac{L_s}{2R}(\mathrm{rad}) = \frac{180}{\pi}\frac{L_s}{2R} = 28.647\,9\frac{L_s}{R}(°) \tag{2-16}$$

式中　L_s——缓和曲线全长，m；

R——缓和曲线终点处 HY（YH）点的半径，即圆曲线半径，m；

β_0——缓和曲线终点处的切线角，rad 或（°）。

如图 2-5 所示，从线形的协调和平顺性来看，当 $\beta < 3°$ 时，缓和曲线的作用极不明显，视觉上容易被忽略；当 $\beta > 29°$ 时，圆曲线与缓和曲线不能很好协调。因此，从缓和曲线角的范围可以推导出合适的缓和曲线长度值。

将 $\beta = 3°$ 和 $\beta = 29°$ 代入式（2-16），得

$$\frac{R}{3} \leqslant A \leqslant R \tag{2-17}$$

式（2-17）若用回旋线长度 L_s 表达，则为

$$\frac{R}{9} \leqslant L_s \leqslant R \tag{2-18}$$

上述关系只适用于 R 在某范围内，回旋线参数 A 宜依据地形条件及线形要求确定，并与圆曲线半径相协调。经验表明：

（1）当圆曲线半径 R 小于 100 m 时，A 宜大于或等于 R；当 R 接近于 100 m 时，A 宜等于 R。

（2）当圆曲线半径 R 较大或接近于 3 000 m 时，回旋线参数 A 应取等于 $\frac{R}{3}$；当 R 大于 3 000 m 时，则取 A 小于 $\frac{R}{3}$。

【例 2-2】　某平原区二级公路上有一平曲线，半径为 420 m。试设计计算该平曲线的最小缓和曲线长度。

解：（1）按离心加速度的变化率计算。

由标准查得，$V = 80$ km/h

$$L_{smin} = 0.036\frac{V^3}{R} = 0.036 \times \frac{80^3}{420} = 43.89(\mathrm{m})$$

（2）按驾驶员的操作及反应时间计算。

$$L_{smin}=\frac{V}{1.2}=\frac{80}{1.2}=66.67(m)$$

(3)按超高渐变率计算。

由标准知：$B=2\times3.75=7.50(m)$

查表2-6，超高渐变率1/150，超高取$\Delta i=i_b=0.06$

$$L_{smin}=\frac{B\Delta i}{p}=\frac{7.50\times0.06}{1/150}=67.50(m)$$

(4)按视觉条件计算。

$$L_{smin}=\frac{R}{9}=\frac{420}{9}=46.67(m)$$

$$L_s=R=420\ m$$

综合以上各项得$L_{smin}=67.50$ m。

最终取5的整倍数得$L_s=70$ m。

四、直角坐标及平曲线几何要素

(一)缓和曲线直角坐标

经推导，缓和曲线直角坐标为

$$\begin{cases}x=l-\dfrac{l^5}{40R^2L_s^2}\\ y=\dfrac{l^3}{6RL_s}-\dfrac{l^7}{336R^3L_s^3}\end{cases}\tag{2-19}$$

如图2-6所示，当$l=L_s$时，缓和曲线终点坐标为

$$\begin{cases}x_0=L_s-\dfrac{L_s^3}{40R^2}\\ y_0=\dfrac{L_s^2}{6R}-\dfrac{L_s^4}{336R^3}\end{cases}\tag{2-20}$$

式中　x、y——缓和曲线上任意一点的横坐标、纵坐标；

x_0、y_0——缓和曲线终点处的横坐标、纵坐标；

其余符号含义同前。

(二)设有缓和曲线的公路平曲线几何要素

在单圆曲线与直线连接处的两端，分别加入一段参数A相同的缓和曲线，构成对称基本型曲线，如图2-7所示。基本型曲线按直线—回旋线—圆曲线—回旋线—直线的顺序组合而成，其几何要素是确定平曲线形状和几何尺寸的基本参数。

1.缓和曲线常数

1)内移值p

为了在直线和圆曲线之间设置缓和曲线，必须将原来的圆曲线向内移动，才能使缓和曲线的起点切于直线上，而缓和曲线的终点又与圆曲线相切，设有缓和曲线后圆曲线内移距离为p，称为内移值，其计算式如下：

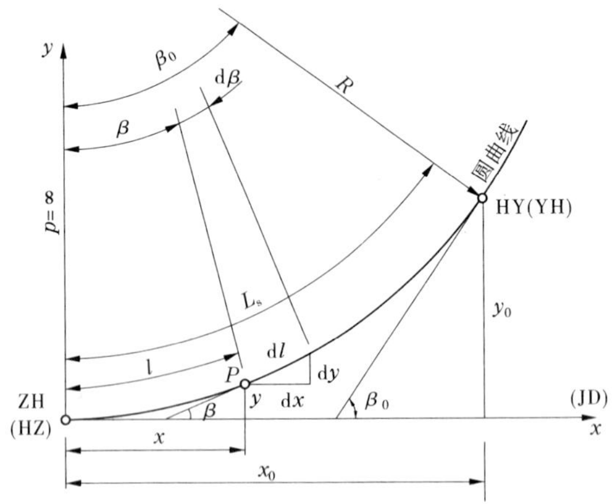

图 2-6　缓和曲线的直角坐标

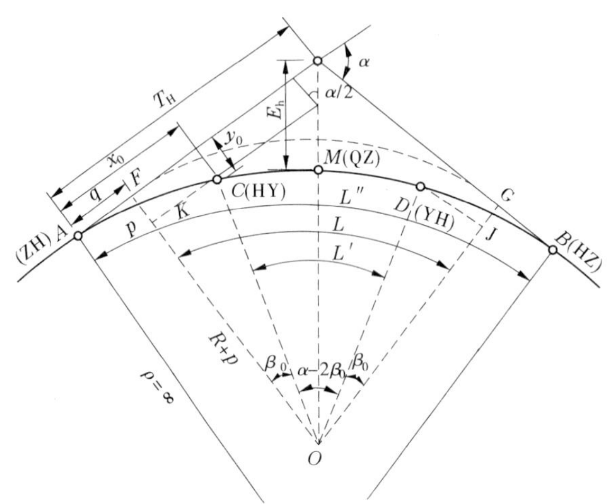

图 2-7　对称基本型曲线

$$p = \frac{L_s^2}{24R} \tag{2-21}$$

式中　p——设有缓和曲线后圆曲线的内移值，m；

L_s——缓和曲线长度，m；

R——内移圆曲线半径。

2）切线增值 q

未设缓和曲线的圆曲线起点（终点）至缓和曲线起点距离为切线增值 q

$$q = \frac{L_s}{2} - \frac{L_s^3}{240R^2} \tag{2-22}$$

3）缓和曲线的切线角 β_0

缓和曲线终点处对应的缓和曲线切线角计算公式如下

$$\beta_0 = \frac{L_s}{2R}\ \ (\text{rad}) = 28.647\,9\,\frac{L_s}{R}\ \ (°) \tag{2-23}$$

2. 平曲线几何要素

1)切线长

切线长为

$$T_H = (R+p)\tan\frac{\alpha}{2} + q \tag{2-24}$$

2)曲线长

曲线长为

$$L_H = R(\alpha - 2\beta_0)\frac{\pi}{180°} + 2L_s \tag{2-25}$$

其中,缓和曲线内圆曲线长为

$$L' = R(\alpha - 2\beta_0)\frac{\pi}{180°}$$

未设缓和曲线单圆曲线长为

$$L = R\frac{\alpha\pi}{180°}$$

3)外距

外距为

$$E_H = (R+p)\sec\frac{\alpha}{2} - R \tag{2-26}$$

4)校正值

校正值为

$$D_H = 2T_H - L_H \tag{2-27}$$

式中 α——路线转角,(°);

其余符号含义同前。

3. 里程桩号的计算

基本型曲线有五个主点桩号,相互关系如下:

$ZH = JD - T_H$

$HY = ZH + L_s$

$QZ = ZH + L_H/2$

$HZ = ZH + L_H$

$YH = HZ - L_s$

$JD = QZ + D_H/2$(校核)

【例2-3】 平原区某二级公路一弯道,JD桩号为K2+536.48,半径$R=250$ m,偏角$\alpha_{右}=35°28'30''$,缓和曲线长度$L_s=70$ m。试计算曲线主点里程桩号。

解:(1)曲线要素计算。

$$p = \frac{L_s^2}{24R} = \frac{70^2}{24\times 250} = 0.817(\text{m})$$

$$q = \frac{L_s}{2} - \frac{L_s^3}{240R^2} = \frac{70}{2} - \frac{70^3}{240\times 250^2} = 34.977(\text{m})$$

$$\beta_0 = 28.647\,9\frac{L_s}{R} = 28.647\,9\times\frac{70}{250} = 8.021\,4^\circ = 8^\circ01'17''$$

$$T_H = (R+p)\tan\frac{\alpha}{2}+q = (250+0.817)\tan\frac{35.475}{2}+34.977 = 115.204(\mathrm{m})$$

$$L_H = R(\alpha-2\beta_0)\frac{\pi}{180^\circ}+2L_s = 250\times(35.475-2\times8.021\,4)\times\frac{\pi}{180^\circ}+2\times70 = 224.789(\mathrm{m})$$

$$E_H = (R+p)\sec\frac{\alpha}{2}-R = (250+0.817)\sec\frac{35.475}{2}-250 = 13.335(\mathrm{m})$$

$$D_H = 2T_H-L_H = 2\times115.204-224.789 = 5.619(\mathrm{m})$$

(2)主点里程桩号计算。

以交点里程桩号为起算点：

JD = K2 +536.48

ZH = JD − T_H = K2 +536.48 −115.204 = K2 +421.276

HY = ZH + L_s = K2 +421.276 +70 = K2 +491.276

QZ = ZH + $L_H/2$ = K2 +421.276 +224.789/2 = K2 +533.670 5

HZ = ZH + L_H = K2 +421.276 +224.789 = K2 +646.065

YH = HZ − L_s = K2 +646.065 −70 = K2 +576.065

JD = QZ + $D_H/2$ = K2 +533.670 5 +5.619/2 = K2 +536.48(校核无误)

五、缓和曲线设置与省略

(一)缓和曲线的设置条件

缓和曲线容易适应自然地形、地物，增加线形设计的自由度和美观性，在公路线形设计中广泛应用。我国《公路路线设计规范》(JTG D20—2006)规定：对于高速公路和一、二、三级公路，凡圆曲线半径小于不设超高的最小半径时，都须在直线与圆曲线之间设置回旋线作为缓和曲线。

(二)缓和曲线的省略

在直线和圆曲线之间设置缓和曲线后，圆曲线产生了内移值 p，在缓和曲线长度 L_s 一定的情况下，内移值 p 与圆曲线半径成反比，半径 R 越大，p 值越小。当半径 R 达到一定程度，p 值甚小时，即使直线与圆曲线径相连接，汽车也能完成缓和曲线轨迹的行驶，因为在路面的富余宽度中已经包含了这个内移值。所以，《公路路线设计规范》(JTG D20—2006)规定，在下列情况下可不设缓和曲线：

(1)四级公路不设置缓和曲线，其线形由直线和圆曲线组成。

(2)在直线与圆曲线间，当圆曲线半径大于或等于“不设超高的最小半径”时。

(3)半径不同的同向圆曲线径相连接处，当小圆半径大于或等于“不设超高的最小半径”时。

(4)半径不同的同向圆曲线径相连接处，小圆半径大于表 2-3 中所列临界圆曲线半径，且符合下列条件之一者：①小圆按最小回旋线长度设回旋线时，大圆与小圆的内移值之差小于0.10 m;②设计速度大于或等于80 km/h,大圆半径 R_1 与小圆半径 R_2 之比小于1.5;③设计速度小于80 km/h,大圆半径 R_1 与小圆半径 R_2 之比小于2时。

表2-3　复曲线中小圆临界圆曲线半径

设计速度(km/h)	120	100	80	60	40	30
临界圆曲线半径(m)	2 100	1 500	900	500	250	130

第四节　曲线超高与加宽

一、曲线超高

(一)设置超高的原因

当汽车在圆曲线上行驶时,半径越小,离心力越大,汽车行驶条件就越差。为改善汽车行驶条件,在弯道上设置外高内低、向内倾斜的单向横坡形式,从而利用重力的内侧分力抵消汽车在曲线路段上行驶时所产生的一部分离心力,称为超高,如图2-8所示。

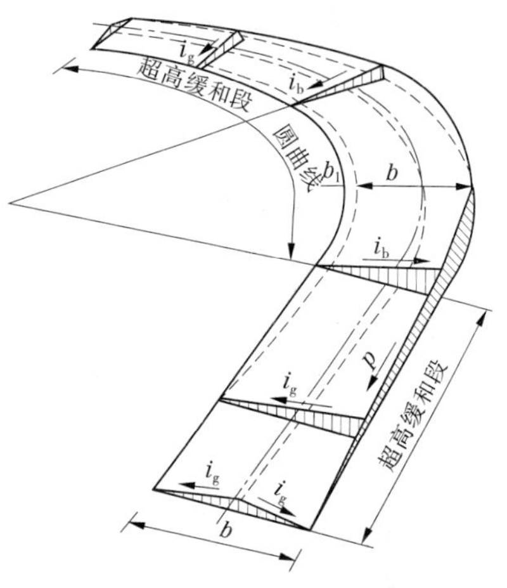

图2-8　超高及超高缓和段

(二)全超高

圆曲线上超高横坡度的设置应根据设计速度、圆曲线半径、路面类型、自然条件和车辆组成等情况确定,必要时应按运行速度予以验算。由于圆曲线半径不变,当车速不变时,离心力也不变,因此从圆曲线起点至圆曲线终点的超高横坡度是一个定值,这个圆曲线上的超高值,称为全超高横坡度,简称全超高,用 i_b 表示。

1. 最大超高值

在车速较高、圆曲线半径较小的情况下,为了平衡离心力,需要较大的超高。但对于慢车,或因故障停在弯道上,其离心力为零,而超高横坡度过大,超出了轮胎与路面间的横向摩阻系数,车辆有向路面内侧滑移的危险,特别在冬季结冰的情况下更有这种可能。因此,《公路路线设计规范》(JTG D20—2006)根据公路等级、圆曲线半径、路面类型、交通组成和自然条件等,规定了各级公路圆曲线最大超高值,如表2-4所示。

表2-4　各级公路圆曲线最大超高值

公路等级	高速公路、一级公路	二级公路、三级公路、四级公路
一般地区(%)	8或10	8
积雪冰冻地区(%)	6	

注:高速公路、一级公路正常情况下采用8%,交通组成中小客车比例高时可采用10%。

2. 最小超高值

当计算路面的超高横坡度数值小于路拱横坡度时，各级公路圆曲线部分的最小超高值应与该公路直线部分的正常路拱横坡度值一致，即 $i_{b,min}=i_g$。

3. 车速受限制时最大超高值

二、三、四级公路接近城镇且混合交通量较大的路段，车速受到限制时，其最大超高值可按表 2-5 执行。

表 2-5　车速受限制时最大超高值

设计速度(km/h)	80	60	40、30、20
超高值(%)	6	4	2

(三)超高的过渡形式

由直线段的双向路拱横断面逐渐过渡到圆曲线段的全超高单向横断面，其间必须设置超高过渡(缓和)段，公路横断面随前进方向逐渐旋转过渡。

1. 无中间带公路

当超高横坡度等于路拱坡度($i_b=i_g$)时，将外侧车道绕路中线旋转，直至超高横坡值。当超高横坡度大于路拱坡度($i_b>i_g$)时，分别采用以下三种过渡方式。

1)绕内侧车道边缘旋转，简称内边轴旋转

内边轴旋转是将路面未加宽时的内侧边缘线保留在原来位置不动，这一旋转方式可分为三步进行，如图 2-9(a)所示。

(1)抬升路肩：在超高过渡段之前，将两侧路肩的横坡度 i_j 分别同时绕内、外侧路面未加宽时的边缘线旋转，使 i_j 逐渐变为路面的双向横坡度 i_g。这一段旋转过程的长度为 l_0，一般取 1 ~2 m，因路面尚未旋转，该段不计入超高过渡段长度。

(2)将外侧车道绕路面未加宽前的中心线旋转，同时向前推进，直至形成外侧路面与内侧车道构成单向横坡 i_g。

(3)整个断面绕路面未加宽前的内侧边缘线旋转，同时向前推进，直至达到全超高横坡度值 i_b。

采用绕路面未加宽时的内侧边缘线旋转方式超高时，由于行车道内侧不降低，有利于路基纵向排水，新建工程宜采用此种方式。

2)绕路中线旋转，简称中轴旋转

中轴旋转是将未加宽时的路面中心线保留在原来位置不变的超高旋转方式，可分为三步进行，如图 2-9(b)所示。

(1)抬升路肩，使路肩坡度从 i_j 逐渐变为 i_g。这一过程同内边轴旋转。

(2)将外侧车道绕路面未加宽前的中心线旋转，同时向前推进，直至形成外侧车道与内侧车道构成单向横坡 i_g。

(3)整个断面一同绕路面未加宽前的路中心线旋转，同时向前推进，直至达到全超高横坡度值 i_b。

绕中心线旋转可保持中线标高不变，且在超高坡度一定的情况下，外侧边缘的抬高值较小，改建工程可采用此种方式。

3）绕外侧车道边缘旋转，简称外边轴旋转

外边轴旋转是将未加宽时的车道外边缘线保留在原来位置不变的超高旋转方式，可分为三步进行，如图2-9(c)所示。

(1)抬升路肩，使路肩坡度从 i_j 逐渐变为 i_g。这一过程同内边轴旋转。

(2)外侧车道绕路面外边缘旋转，与此同时，内侧车道随中线的降低而相应降低，使内、外侧车道逐渐变成单一横坡 i_g。

(3)待达到单向横坡后，整个断面仍绕外侧车道边缘旋转，同时向前推进，直至使单向横坡 i_g 达到全超高横坡度值 i_b。

路基外缘标高受限制或路容美观有特殊要求时可采用此种方式。

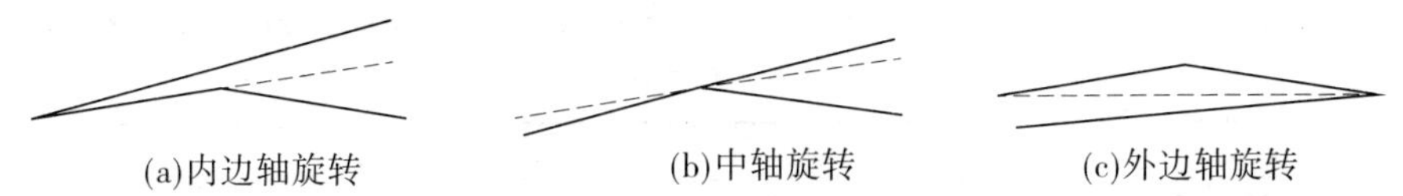

(a)内边轴旋转　(b)中轴旋转　(c)外边轴旋转

图2-9　无中央分隔带公路的超高过渡

2. 有中间带公路

1）绕中间带的中心线旋转

先将外侧车道绕中央分隔带的中心线旋转，待达到与内侧车道构成单向横坡后，整个断面一同绕中央分隔带的中心线旋转，直至全超高横坡值，如图2-10(a)所示。中间带宽度小于或等于4.5 m的公路可采用此种方式。

2）绕中央分隔带边缘旋转

将两侧车道分别绕中央分隔带两侧边缘线旋转，使之成为独立的单向超高断面。此时中央分隔带维持原水平状态，如图2-10(b)所示。各种宽度中间带的公路均可采用。

3）分别绕各自行车道中心线旋转

将两侧车道分别绕各自的车道中心线旋转，使之各自成为独立的单向超高断面，此时中央分隔带两边缘分别升高与降低而成为倾斜断面，如图2-10(c)所示。车道数大于4条的公路可采用。

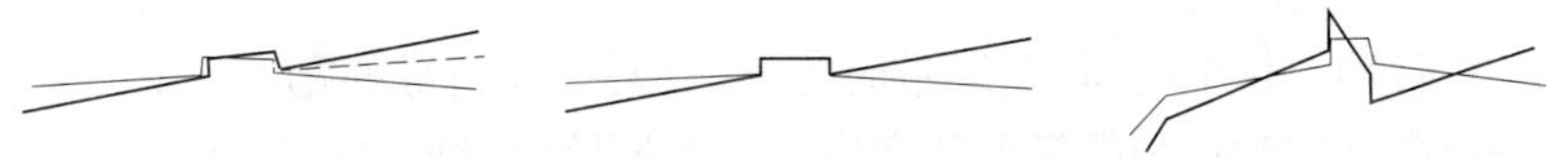

(a)绕中间带的中心线旋线　(b)绕中央分隔带边缘旋转　(c)绕各自行车道中心线旋转

图2-10　有中央分隔带公路的超高过渡

3. 分离式路基公路

分离式路基公路由于上、下行车道是各自独立的，其超高的设置及其过渡可按两条无中间带的公路分别予以处理。

4. 硬路肩超高方式

硬路肩超高值与相邻车道超高值相同时，其超高过渡段应与车道相同，且采用与车道相同的超高渐变率。硬路肩超高值比相邻车道超高值小时，应先将硬路肩横坡过渡到与车道路拱坡度相同，再与车道一起过渡，直至硬路肩达到其最大超高坡度值。

（四）超高过渡段的长度

由于在超高过渡段上逐渐超高，引起行车道外侧边缘或内侧边缘的纵坡逐渐增大或减小，使边缘纵坡与原路线纵坡不同。旋转轴与行车道边缘线相对升降的比率称为超高渐变率。在考虑超高缓和段长度时，应将超高渐变率控制在一定的范围内。超高渐变率的取值要考虑如下两个方面的问题：

（1）控制路面外侧边缘的加高速度（或路面内侧边缘的降低速度）。

（2）以路面前进方向为旋转轴的路面旋转角速度不超过一定的限度。

超高渐变率越大，即渐变速度快，则所需的缓和段长度可短些，但乘客不舒适；反之，超高渐变率太小，则乘客舒适，但超高缓和段长度太长，设计和施工麻烦，且不利排水。根据《公路路线设计规范》（JTG D20—2006），超高渐变率按旋转轴位置规定如表 2-6 所示。

表 2-6　超高渐变率

设计速度（km/h）	超高旋转轴位置	
	中线	边线
120	1/250	1/200
100	1/225	1/175
80	1/200	1/150
60	1/175	1/125
40	1/150	1/100
30	1/125	1/75
20	1/100	1/50

双车道公路超高过渡段长度按下式计算

$$L_c = \frac{B'\Delta i}{p} \tag{2-28}$$

式中　L_c——超高过渡段长度，m；

B'——旋转轴至行车道（设路缘带时为路缘带）外侧边缘的宽度，m；

Δi——超高旋转轴外侧的最大超高横坡度与原路拱横坡度的代数差；

p——超高渐变率。

如图 2-11 所示，对内边轴旋转，式（2-10）可表达为

$$L_c = \frac{b i_b}{p} \tag{2-29}$$

如图 2-12 所示，对中轴旋转，式（2-10）可表达为

$$L_c = \frac{b(i_b + i_g)}{2p} \tag{2-30}$$

式中　b——路面宽度，m。

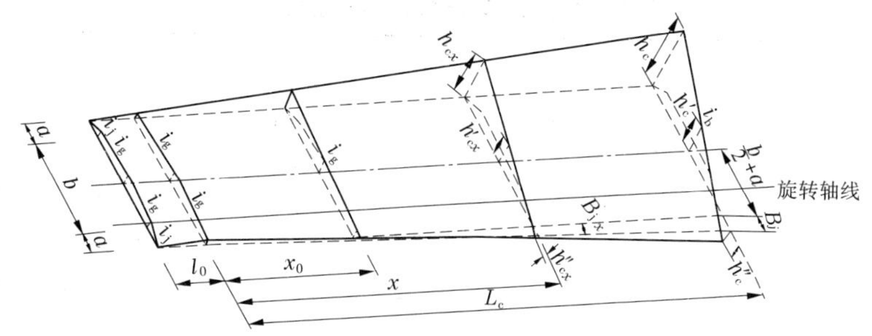

图 2-11 内边轴旋转的超高过渡段

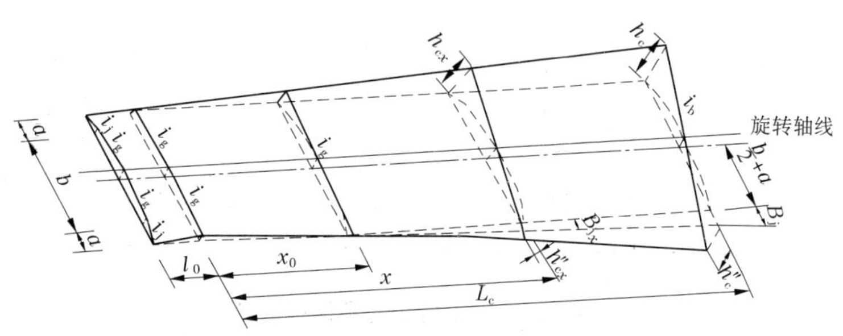

图 2-12 中轴旋转的超高过渡段

超高过渡段的设置应注意以下几点：

（1）超高过渡段长度应取 5 m 的倍数，且不小于 10 m。

（2）当设置回旋线时，超高的过渡应在回旋线全长范围内进行。当回旋线较长时，其超高的过渡可采用以下方式：超高过渡段可设在回旋线的某一区段范围内，其超高过渡段的纵向渐变率不得小于 1/330，全超高断面宜设在缓圆点或圆缓点处。六车道及其以上的公路宜增设路拱线。

（3）四级公路因不设缓和曲线，其超高的过渡应在超高过渡段的全长范围内进行。

（4）对线形设计要求较高的公路，应在超高过渡段的起、终点插入一段二次抛物线，使之连接圆滑、舒顺。

（5）高速公路、一级公路的纵坡较大处，其上、下行车道可采用不同的超高值。

（五）超高值计算

平曲线上设置超高后，公路中线和路基内、外侧边缘线与路基设计标高的高差应予以计算并列于“路基设计表”中，以便于施工，这个高差即为超高值。绕内边轴旋转的超高值计算公式列于表 2-7 中，绕中轴旋转的超高值的计算公式列于表 2-8 中。

其中，对于路基设计标高，高速公路、一级公路一般指中央分隔带的外侧边缘标高，二、三、四级公路一般指未超高加宽之前的路肩边缘标高。改建公路的设计标高，一般按新建公路的规定办理，也可按行车道中线标高或公路中心线标高办理。

表 2-7　绕内边轴旋转的超高值计算公式

超高位置		计算公式 $x \leqslant x_0$	计算公式 $x > x_0$	说明
圆曲线	外缘 h_c	$ai_j + (a+b)i_b$		1. 计算结果均为与路基设计标高的高差。 2. 临界断面距过渡段起点： $x_0 = \frac{i_g}{i_b} L_c$ 3. 距过渡段起点 x 距离处的加宽值： $B_{jx} = \frac{x}{L_c} B_j$
	中线 h'_c	$ai_j + \frac{b}{2} i_b$		
	内缘 h''_c	$ai_j - (a+B_j) i_b$		
超高过渡段	外缘 h_{cx}	$a(i_j - i_g) + [ai_g + (a+b)i_b] \frac{x}{L_c}$ (或 $\approx \frac{x}{L_c} h_c$)		
	中线 h'_{cx}	$ai_j + \frac{b}{2} i_g$	$ai_j + \frac{b}{2} \frac{x}{L_c} i_b$	
	内缘 h''_{cx}	$ai_j - (a + B_{jx}) i_g$	$ai_j - (a + B_{jx}) \frac{x}{L_c} i_b$	

表 2-8　绕中轴旋转的超高值计算公式

超高位置		计算公式 $x \leqslant x_0$	计算公式 $x > x_0$	说明
圆曲线	外缘 h_c	$a(i_j - i_g) + (a + \frac{b}{2})(i_g + i_b)$		1. 计算结果均为与路基设计标高的高差。 2. 临界断面距过渡段起点： $x_0 = \frac{2i_g}{i_g + i_b} L_c$ 3. 距缓和段起点 x 距离处的加宽值： $B_{jx} = \frac{x}{L_c} B_j$
	中线 h'_c	$ai_j + \frac{b}{2} i_g$		
	内缘 h''_c	$ai_j + \frac{b}{2} i_g - (a + \frac{b}{2} + B_j) i_b$		
过渡段	外缘 h_{cx}	$a(i_j - i_g) + (a + \frac{b}{2})(i_g + i_b) \frac{x}{L_c}$ (或 $\approx \frac{x}{L_c} h_c$)		
	中线 h'_{cx}	$ai_j + \frac{b}{2} i_g$		
	内缘 h''_{cx}	$ai_j - (a + B_{jx}) i_g$	$ai_j + \frac{b}{2} i_g - (a + \frac{b}{2} + B_{jx}) \frac{x}{L_c} i_b$	

注：表 2-7、表 2-8 中公式符号含义如下：

h_c、h'_c、h''_c——圆曲线上路基外边缘、加宽前路中线、加宽后路基内边缘的最大超高值，m；

h_{cx}、h'_{cx}、h''_{cx}——过渡段上路基外边缘、加宽前路中线、加宽后路肩内边缘的超高值，m；

x——过渡段内任意点处距过渡段起点的距离，m；

L_c——超高过渡段长度，m；

x_0——双向坡路面过渡到超高坡度为路拱坡度时所需的临界长度，m；

B_j——圆曲线上路基的全加宽值，m；

B_{jx}——过渡段上 x 距离处路基加宽值，m；

a——路肩宽度，m；

b——路面宽度，m；

i_j——原路肩横坡度；

i_g——原路拱横坡度；

i_b——圆曲线超高横坡度。

【例 2-4】 某新建二级公路，设计车速为 80 km/h，路面宽度 $b=9$ m，路肩宽度 $a=1.5$ m，路拱横坡度采用 $i_g=2\%$，路肩横坡度 $i_j=3\%$，弯道超高横坡度为 $i_b=6\%$，全加宽值为 $B_j=1.0$ m。根据实际情况拟采用内边轴旋转方式，按正比例加宽。试计算超高过渡段终点断面处的超高值以及距离起点 10 m 和 50 m 处的超高值。

解：由表 2-6，超高渐变率取 $p=1/150$。

(1)计算超高过渡段长度

$$L_c=\frac{bi_b}{p}=\frac{9\times0.06}{1/150}=81(\text{m})，取 L_c=80\ \text{m}$$

(2)计算超高过渡段终点断面处的超高值(即圆曲线上各点超高值)

$$h_c=ai_j+(a+b)i_b=1.5\times0.03+(1.5+9)\times0.06=0.675(\text{m})$$

$$h'_c=ai_j+\frac{b}{2}i_b=1.5\times0.03+\frac{9}{2}\times0.06=0.315(\text{m})$$

$$h''_c=ai_j-(a+B_j)i_b=1.5\times0.03-(1.5+1.0)\times0.06=-0.105(\text{m})$$

(3)距离过渡段起点 $x=10$ m 处的超高值。

利用临界断面判断该点是处于双坡还是单坡

$$x_0=\frac{i_g}{i_b}L_c=\frac{2\%}{6\%}\times80=26.7(\text{m})$$

因为 $x=10\ \text{m}<x_0=26.7$ m，所以该点处于双坡路段。

该点加宽值：$B_{jx}=\frac{x}{L_c}B_j=\frac{10}{80}\times1.0=0.125(\text{m})$

$$h_{cx}=a(i_j-i_g)+[ai_g+(a+b)i_b]\frac{x}{L_c}=$$

$$1.5\times(0.03-0.02)+[1.5\times0.02+(1.5+9)\times0.06]\times\frac{10}{80}$$

$$=0.098(\text{m})$$

$$h'_{cx}=ai_j+\frac{b}{2}i_g=1.5\times0.03+\frac{9}{2}\times0.02=0.135(\text{m})$$

$$h''_{cx}=ai_j-(a+B_{jx})i_g=1.5\times0.03-(1.5+0.125)\times0.02=0.013(\text{m})$$

(4)距离缓和段起点 50 m 处的超高值。

因为 $x=50\ \text{m}>x_0=26.7$ m，所以，该点处于单坡路段。

该点加宽值：$B_{jx}=\frac{x}{L_c}B_j=\frac{50}{80}\times1=0.625(\text{m})$

$$h_{cx}=a(i_j-i_g)+[ai_g+(a+b)i_b]\frac{x}{L_c}$$

$$= 1.5 \times (0.03 - 0.02) + [1.5 \times 0.02 + (1.5 + 9) \times 0.06] \times \frac{50}{80}$$

$$= 0.428(\mathrm{m})$$

$$h'_{cx} = ai_j + \frac{b}{2}\frac{x}{L_c}i_b = 1.5 \times 0.03 + \frac{9}{2} \times \frac{50}{80} \times 0.06 = 0.214(\mathrm{m})$$

$$h''_{cx} = ai_j - (a + b_{jx})\frac{x}{L_c}i_b = 1.5 \times 0.03 - (1.5 + 0.625) \times \frac{50}{80} \times 0.06 = -0.035(\mathrm{m})$$

二、曲线加宽

(一)设置加宽的原因

汽车在圆曲线上行驶时,各个车轮的轨迹半径是不相等的,后轴内侧车轮的行驶轨迹半径最小,前轴外侧车轮的行驶轨迹半径最大,因此汽车在半径较小圆曲线上行驶需要比直线上更大的宽度。此外,在圆曲线上行驶时,汽车行驶轨迹不完全与理论行驶轨迹相吻合,而是有一定的摆动偏移(其摆幅值的大小与实际行车速度大小有关),故需要路面加宽来弥补,以策安全。

(二)加宽的基本规定

1. 加宽设置条件

《公路路线设计规范》(JTG D20—2006)规定,当公路的圆曲线半径小于或等于250 m时,应设置加宽。

2. 加宽值

圆曲线上的加宽值与平曲线半径、车辆轴距等有关,同时还要考虑弯道上行驶车辆的摆动及驾驶员的操作所需的附加宽度。

1)单车道几何加宽

普通汽车一条车道的加宽值可由图2-13(a)所示几何关系求得:

$$b = \frac{A^2}{2R} \tag{2-31}$$

式中 A——汽车后轴至前保险杠的距离,m;

R——圆曲线半径,m。

而鞍式列车的加宽值由图2-13(b)所示几何关系求得:

牵引车的加宽值 $b_1 = \frac{A_1^2}{2R}$

拖挂车的加宽值 $b_2 = \frac{A_2^2}{2R}$

令 $A_1^2 + A_2^2 = A^2$,则鞍式列车单车道的加宽值计算同前,但式中 A 的含义不同:

$$b = b_1 + b_2 = \frac{A_1^2 + A_2^2}{2R} = \frac{A^2}{2R} \tag{2-32}$$

式中 A_1——牵引车保险杠至第二轴的距离,m;

A_2——第二轴至拖车最后轴的距离,m;

R——圆曲线半径,m;

A——拖挂车设计车长,$A = \sqrt{A_1^2 + A_2^2}$, m。

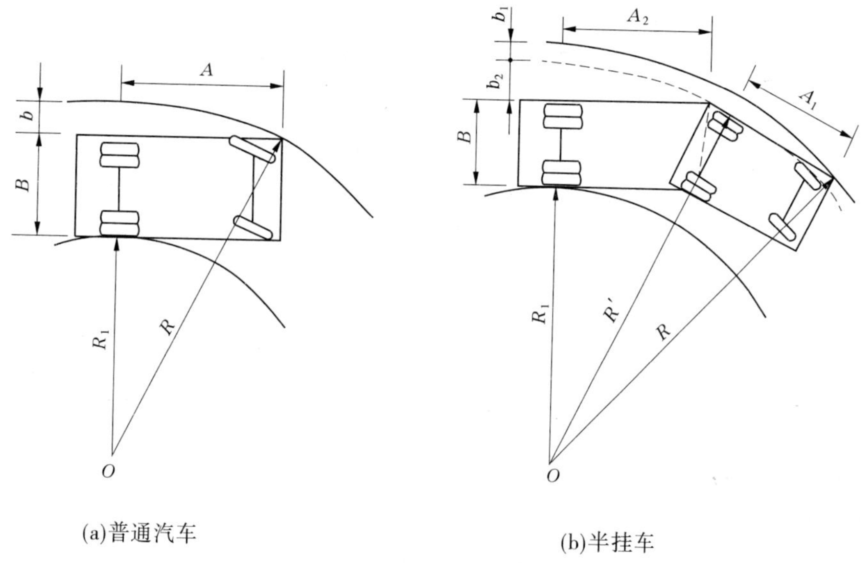

图 2-13　单车道的加宽

2)单车道摆动加宽

经实测,汽车转弯摆动加宽与车速有关,一个车道的摆动加宽值经验公式为

$$b' = \frac{0.05V}{\sqrt{R}} \tag{2-33}$$

式中　V——汽车转弯时的行车速度, km/h。

3)圆曲线上的全加宽

考虑上述几何加宽值和摆动加宽值两项因素,单车道全加宽值为

$$b_{\mathrm{j}} = b + b' = \frac{A^2}{2R} + \frac{0.05V}{\sqrt{R}} \tag{2-34}$$

多车道全加宽值为

$$b_N = N(\frac{A^2}{2R} + \frac{0.05V}{\sqrt{R}}) \tag{2-35}$$

式中　N——车道数。

3. 设置全加宽的规定和要求

(1)圆曲线加宽类别根据公路交通组成分为三类。二级公路以及设计速度为 40 km/h的三级公路有集装箱半挂车通行时,应采用第三类加宽值;不经常通行集装箱半挂车时,可采用第二类加宽值。四级公路和设计速度为 30 km/h 的三级公路可采用第一类加宽值。

(2)圆曲线上的路面加宽应设置在圆曲线的内侧。

(3)各级公路的路面加宽后,路基也应相应加宽。

(4)双车道公路当采取强制性措施实行分向行驶的路段，其圆曲线半径较小时，内侧车道的加宽值应大于外侧车道的加宽值，设计时应通过计算确定其差值。

双车道公路路面加宽值规定如表 2-9 所示。

表 2-9　双车道公路路面加宽值（单位：m）

加宽类别	汽车轴距加前悬	圆曲线半径								
		250 ~ 200	<200 ~ 150	<150 ~ 100	<100 ~ 70	<70 ~ 50	<50 ~ 30	<30 ~ 25	<25 ~ 20	<20 ~ 15
一	5	0.4	0.6	0.8	1.0	1.2	1.4	1.8	2.2	2.5
二	8	0.6	0.7	0.9	1.2	1.5	2.0	—	—	—
三	5.2 + 8.8	0.8	1.0	1.5	2.0	2.5	—	—	—	—

注：单车道公路路面加宽值应为表中规定值的一半。

（三）加宽过渡段

当圆曲线段设置全加宽时，为了使路面由直线段正常宽度断面过渡到圆曲线段全加宽断面，需要在直线和圆曲线之间设置加宽过渡段（或加宽缓和段）。加宽过渡段根据道路的性质和等级可单独设置，也可利用缓和曲线设置，如图 2-14 所示。

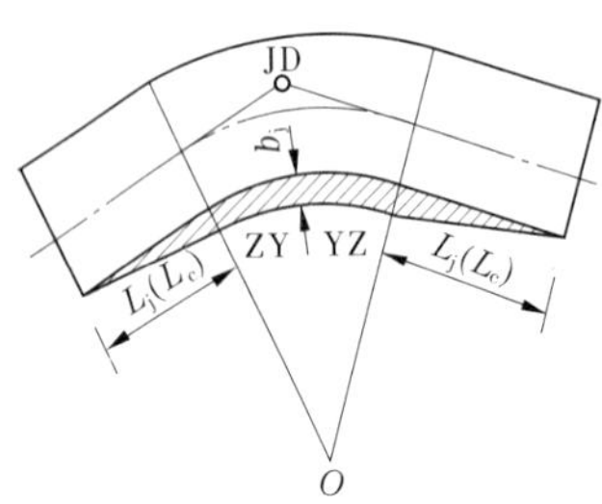

(a)单圆曲线加宽过渡段

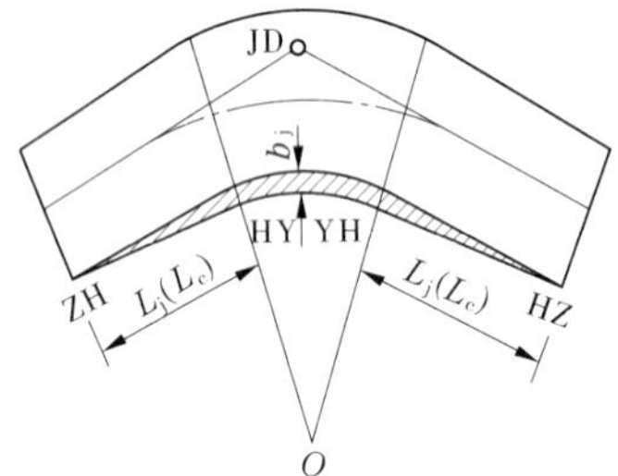

(b)设缓和曲线的加宽过渡段

图 2-14　加宽过渡段

1. 加宽过渡方式

1）比例过渡

二、三、四级公路加宽过渡段的设置，应采用在相应的过渡曲线或超高、加宽缓和段全长范围内按长度成比例增加的方法，如图 2-15 所示。

$$b_{jx} = \frac{L_x}{L_j} b_j \qquad (2\text{-}36)$$

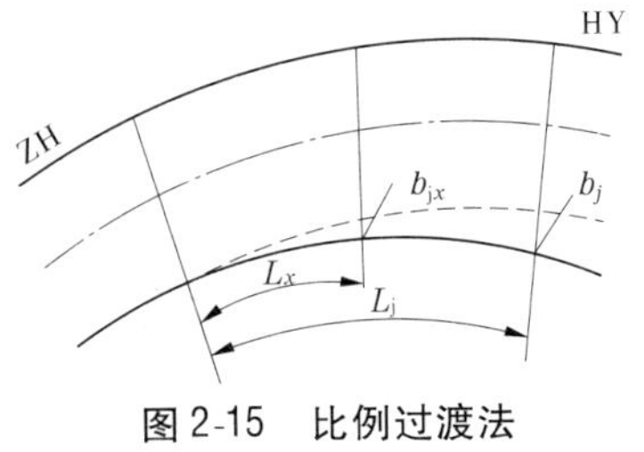

图 2-15　比例过渡法

式中　b_{jx}——加宽过渡段上任意点加宽值，m；

L_x——任意点距加宽过渡段起点的距离，m；

b_j——圆曲线上的全加宽值，m；

L_j——加宽过渡段全长，m。

比例过渡简单易做，但加宽后的路面与内侧的行车轨迹不符，过渡段的终点出现突变，路容也不美观。

2）高次抛物线过渡

在加宽过渡段上插入一条高次抛物线，常用三次或四次抛物线。抛物线上任意点的加宽值为

$$b_{jx} = \left[4\left(\frac{L_x}{L_j}\right)^3 - 3\left(\frac{L_x}{L_j}\right)^4\right]b_j \tag{2-37}$$

这种方法处理之后路面内侧边缘圆滑、顺适和美观，对于高等级公路及路容要求高的低等级公路可采用此种方式，式中各符号含义同前。

除上述方法外，公路加宽过渡方式还有很多，如回旋线过渡，插入二次抛物线过渡等。在道路设计中应视具体情况优先考虑采用线形有利的加宽过渡方法。

2. 加宽过渡段设置规定

加宽过渡段设置应根据公路性质和等级采用不同的方法。

（1）设置回旋线或超高过渡段时，加宽过渡段长度应采用与回旋线或超高过渡段长度相同的数值。对于不设缓和曲线但设置有超高过渡段，可采用与超高过渡段相同的长度。

（2）不设回旋线或超高过渡段时，加宽过渡段长度应按渐变率为1∶15且长度不小于10 m的要求设置。

（3）四级公路的超高、加宽过渡段应设在紧接圆曲线起点或终点的直线上。受地形条件或其他特殊情况限制时，允许将超高、加宽过渡段的一部分插入曲线，但插入曲线内的长度不得超过超高、加宽过渡段长度的一半。

第五节　中桩坐标计算

一、测量坐标系统

（一）大地坐标系统

在大地坐标系统中，地面点在地球表面上的投影位置用大地经度和大地纬度来表示，地面点的大地坐标是根据大地测量数据由大地坐标原点推算而得的，我国大地坐标原点位于陕西省泾阳县永乐镇境内，在西安市以北约40 km处。

（二）高斯3°平面直角坐标系统

我国从1952年开始采用高斯投影系统，以高斯投影的方法建立了高斯直角坐标系统。地面点的高斯平面坐标与大地坐标可以相互转换。高速公路的勘测设计和施工放样都采用高斯平面直角坐标系统进行。

（三）平面直角坐标系统

在测量范围较小、三级和三级以下公路、独立桥梁隧道及其他构造物，可以把该测区的球面当作平面看待，进行直接投影，采用平面直角坐标系统。

二、中桩坐标计算

(一)计算导线点的坐标

对采用两阶段设计的公路或采用一阶段设计地形困难地段,一般要先布设导线进行控制测量,导线应与国家三角点进行联测,可使所测的导线点与国家三角点形成一个整体,取得导线坐标起算数据。在有条件时可优先采用全球定位系统进行导线测量,或采用全站仪进行导线测量,直接读取导线点坐标。其他方法需测出导线各边长和夹角后,用坐标增量法逐点推算各导线点的坐标。

1. 方位角的确定

$$\tan\beta = \left|\frac{\Delta Y}{\Delta X}\right| \tag{2-38}$$

式中 β——坐标方位角,规定如下,如图 2-16 所示:

$A_i = \beta$ (第一象限)

$A_i = 180° - \beta$(第二象限)

$A_i = 180° + \beta$(第三象限)

$A_i = 360° - \beta$(第四象限)

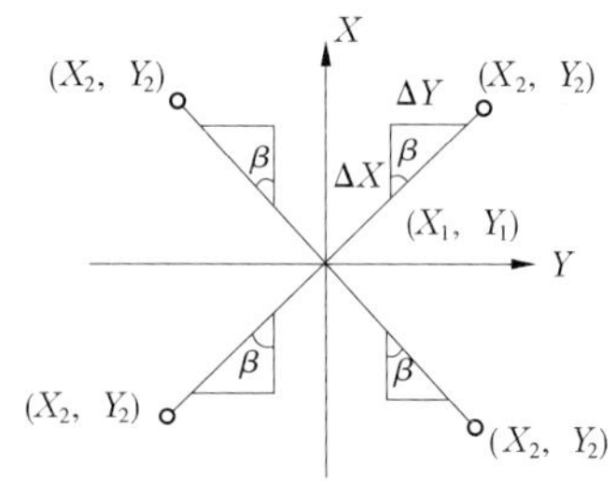

图 2-16 路线的方位角

2. 坐标计算

$$\begin{aligned} X_{i+1} &= X_i + D\cos A_i \\ Y_{i+1} &= Y_i + D\sin A_i \end{aligned} \tag{2-39}$$

式中 D——两导线点间的水平距离。

(二)计算中桩坐标

1. 未设缓和曲线的单圆曲线坐标计算

1)圆曲线起、终点坐标计算

如图 2-17 所示(将曲线视为圆曲线),JD_i 的坐标为(X_{JDi}、Y_{JDi}),交点前后直线边的方位角分别为 A_{i-1}、A_i,圆曲线的半径为 R,平曲线切线长为 T_i,曲线起、终点的坐标可用下式计算:

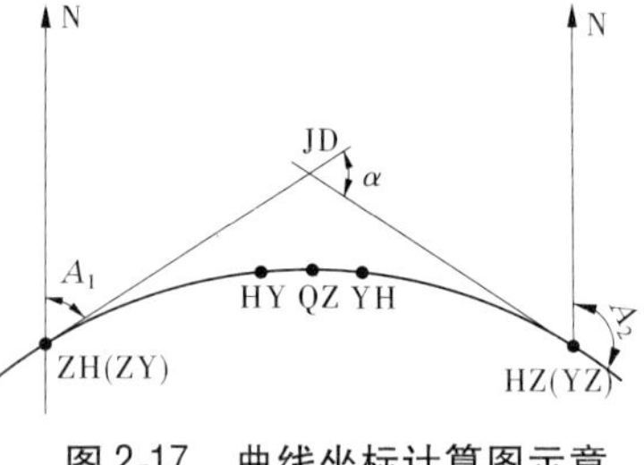

图 2-17 曲线坐标计算图示意

圆曲线起点 ZY 的坐标为

$$\left.\begin{aligned} X_{ZYi} &= X_{JDi} - T_i\cos A_{i-1} \\ Y_{ZYi} &= Y_{JDi} - T_i\sin A_{i-1} \end{aligned}\right\} \tag{2-40}$$

圆曲线终点 YZ 的坐标为

$$\left.\begin{aligned} X_{YZi} &= X_{JDi} + T_i\cos A_{i-1} \\ Y_{YZi} &= Y_{JDi} + T_i\sin A_{i-1} \end{aligned}\right\} \tag{2-41}$$

2)圆曲线任意点坐标计算

ZY ~ QZ 段(YZ ~ QZ 段)的坐标计算以曲线起点 ZY(曲线终点 YZ 点)为坐标原点,切线为 X'轴,法线为 Y'轴,建立直角坐标系

$$
\left.\begin{aligned}
X' &= R\sin\left(\frac{l'}{R}\frac{180^\circ}{\pi}\right) \\
Y' &= R - R\cos\left(\frac{l'}{R}\frac{180^\circ}{\pi}\right)
\end{aligned}\right\} \tag{2-42}
$$

式中　l'——圆曲线上任意点至 ZY(YZ)点的弧长。

ZY～QZ 段各点的坐标：

利用上述公式计算出以 ZY 为坐标原点圆曲线段内各加桩 X'、Y'的值，则 ZY～QZ 段各点的坐标为

$$
\left.\begin{aligned}
X &= X_{ZYi} - X'\cos A_{i-1} - \zeta Y'\sin A_{i-1} \\
Y &= Y_{ZYi} + X'\sin A_{i-1} + \zeta Y'\cos A_{i-1}
\end{aligned}\right\} \tag{2-43}
$$

YZ～QZ 段各点的坐标：

利用上述公式计算出以 YZ 为坐标原点圆曲线段内各加桩 X'、Y'的值，则 QZ～YZ 段各点的坐标为

$$
\left.\begin{aligned}
X &= X_{YZi} - X'\cos A_{i} - \zeta Y'\sin A_{i} \\
Y &= Y_{YZi} - X'\sin A_{i} + \zeta Y'\cos A_{i}
\end{aligned}\right\} \tag{2-44}
$$

式中　ζ——路线转向，右转角时 $\zeta=1$，左转角时 $\zeta=-1$，以下各式同。

2. 设缓和曲线的单圆曲线坐标计算

1）曲线起、终点坐标计算

如图 2-17 所示，JD_i 的坐标为(X_{JDi}，Y_{JDi})，交点前后直线边的方位角分别为 A_{i-1}、A_i，圆曲线的半径为 R，缓和曲线长度 L_s，平曲线切线长 T_{Hi}。

曲线起点(ZH)的坐标为

$$
\left.\begin{aligned}
X_{ZHi} &= X_{JDi} - T_{Hi}\cos A_{i-1} \\
Y_{ZHi} &= Y_{JDi} - T_{Hi}\sin A_{i-1}
\end{aligned}\right\} \tag{2-45}
$$

曲线终点(HZ)的坐标为

$$
\left.\begin{aligned}
X_{HZi} &= X_{JDi} + T_{Hi}\cos A_{i} \\
Y_{HZi} &= Y_{JDi} + T_{Hi}\sin A_{i}
\end{aligned}\right\} \tag{2-46}
$$

2）曲线任意点坐标计算

ZH～QZ 段的坐标计算以曲线起点 ZH 为坐标原点，切线为 X'轴、法线为 Y'轴，建立直角坐标系。

缓和曲线段 X'、Y'

$$
\left.\begin{aligned}
X' &= l - \frac{l^5}{40R^2L_s^2} \\
Y' &= \frac{l^3}{6RL_s} - \frac{l^7}{336R^3L_s^3}
\end{aligned}\right\} \tag{2-47}
$$

圆曲线段 X'、Y'

$$
\left.\begin{aligned}
X' &= R\sin\left(\beta + \frac{l'}{R}\frac{180^\circ}{\pi}\right) + q \\
Y' &= R - R\cos\left(\beta + \frac{l'}{R}\frac{180^\circ}{\pi}\right) + p
\end{aligned}\right\} \tag{2-48}
$$

利用上述公式计算出缓和段内各加桩和圆曲线段内各加桩 X'、Y' 的值，则 ZH ~ QZ 段各点的坐标为

$$\left.\begin{aligned} X &= X_{\mathrm{ZH}i} + X'\cos A_{i-1} - \zeta Y'\sin A_{i-1} \\ Y &= Y_{\mathrm{ZH}i} + X'\sin A_{i-1} + \zeta Y'\cos A_{i-1} \end{aligned}\right\} \tag{2-49}$$

式中 ζ——路线转向，右转角时 $\zeta = 1$，左转角时 $\zeta = -1$，以下各式同；

l'——圆曲线上任意点至 HY 点的弧长。

QZ ~ HZ 段的坐标计算：

以曲线终点 HZ 为坐标原点，切线为 X' 轴、法线为 Y' 轴，建立直角坐标系，可计算出缓和曲线和圆曲线段内各点的 X'、Y' 的坐标，则 QZ ~ HZ 段各点的坐标为

$$\left.\begin{aligned} X &= X_{\mathrm{HZ}i} - X'\cos A_{i} - \zeta Y'\sin A_{i} \\ Y &= Y_{\mathrm{HZ}i} - X'\sin A_{i} + \zeta Y'\cos A_{i} \end{aligned}\right\} \tag{2-50}$$

其符号含义同前。

3. 直线段中桩坐标的计算

位于 ZH 点之前或 HZ 点之后的直线段可利用 JD 点的坐标或 ZH、HZ 点的坐标与该点的距离计算出该点的坐标。若已知坐标方位角 A，JD 坐标（X_{JD}，Y_{JD}），直线上 P 点到 JD 的距离为 D，则 P 点的坐标为

$$\left.\begin{aligned} X_P &= X_{\mathrm{JD}} - D\cos A_i \\ Y_P &= Y_{\mathrm{JD}} - D\sin A_i \end{aligned}\right\} \tag{2-51}$$

第六节　行车视距

一、视距的种类

汽车在公路上行驶时，驾驶员应能看到汽车前方一定距离的障碍物或迎面来车，以便采取措施，保证行车安全，这一必要距离称为行车视距。行车视距是否充分，直接关系到行车的安全和速度，是道路使用质量的重要指标之一。公路挖方路段、内侧有障碍物的弯道，纵断面凸型竖曲线以及下穿式立体交叉的凹型竖曲线都可能存在视距不足的问题。根据驾驶员发现路面障碍物或迎面来车时采取措施不同，行车视距分为以下几种：

（1）停车视距：汽车行驶时，驾驶员看到前方障碍物并安全停车所需的最短距离。

（2）会车视距：在同一车道上两对向汽车相遇，从互相发现起，至同时采取制动措施使两车安全停止，所需要的最短距离。

（3）错车视距：在没有明确划分车道线的双车道公路上，两对向行驶的汽车相遇时采取减速避让措施、安全错车所需要的最短距离。

（4）超车视距：在双车道公路上，后车安全超越前车时所需要的最短距离。

在上述四种视距中，停车视距是最基本视距，会车视距约等于停车视距的两倍，超车视距最长，错车视距最短容易保证。因此，下面仅介绍停车视距和超车视距。

在视距计算中，规范规定行车轨迹为离路面内侧边缘（曲线段为路面内侧未加宽前）

1.5 m处,驾驶员眼高为1.2 m,障碍物高为0.1 m。

二、视距的计算

(一)停车视距

停车视距是指驾驶员从发现障碍物时起,至在障碍物前安全停止,所需要的最短距离。停车视距可分解为反应距离、制动距离和安全距离三部分,如图2-18所示。

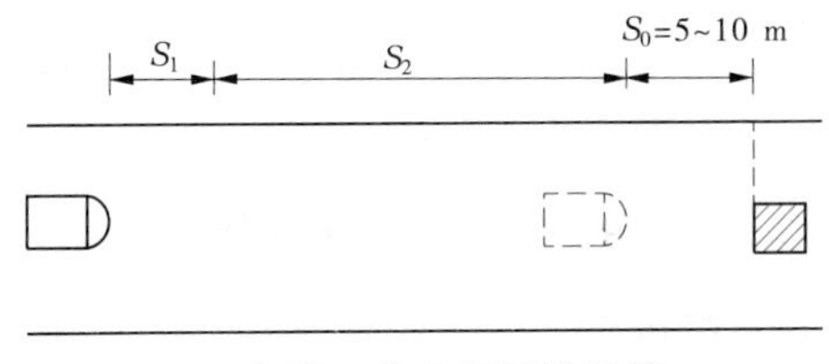

图2-18 停车视距的计算

1. 反应距离 S_1

反应距离 S_1 指驾驶员发现前方的障碍物,经过判断决定采取制动措施的那一瞬间到制动器真正开始起作用的瞬间汽车所行驶的距离。通常,汽车行驶速度为 V,驾驶员判断和制动反应的总时间 $t=2.5$ s,在此时间内汽车行驶的距离为

$$S_1 = \frac{V}{3.6}t \tag{2-52}$$

2. 制动距离 S_2

制动距离是指汽车从制动生效到汽车完全停住,这段时间所行驶的距离为

$$S_2 = \frac{KV^2}{254(\varphi \pm i)} \tag{2-53}$$

式中 φ——路面纵向摩阻系数,与路面种类和状况有关;

i——道路纵坡,上坡为"+",下坡为"-";

V——计算行车速度,km/h;

K——制动系数,一般为1.2~1.4。

3. 安全距离 S_0

安全距离是指汽车停住至障碍物前的距离,S_0 一般取5~10 m。

4. 停车视距的确定

停车视距为上述三项之和,即

$$S_T = S_1 + S_2 + S_0 = \frac{Vt}{3.6} + \frac{KV^2}{254(\varphi \pm i)} + S_0 \tag{2-54}$$

(二)超车视距

超车视距的全程分为四个阶段,如图2-19所示。

1. 加速行驶距离 S_1

当驾驶员经判断认为有超车的可能,于是加速驶入对向车道,在驶入对向车道之前的加速行驶距离 S_1 为

$$S_1 = \frac{V_0 t_1}{3.6} + \frac{1}{2}at_1^2 \tag{2-55}$$

式中　V_0——被超汽车的速度，km/h，一般取低于设计速度 5～20 km/h；

t_1——超车加速时间，s；

a——超车平均加速度，m/s^2。

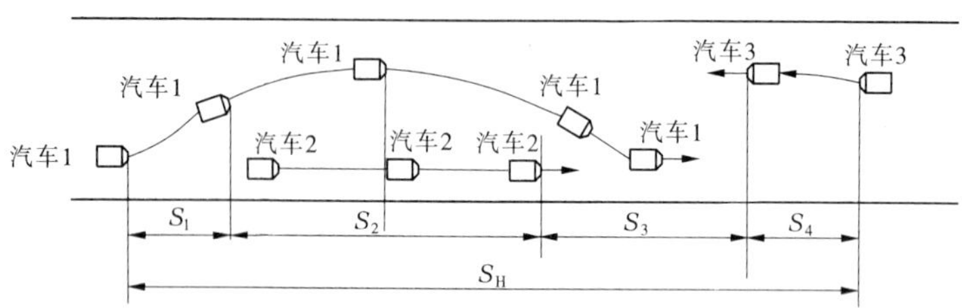

图 2-19　超车视距计算

2. 超车在对向车道行驶的距离 S_2

$$S_2 = \frac{Vt_2}{3.6} \tag{2-56}$$

式中　V——超车在对向车道上行驶的速度，一般取设计速度，km/h；

t_2——超车在对向车道上行驶的时间，s。

3. 超车完成，超车与对向汽车之间的安全距离 S_3

这个距离视超车和对向汽车的行驶速度不同，采用不同的数值，一般取 15～100 m。

4. 超车汽车从开始加速到超车结束时对向汽车的行驶距离 S_4

$$S_4 = \frac{V_2(t_1 + t_2)}{3.6} \tag{2-57}$$

式中　V_2——对向汽车行驶速度，一般取设计速度，km/h。

5. 超车视距的确定

以上四个距离之和是比较理想的超车视距，即

$$S_H = S_1 + S_2 + S_3 + S_4 \tag{2-58}$$

由于这样计算距离较长，在地形复杂时很难实现。因为尾随在慢车后面的快车驾驶员往往在未看到前面安全区段时，就开始加速进入了对向车道，当在进入对向车道之后，发现迎面有汽车开来而超车距离不足时，还可返回自己的车道仍尾随在慢车之后。

因此，可减小对向汽车行驶的距离，取最小必要超车视距如下

$$S_H = S_1 + S_2 + S_3 + S_4' \tag{2-59}$$

在地形条件特殊困难时，超车视距也可采用

$$S_H = \frac{2}{3}S_2 + S_3 + S_4' \tag{2-60}$$

式中　S_4'——对向车行驶的距离，按$\frac{2t_2}{3}\frac{V_2}{3.6}$确定；

其余符号意义同前。

三、各级公路对视距要求

（一）高速公路和一级公路

由于高速公路和一级公路采用分向分车道行驶，车辆同向行驶不存在会车问题，主要

考虑停车视距,《公路工程技术标准》(JTG B01—2003)规定,高速公路、一级公路的视距采用停车视距。各级公路每条车道的停车视距规定如表 2-10 所示。

表 2-10 停车视距与会车视距

设计速度(km/h)	120	100	80	60	40	30	20
停车视距(m)	210	160	110	75	40	30	20
会车视距(m)	—	—	220	150	80	60	40

(二)二、三、四级公路

1. 会车视距

二、三、四级公路上、下行车道没有分开,混合交通严重,《公路工程技术标准》(JTG B01—2003)规定二、三、四级公路的视距应满足会车视距要求,其长度应不小于停车视距的 2 倍,如表 2-10 所示。受地形条件或其他特殊情况限制而采取分道行驶措施的地段,可采用停车视距。

2. 超车视距

超车路段的设置应结合地形并力求均匀。具干线功能的二级公路宜在 3 min 的行驶时间内,提供一次满足超车视距要求的超车路段。其他双车道公路可根据情况间隔设置具有超车视距的路段。一般情况下,不小于路线总长度的 10% ~30% 。二、三、四级公路的超车视距规定如表 2-11 所示。

(三)其他规定

高速公路、一级公路以及大型车比例高的二级公路、三级公路的下坡路段,应采用下坡段货车停车视距对相关路段进行检验。

表 2-11 超车视距

设计速度(km/h)		80	60	40	30	20
超车视距(m)	一般值	550	350	200	150	100
	最小值	350	250	150	100	70

注:"一般值"为正常情况下的采用值,"最小值"为条件受限制时可采用的值。

为保证必要的视距,有时需做大量的开挖和拆迁工作,在交通量不大的低等级公路上,对于不能保证会车视距的路段,也可以采取其他措施以防止碰车事故的发生。如:在路中心画线或设置高出路面的明显标志带,强调"各行其道"、"靠右行"、"转弯鸣号"等。

四、视距保证

汽车在直线上行驶时,一般会车视距、停车视距和超车视距是容易保证的。但当汽车在平面弯道上行驶若遇到内侧有建筑物、树木、路堑边坡等,均可能阻碍视线。这种处于隐蔽地段的弯道我们将它称为"暗弯",凡属于"暗弯"都应该进行视距检查,若不能保证该级公路的设计视距长度,则应该将阻碍视线的障碍物清除。若平曲线内侧和中间带设置护栏或其他人工构造物,则应对视距予以检查与验算,当不符合规定要求时,可采取加宽路肩或中间带，或将构造物后移等措施予以保证。

（一）视距包络图法

行车轨迹线至视距线之间的距离称为横净距 Z，行车轨迹线至障碍物之间的距离称为净距 Z_0。当 $Z \leqslant Z_0$ 时，视距可以保证；当 $Z > Z_0$ 时，不能满足视距要求，需要清除障碍物。

横净距可以通过解析法计算得到，目前多采用绘图方法确定清除障碍物范围，即绘制视距包络图，如图 2-20 所示。

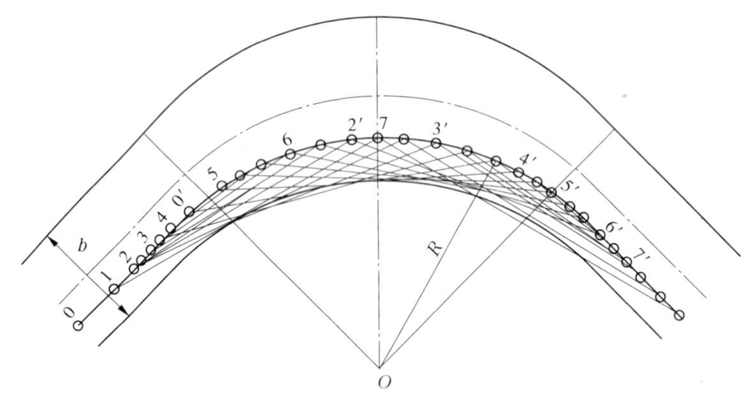

图 2-20　视距包络图

视距包络图的作图步骤如下：

（1）按比例画出弯道平面图，在图上示出路面边缘（含路面加宽）、路基边缘线（含路基加宽）、路中线及距加宽前路面内侧边缘 1.5 m 的行车轨迹线（有缓和曲线时也应按缓和曲线形式画出汽车轨迹线）。

（2）由平曲线的起、终点向直线段方向沿轨迹线量取设计视距 S，定出 0 点。

（3）从 0 点向平曲线方向沿轨迹线把 0 至曲线中点的轨迹距离分成若干等份（一般分 10 等份），得 1，2，3，…，各点。

（4）从 0，1，2，3，…各点分别沿轨迹方向量取设计视距 S，定出各相应点 0′，1′，2′，3′，…，则 0—0′，1—1′，2—2′，3—3′，都在轨迹线上满足设计视距 S 的要求。

（5）用直线分别连接 00′，11′，22′，各线段互相交叉。

（6）用曲线板内切与各交叉的线段，画出内切曲线，这条内切曲线就是视距包络线。

（7）视距包络线两端与障碍线相交，在视距包络线与障碍线之间的部分，就是应该清除障碍物的范围。

用几何的方法不但能确定最大横净距，还可以确定弯道上任意桩号的横净距，而解析法只能确定弯道中点的最大横净距。

（二）开挖视距台

用计算方法或视距包络图的方法，计算出横净距后，就可按比例在各桩号的横断图上画出视距台，以供施工放样。如图 2-21 所示，其作图步骤如下：

（1）按比例画出需要保证设计视距的各桩号横断面图。

（2）由未加宽时路面内侧边缘向路中心量取 1.5 m，并垂直向上量 1.2 m 得 A 点，

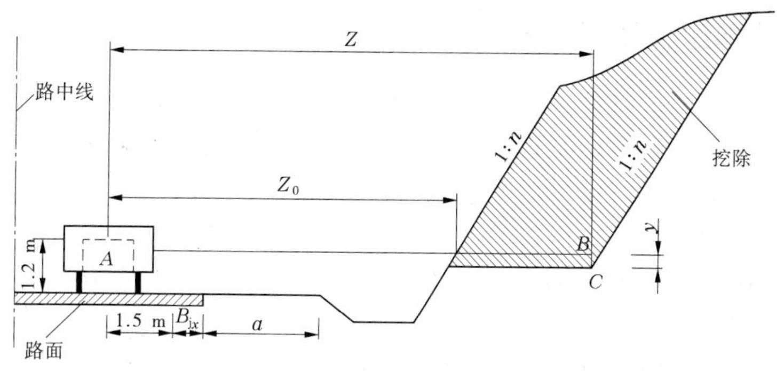

图 2-21　开挖视距台

则 A 点为驾驶员眼睛位置。

(3)由 A 点作水平线,并沿内侧方向量取横净距得 B 点。

(4)由 B 点垂直向下量取 y 高度得 C 点(由于泥土或碎石落在视距台上影响视线,为保证通视,当为土质边坡时,$y=0.3$ m;为石质边坡时,$y=0.1$ m)。

(5)由 C 点按边坡比例画出边坡线,则图中阴影线部分即为挖除的部分。

(6)各桩号分别按需要的横净距开挖视距台,连接起来就能保证设计视距。

第七节　平面线形设计方法

一、平面线形设计一般原则

(1)平面线形应直捷、连续、均衡,并与地形相适应,与周围环境相协调。

(2)各级公路不论转角大小,均应敷设曲线,并宜选用较大的圆曲线半径。当转角过小时,应调整平面线形。当不得已而设置小于 7°的转角时,必须按规定设置足够长的曲线。

(3)两同向圆曲线间应设有足够长度的直线,否则应调整线形,设置为单曲线或复曲线。

(4)两反向圆曲线间不应设置短直线段,否则应调整线形,设置为 S 形曲线。

(5)六车道及其以上的高速公路,同向或反向圆曲线间插入的直线长度应符合路基外侧边缘超高过渡渐变率规定的要求。

(6)设计速度等于或小于 40 km/h 的双车道公路,两相邻反向圆曲线无超高时可径相衔接,无超高有加宽时应设置长度不小于 10 m 的加宽过渡段;当两相邻反向圆曲线设有超高时,地形条件特殊困难路段的直线长度不得小于 15 m。

(7)设计速度等于或小于 40 km/h 的双车道公路,应避免连续急弯的线形。地形条件特殊困难不得已而设置时,应在曲线间插入规定长度的直线或回旋线。

二、平面线形组合类型

高速公路、一级公路、二级公路、三级公路平面线形应由直线、圆曲线和回旋线三种要素组成，四级公路平面线形应由直线和圆曲线两种要素组成。可根据具体情况选用下述几种线形组合形式。

（一）简单型曲线

按直线—圆曲线—直线的顺序组合，如图 2-22 所示。

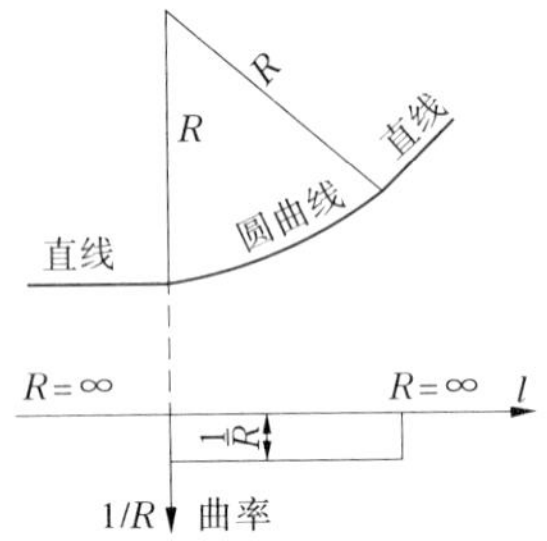

简单型曲线在 ZY、YZ 点处有曲率突变点，线形不顺适，对行车不利，一般用于半径较小的四级公路；其他等级公路中，当半径大于不设超高最小半径时省略缓和曲线后可构成简单型曲线。

图 2-22　简单型曲线

（二）基本型曲线

基本型曲线是按直线—回旋线—圆曲线—回旋线—直线的顺序组合的，如图 2-23 所示。

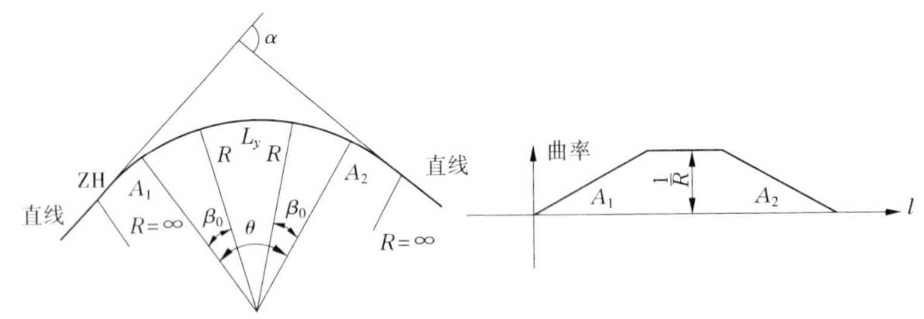

图 2-23　基本型曲线

设置基本型的几何条件：$\alpha > 2\beta_0$（α 为圆曲线转角，β_0 为缓和曲线切线角）。基本型两端的回旋线参数除应满足 $R/3 \leqslant A \leqslant R$ 的要求外，为使线形连续协调，回旋线—圆曲线—回旋线的长度之比宜为 1∶1∶1左右。

基本型曲线可以根据地形条件设计成对称的或非对称的曲线。当回旋线两个参数 $A_1 = A_2$ 时称为对称型。两个回旋线的参数值亦可以根据地形条件设计成非对称的曲线，但 $A_1 : A_2$ 不应大于 2.0。

（三）S 型曲线

两反向圆曲线径相衔接或插入的直线长度不足时，可用回旋线将两反向圆曲线连接组合为 S 型曲线，即按圆曲线—回旋线—回旋线—圆曲线的顺序组合，如图 2-24 所示。

S 型曲线的两回旋线参数 A_1 与 A_2 宜相等。

当采用不同的回旋线参数时，A_1 与 A_2 之比应小于 2.0，有条件时以小于 1.5 为宜。当 $A_2 \leqslant 200$ 时，A_1 与 A_2 之比应小于 1.5。

两圆曲线半径之比不宜过大，以 $R_1/R_2 \leqslant 2$ 为宜（R_1 为大圆曲线半径，R_2 为小圆曲线半径）。

S 型的两个反向回旋线以径相连接为宜，当地形等条件受限必须插入短直线或当两

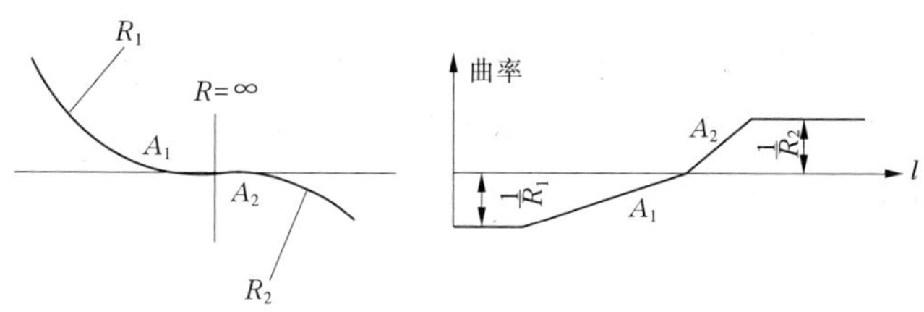

图 2-24　S 型曲线

圆曲线的回旋线相互重合时，短直线或重合段的长度应符合下式规定

$$L \leqslant (A_1 + A_2)/40 \tag{2-61}$$

式中　L——反向回旋线间短直线或重合段的长度，m；

A_1、A_2——回旋线参数。

（四）复曲线

复曲线常见有以下三种形式。

1. 直线与两同向圆曲线直接相连

两同向圆曲线按直线—圆曲线 R_1—圆曲线 R_2—直线的顺序组合构成，如图 2-25 所示。它一般用于四级公路中或其他各级公路中，同时满足缓和曲线的省略条件时采用，即其大、小圆半径均应大于不设超高的最小半径。

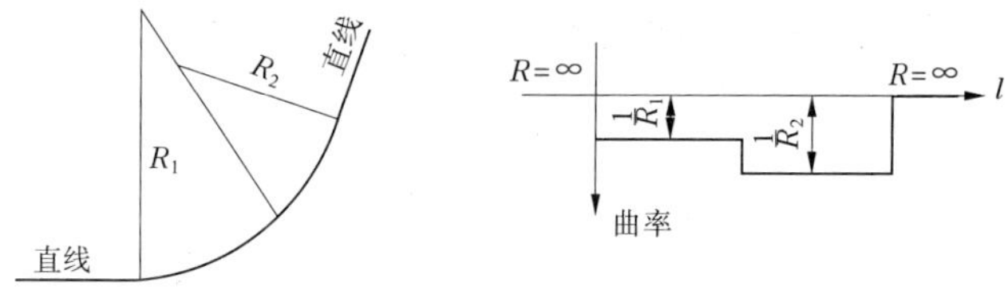

图 2-25　圆曲线直接相连接的复曲线

2. 两同向圆曲线两端设置缓和曲线

两同向圆曲线按直线—回旋线 A_1—圆曲线 R_1—圆曲线 R_2—回旋线 A_2—直线的顺序组合构成，如图 2-26 所示。

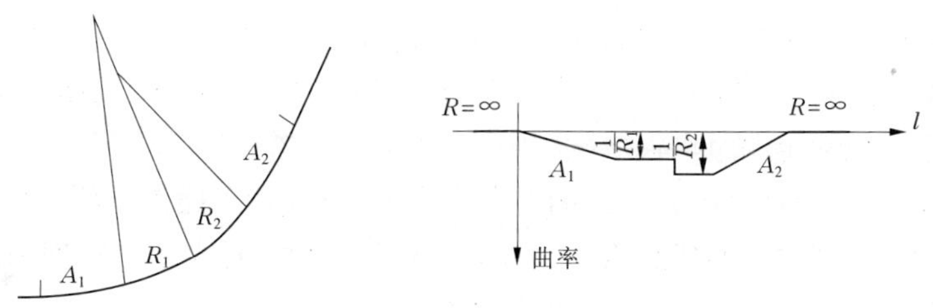

图 2-26　两同向圆曲线两端设置缓和曲线的复曲线

3. 卵型曲线

两同向圆曲线径相衔接或插入的直线长度不足时，可用回旋线将两同向圆曲线连接组合为卵型曲线，按直线—回旋线 A_1—圆曲线 R_1—回旋线 A—圆曲线 R_2—回旋线 A_2—直线顺序组合构成，如图 2-27 所示。

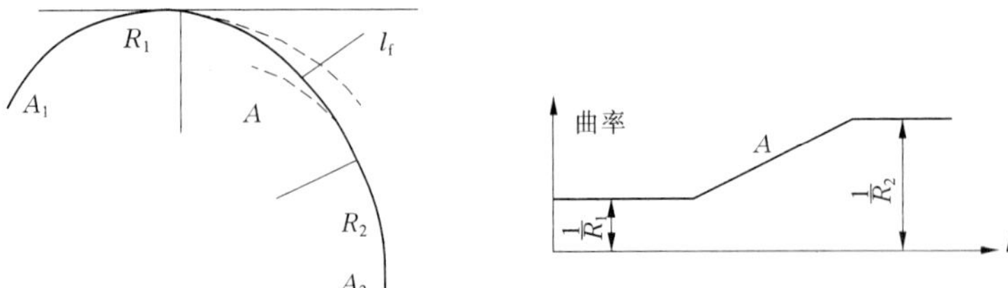

图 2-27　卵型曲线

卵型组合的回旋线参数宜符合下式要求：

(1)卵型曲线的回旋线参数宜选 $R_2/2 \leqslant A \leqslant R_2$（$R_2$ 为小圆曲线半径）。

(2)两圆曲线半径之比，以 $R_2/R_1 = 0.2 \sim 0.8$ 为宜。

(3)两圆曲线的间距，以 $D/R_2 = 0.003 \sim 0.03$ 为宜，以免曲率变化太大（D 为两圆曲线间的最小间距）。

(五)凸型曲线

两同向回旋线间不插入圆曲线而在曲率相同处径相衔接即组合为凸型曲线。

设置条件为 $\alpha = \beta_1 + \beta_2$（$\alpha$ 为平曲线转角，β 为缓和曲线切线角），如图 2-28 所示。

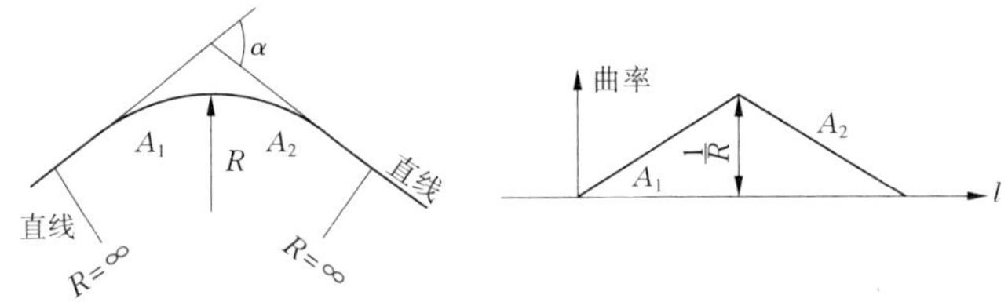

图 2-28　凸型曲线

$\alpha = 2\beta_0$ 时，为对称型凸型曲线。凸型曲线的回旋线参数及其对接点的曲率半径，应分别符合容许最小回旋参数和圆曲线最小半径的规定。

对接点附近的 $0.3V$（以 m 计；其中 V 为设计速度，按 km/h 计）长度范围内，应保持以对接点的曲率半径确定的路拱横坡度。

凸型曲线在两回旋曲线衔接处，曲率发生突变，不仅行车操作不便，而且由于超高，路面边缘线纵断面也在该处形成转折，所以凸型曲线作为平面线形是不理想的。只有在路线严格受地形限制，且对接点的曲率半径相当大时方可采用。

(六)复合型曲线

两个及两个以上同向回旋线，在曲率相等处相互连接的形式称为复合型曲线，如图 2-29所示。

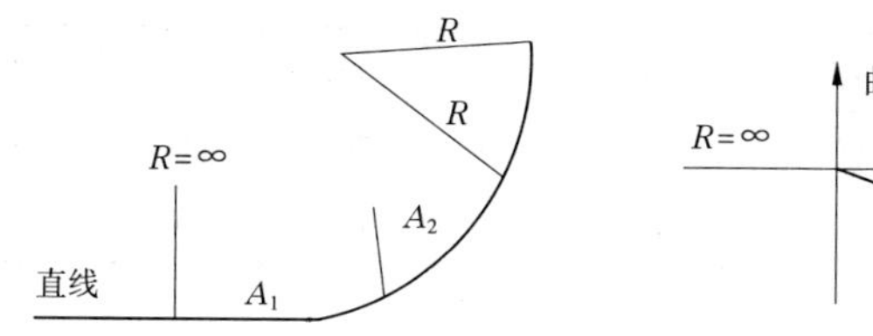

图 2-29　复合型曲线

复合型的两个回旋线参数之比以小于 1∶1.5 为宜。

复合型曲线在受地形条件限制或互通式立体交叉的匝道设计中可采用。

(七)C 型曲线

受地形条件或其他特殊情况限制时,可将两同向圆曲线的回旋线曲率为零处径相衔接而组合为 C 型曲线,如图 2-30 所示。

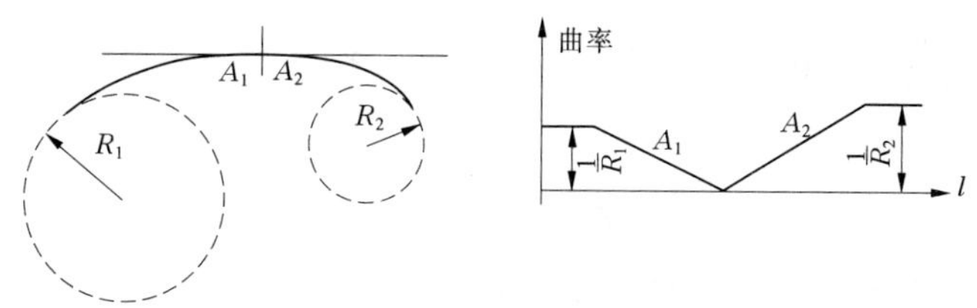

图 2-30　C 型曲线

C 型曲线的两个回旋线参数可相等,也可不相等。

C 型曲线仅限于地形条件特殊困难,路线严格受限制时采用。

(八)回头曲线

回头曲线是指山区公路为克服高差,在同一坡面上回头展线时所采用的转角接近、等于或大于 180°的回转形曲线,如图 2-31 所示。回头曲线前后的线形应连续、均匀、通视良好,两端以布设过渡性曲线为宜,且设置限速标志、交通安全设施等。两相邻回头曲线之间应有较长的距离。当设计速度为 40 km/h、30 km/h、20 km/h 时,由一个回头曲线的终点至下一个回头曲线起点的距离,分别应不小于 200 m、150 m、100 m。

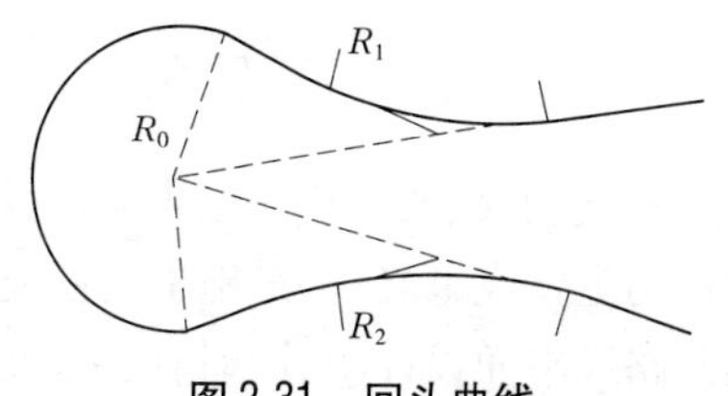

图 2-31　回头曲线

在公路设计中,越岭路线应利用地形自然展线,避免设置回头曲线。三、四级公路在自然展线无法争取需要的距离以克服高差,或因地形、地质条件所限不能采取自然展线时,可采用回头曲线。

三、平曲线最小长度规定

平曲线最小长度规定如表 2-12 所示。

表 2-12　平曲线最小长度

设计速度(km/h)		120	100	80	60	40	30	20
平曲线最小长度(m)	一般值	600	500	400	300	200	150	100
	最小值	200	170	140	100	70	50	40

注:一般值为正常情况下的采用值,最小值为条件受限制时可采用的值。

当路线转角等于或小于7°时,应设置较长的平曲线,其长度规定如表2-13所示。

表 2-13　公路转角等于或小于7°时的平曲线长度

设计速度(km/h)	120	100	80	60	40	30	20
平曲线长度(m)	1 400/Δ	1 200/Δ	1 000/Δ	700/Δ	500/Δ	350/Δ	280/Δ

注:表中Δ为路线转角值(°),当Δ<2°时,按Δ=2°计算。

【例2-5】　某二级公路,设计速度60 km/h,弯道偏角2°30′,试确定弯道最小平曲线长度及半径。

解:$L\geqslant\dfrac{700}{\Delta}=\dfrac{700}{2.50}=280(\mathrm{m})$

由 $L=\dfrac{\alpha R\pi}{180}$,得

$R=\dfrac{180L}{\alpha\pi}=6\ 417\ \mathrm{m}$,取100 m整倍,$R=6\ 500\ \mathrm{m}$

第八节　平面设计成果

路线平面设计成果包括各类图纸和表格。主要图纸有路线平面设计图、路线交叉设计图、公路用地图、纸上移线图等,主要表格有直线、曲线及转角表,逐桩坐标表,总里程及断链桩号表,控制测量成果表等。各种图纸和表格的样式在交通部《公路工程基本建设项目设计文件编制办法》(2007版)中均有介绍。

一、直线、曲线及转角一览表

直线、曲线及转角一览表全面反映路线的平面位置和路线平面线形的各项指标,是公路设计的主要成果之一,是施工时恢复路线的主要依据。完成该表后才能计算逐桩坐标表和绘制路线平面设计图,同时在公路的纵、横断面和其他构造物设计时都要用本表数据。直线、曲线及转角表中需列出交点号、交点桩号、交点坐标、偏角、曲线各要素数值、曲线控制桩号、直线长、计算方位角或方向角、备注路线起讫点桩号、坐标系统等,如表2-14所示。

二、路线逐桩坐标表

高速公路、一级公路的线形指标高,在测设和放线时需采用坐标法才能保证测设精度。需计算逐桩坐标表,表中列出桩号,纵、横坐标等,并注明坐标系统及中央子午线经度或投影轴经度,如表2-15所示。

表 2-14　直线、曲线及转角一览表

交点号	交点坐标		交点桩号	转角值 (°　′　″)	曲线要素(m)					
	X	Y			半径	缓和曲线	切线长度	曲线长度	外距	校正值
1	2	3	4	5	6	7	8	9	10	11
起点	128 747.370	302 715.287	K15 +400							
2	127 749.245	307 748.150	K20 +530.883	左 37　13　54	4 000	360	1 527.826	2 959.268	222.259	
3	125 177.665	310 027.359	K23 +870.750	左 6　26　37	7 000		394.028	787.226	11.081	
4	123 892.077	310 931.129	K25 +441.395	右 11　32　27	7 000		707.376	1 409.966	35.651	
5	121 472.784	313 493.756	K28 +960.815	左 22　47　24	5 500		1 108.5	2 187.692	110.595	
6	115 320.241	316 214.781	K35 +658.897	右 27　52　42	3 500	285.714	1 011.793	1 988.706	107.197	
7	114 387.037	317 397.961	K37 +130.929	左 10　00　44	5 652.35		495.119	987.717	21.644	
8	103 872.879	326 773.682	K51 +215.696	左 29　18　45	7 000		1 830.704	3 581.198	235.432	
9	93 478.399	329 061.269	K61 +778.712	右 48　05　08	4 000	500	2 035.618	3 856.996	382.851	
终点	90 303.908	334 671.493	K68 +010.556							

续表 2-14

交点号	交点坐标		交点桩号	曲线位置					直线长度及方向			断链		备注
	X	Y		第一缓和曲线起点	第一缓和曲线终点	曲线中点	第二缓和曲线终点	第二缓和曲线起点	直线长度(m)	交点距离(m)	计算方位角(° ′ ″)	桩号	增减长度	
1	2	3	4	12	13	14	15	16	17	18	19	20	21	22
起点	128 747.370	302 715.287	K15 +400											
									3 603.057	5 130.883	348 46 57			
2	127 749.245	307 748.150	K20 +530.883	K19 + 003.057	K19 + 363.057	K20 + 482.691	K21 + 602.325	K21 + 962.325						
									1 514.396	3 436.251	311 33 03			
3	125 177.665	310 027.359	K23 +870.750	K23 + 476.721	K23 + 870.334	K24 + 263.947								
									470.071	1 571.476	305 06 26			
4	123 892.077	310 931.129	K25 +441.395	K24 + 734.018	K25 + 439.001	K26 + 143.985								
									1 708.331	3 524.207	316 38 53			
5	121 472.784	313 493.756	K28 +960.815	K27 + 852.316	K28 + 946.162	K30 + 040.008								
									4 607.096	6 727.389	293 51 28			
6	115 320.241	316 214.781	K35 +658.897	K34 + 647.104	K34 + 932.818	K35 + 641.457	K36 + 350.096	K36 + 635.810						
									0	1 506.912	321 44 11			
7	114 387.037	317 397.961	K37 +130.929	K36 + 635.810	K37 + 129.668	K37 + 623.527								
									11 761.465	14 087.288	311 43 27			
8	103 872.879	326 773.682	K51 +215.696	K49 + 384.991	K51 + 175.591	K52 + 966.190								
									6 776.904	10 643.226	282 24 42			
9	93 478.399	329 061.269	K61 +778.712	K59 + 743.094	K60 + 243.094	K61 + 671.592	K63 + 100.090	K63 + 600.090						
									4 410.466	6 446.084	330 29 49			
终点	90 303.908	334 671.493	K68 +010.556											

表 2-15 逐桩坐标表

桩号	坐标(m)		方向角	桩号	坐标(m)		方向角
	X	Y	(° ′ ″)		X	Y	(° ′ ″)
K1 +500. 00	40 632. 336	90 840. 861	116 46 33	K2 +140. 00	40 471. 158	91 436. 529	82 14 27
K1 +540. 00	40 614. 316	90 876. 572	116 46 33	K2 +160. 00	40 473. 858	91 456. 346	82 14 27
K1 +570. 00	40 600. 801	90 903. 355	116 46 33	K2 +180. 00	40 476. 558	91 476. 163	82 14 27
K1 +600. 00	40 587. 286	90 930. 139	116 46 33	K2 +200. 00	40 479. 258	91 495. 980	82 14 27
K1 +630. 33	40 573. 623	90 957. 216	116 46 33	K2 +220. 00	40 481. 959	91 515. 797	82 14 27
K1 +669. 00	40 556. 202	90 991. 740	116 46 33	K2 +240. 00	40 484. 659	91 535. 613	82 14 27
K1 +680. 00	40 551. 246	91 001. 561	116 46 33	K2 +260. 00	40 487. 359	91 555. 430	82 14 27
K1 +700. 00	40 542. 236	91 019. 416	116 46 33	K2 +280. 00	40 490. 059	91 575. 247	82 14 27
K1 +720. 00	40 533. 226	91 037. 272	116 46 33	K2 +300. 00	40 492. 759	91 595. 064	82 14 27
K1 +750. 00	40 519. 711	91 064. 055	116 46 33	ZH +315. 89	40 494. 905	91 610. 809	82 14 27
K1 +780. 00	40 506. 196	91 090. 838	116 46 33	K2 +340. 00	40 497. 902	91 634. 730	84 05 27
K1 +800. 00	40 497. 186	91 108. 694	116 46 33	HY +360. 89	40 499. 302	91 655. 568	88 41 09
K1 +820. 00	40 488. 176	91 126. 549	116 46 33	K2 +380. 00	40 498. 828	91 674. 665	94 09 37
K1 +840. 00	40 479. 166	91 144. 405	116 46 33	K2 +400. 00	40 496. 383	91 694. 506	99 53 24
ZH +856. 33	40 471. 593	91 159 412	116 46 33	K2 +420. 00	40 491. 969	91 714. 005	105 37 10
K1 +870. 00	40 465. 708	91 171. 216	115 56 42	K2 +440. 00	40 485. 631	91 732. 965	111 20 57
HY +896. 81	40 455. 191	91 195. 860	109 08 10	K2 +460. 00	40 477. 431	91 751. 198	117 04 43
K1 +900. 00	40 454. 177	91 198. 885	107 55 03	QZ +476. 08	40 469. 544	91 765. 206	121 41 07
QZ +922. 01	40 448. 963	91 220. 253	99 30 30	K2 +500. 00	40 455. 794	91 784. 761	128 32 16
K1 +940. 00	40 447. 061	91 238. 126	92 38 19	K2 +520. 00	40 442. 573	91 799. 757	134 16 03
YH +947. 00	40 446. 902	91 245. 344	89 52 51	K2 +540. 00	40 427. 920	91 813. 357	139 59 49
K1 +960. 00	40 447. 413	91 258. 112	85 46 44	K2 +560. 00	40 411. 983	91 825. 427	145 43 36
K1 +980. 00	40 449. 567	91 277. 993	82 29 23	K2 +580. 00	40 394. 921	91 835. 845	151 27 22
HZ +987. 22	40 450. 531	91 285. 148	82 14 27	YH +591. 27	40 384. 875	91 840. 947	154 41 05
K2 +000. 00	40 452. 257	91 297. 811	82 14 27	K2 +600. 00	40 376. 910	91 844. 518	156 56 35
K2 +010. 00	40453. 607	91 307. 719	82 14 27	K2 +620. 00	40 358. 262	91 851. 740	160 17 15
K2 +030. 00	40 456. 307	91 327. 536	82 14 27	HZ +636. 27	40 342. 893	91 857. 077	161 07 48
K2 +050. 00	40 459. 007	91 347. 353	82 14 27	K2 +650. 00	40 329. 916	91 861. 563	160 31 48
K2 +070. 00	40 461. 707	91 367. 170	82 14 27	K2 +670. 00	40 311. 219	91 868. 655	157 30 02
K2 +100. 00	40 465. 757	91 396. 895	82 14 27	K2 +700. 00	40 284. 324	91 881. 898	149 57 30
K2 +120. 00	40 468. 458	91 416. 712	82 14 27				

三、路线平面设计图

路线平面设计图是公路设计文件的重要组成部分，该图全面、清晰地反映公路平面位置和经过地区的地形、地物等，它是平面设计的重要成果之一，如图 2-32 所示。

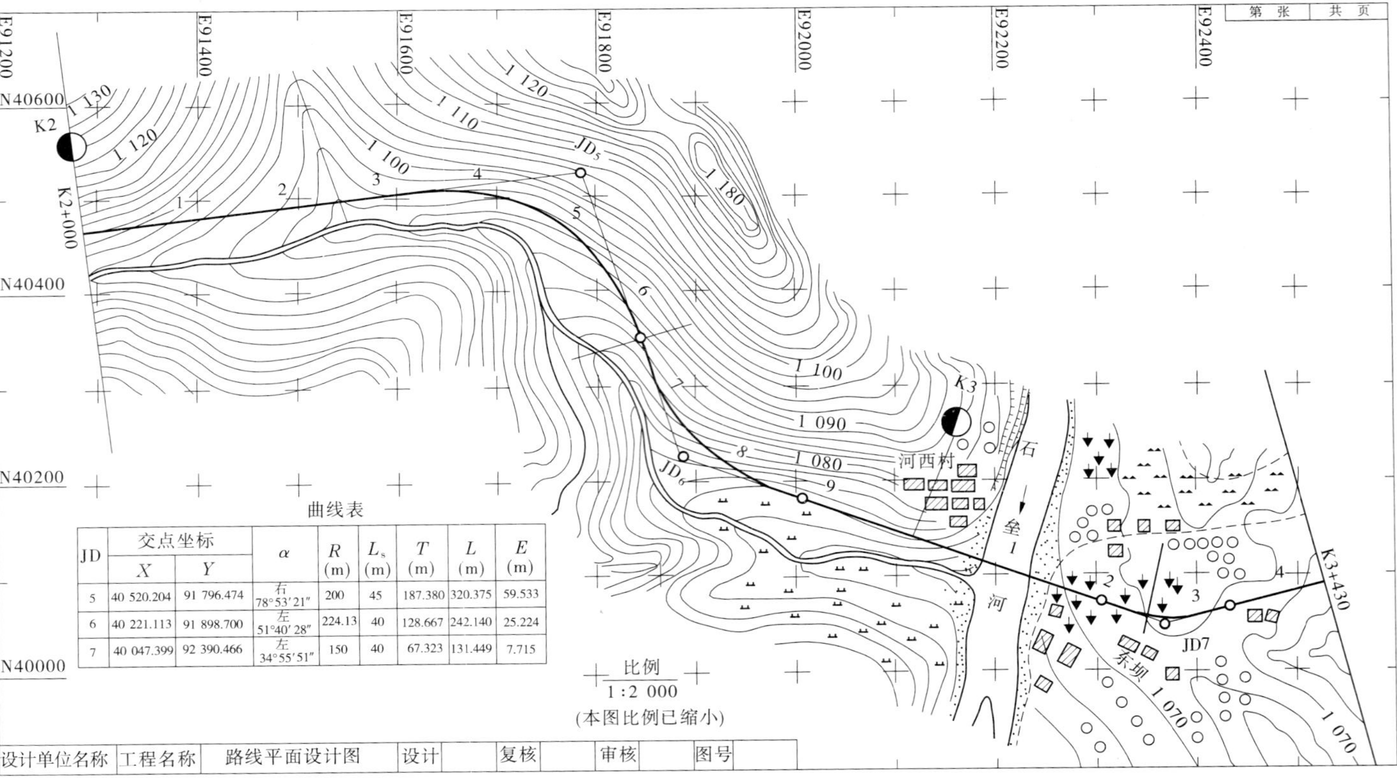

曲线表

JD	交点坐标 X	交点坐标 Y	α	R (m)	L_s (m)	T (m)	L (m)	E (m)
5	40 520.204	91 796.474	右 78°53′21″	200	45	187.380	320.375	59.533
6	40 221.113	91 898.700	左 51°40′28″	224.13	40	128.667	242.140	25.224
7	40 047.399	92 390.466	左 34°55′51″	150	40	67.323	131.449	7.715

图2-32 路线平面设计图

路线平面设计图是指包括公路中线在内的有一定宽度的带状地形图。初步设计、施工图设计阶段的比例尺，为高速公路、一级公路采用1∶2 000，其他公路也可采用1∶1 000、1∶2 000、1∶5 000。路线带状地形图的测绘宽度，一般为路中线两侧各100～200 m，对1∶5 000的地形图，测绘宽度每侧应不小于250 m，若有比较线，测绘宽度应将比较线包括进去。

初步设计阶段，示出地形、地物、平面控制点、高程控制点，路中心线位置及平曲线交点，公里桩、百米桩及平曲线主要桩位，断链位置及前后桩号，各种构造物的位置以及县以上境界等。标出指北图式，列出平曲线要素表。高速公路、一级公路及采用坐标控制的其他等级公路还应示出坐标网格，互通式立体交叉平面布置形式，跨线桥（包括分离式立体交叉桥）位置及交叉方式，复杂平面交叉位置及形式。标注地形图的坐标和高程体系以及中央子午线经度或投影轴经度。必要时增加在影像地形图上绘制的平面图。当比较方案远离推荐方案时，可单独绘制（注明上承下接关系、对应桩号）。

施工图设计阶段，路线平面设计图应示出地形、地物、路线（不绘比较方案）位置及桩号、断链、平曲线主要桩位、与其他交通路线的关系以及县以上境界等，标注平面控制点和高程控制点及坐标网格和指北图式，示出涵洞、桥梁、隧道、路线交叉（标明交叉方式和形式）位置、中心桩号、尺寸及结构类型等，并示意出主要改路、改渠等。图中列出平曲线要素表。标注地形图的坐标和高程体系以及中央子午线经度或投影轴经度。

思考题及习题

2-1 试述路线线形三要素及其运用要点。

2-2 试述横向力系数的意义。试从横向力系数μ对行车的影响方面讨论各种最小半径概念，并分别说明其使用条件。

2-3 设置缓和曲线的目的是什么？确定缓和曲线最小长度需考虑哪些因素？

2-4 何谓超高？设置超高的原因及条件分别是什么？

2-5 简述无中央分隔带时超高缓和段绕内边轴旋转的形成过程。

2-6 在什么情况下要设计加宽？加宽设计的内容包括哪些？

2-7 行车视距的种类有哪些？分述其构成并说明各级公路对行车视距的规定。

2-8 平面线形的组合形式有哪些？

2-9 如何填制直线、曲线及转角一览表和逐桩坐标表？

2-10 某一级公路设计车速为100 km/h，水泥混凝土路面，路拱坡度为1.5%，试论证：

（1）不设超高最小半径为4 000 m（$\mu=0.035$）；

（2）一般最小半径为700 m（$\mu=0.05$）；

（3）极限最小半径为400 m（$\mu=0.11$）。（提示：超高自己分析）

2-11 在公路上某一弯道处，若设定最大横向力系数为0.10，当弯道半径$R=500$ m，超高横坡度$i_c=5\%$时，求允许的最大车速。

2-12 某新建二级公路（设计车速为80 km/h），有一处弯道半径$R=300$ m，试根据离心加速度变化率和驾驶员操作方向盘所需时间的要求计算该弯道可采用的缓和曲线最小长度(取 10 m 的整数倍)。

2-13　某新建二级公路,设计车速为 80 km/h,路面宽 9 m,路肩宽 1.5 m,路拱横坡度采用 2%,路肩横坡度 3%,有一弯道超高横坡度为 6.0%,全加宽值为 1.0 m,根据实际情况拟采用内边轴旋转方式,超高渐变率取 1/150,按正比例加宽。试计算缓和曲线终点断面处的超高值。

2-14　某公路的平面线形设计,在交点 JD 处右偏,交点桩号为 K2 +873.21,采用对称的基本型平曲线,转角 $\alpha=25°43'$,设计圆曲线半径 $R=1\ 500$ m,缓和曲线长度 $L_s=160$ m,试计算:①平曲线要素;②主点桩号(即 ZH、HY、QZ、YH、HZ)。

2-15　设某公路的交点桩号为 K0 +518.66,右转角 $\alpha_y=18°18'36''$,圆曲线半径 $R=100$ m,缓和曲线长 $L_s=20$ m,试计算曲线要素和主点桩号。

第三章　公路纵断面

教学目标　掌握纵坡、坡长及竖曲线的设计要求；掌握纵断面线形设计的方法和步骤；熟悉纵断面设计成果。

沿道路中线竖直剖切再行展开即为路线纵断面。由于地形、地物、地质、水文等自然因素的影响以及满足经济性的要求，公路路线在纵断面上不可能从起点至终点是一条水平线，而是一条有起伏的空间线。纵断面设计的主要任务就是根据汽车的动力性能、公路等级和性质、当地的自然地理条件以及工程经济等，来研究这条空间线形的纵坡大小及其长度。公路纵断面是公路设计的重要内容之一，而且将直接影响到行车的安全和迅速、工程造价、运营费用和乘客的舒适程度。

纵断面图是公路纵断面设计的主要成果，也是公路设计的技术文件之一。图 3-1 为路线纵断面示意图。将公路的纵断面图和平面图结合起来，就能准确地定出公路的空间位置。

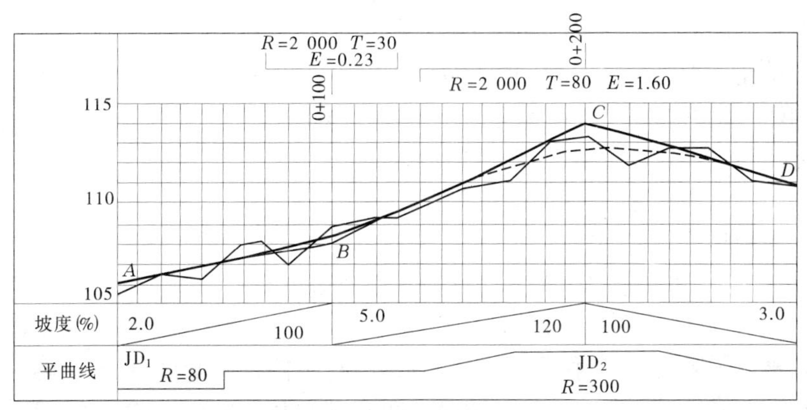

图 3-1　路线纵断面示意图　(单位:m)

在纵断面图上有两条主要的线：一条是地面线，另一条是纵断面设计线。地面线是根据中线上各桩点的地面高程而点绘的一条不规则的折线，反映了沿着中线地面的起伏变化情况，地面线上各桩点的高程称为地面标高；设计线是设计人员经过技术、经济比较以及美学考虑后定出的一条具有规则形状的几何线，反映了道路路线的起伏变化情况，设计线上各桩点的标高称为设计标高。在同一横断面上设计标高与地面标高之差称为施工高度。当设计线在地面线以上时，路基构成填方路堤；当设计线在地面线以下时，路基构成挖方路堑。施工高度的大小直接反映了路堤的高度或路堑的深度。

纵断面设计线是由直线和竖曲线组成的。直线(即均匀坡度线)有上坡和下坡之分，是用坡度和水平长度表示的。纵坡度 i 表征匀坡路段坡度的大小，用高差 h 与水平长度 L

之比量度,即 $i=h/L(\%)$。直线的坡度和长度影响着汽车的行驶速度和运输的经济以及行车的安全,它们的一些临界值的确定和必要的限制,是以公路上行驶的汽车类型及其行驶性能来决定的。在直线的坡度转折处(变坡点)为平顺过渡,需要设置竖曲线,按坡度转折形式的不同,竖曲线有凹有凸,其大小用半径和水平长度表示。

路线纵断面图上的设计标高是指路基设计标高,我国公路设计规范规定:新建高速公路和一级公路采用中央分隔带的外侧边缘标高;新建二、三、四级公路采用路基边缘标高,在设置超高、加宽地段为设超高、加宽前该处边缘标高。改建公路的路基设计标高一般按新建公路的规定办理,也可视具体情况而采用行车道中线处的标高。

第一节　纵坡及坡长

一、汽车行驶与公路纵坡的关系

公路设计是以满足汽车行驶要求为前提的。因此,在公路线形设计时,首先需要研究汽车在公路上的行驶特性以及对公路设计的具体要求,为公路纵断面设计提供理论依据。再结合地形条件、公路等级等确定公路纵坡的大小、坡长等要素。

汽车行驶特性是在分析汽车运动规律的基础上,研究汽车的主要使用性能及分析影响汽车主要使用性能的各种因素。就公路线形设计而言,在确保行车安全的前提下,应充分发挥汽车行驶的动力性能,尽可能提高车速,并保证汽车行驶稳定性和行车舒适性。

汽车在道路上行驶时,必须有足够的驱动力来克服各种行驶阻力。汽车行驶的驱动力来自其内燃发动机。在发动机里热能转换成机械能,产生有效功率,驱使曲轴旋转并产生扭矩,再经过离合器、变速器、传动轴、主传动器、差速器和半轴等一系列的传动和变速,将曲轴的扭矩传给驱动轮,从而驱动汽车行驶。

汽车行驶的阻力有来自汽车周围空气介质的阻力,有来自道路的路面不平整和上坡行驶所形成的阻力,也有来自汽车变速行驶时克服惯性的阻力。当驱动力等于各种行驶阻力之和时,汽车就等速行驶;当驱动力大于各种行驶阻力之和时,汽车就加速行驶;当驱动力小于各种行驶阻力之和时,汽车就减速行驶,直至停车。所以,只有足够的驱动力还不能保证汽车正常行驶。若驱动轮与路面之间的附着力不够大,车轮将在路面上打滑,不能行进。所以,汽车能否正常行驶,还要受轮胎与路面之间附着条件的制约。当车轮在未受侧向力的条件下,车轮与路面在接触面上无相对滑移时,路面对车轮的切向反作用力的极限值,称为附着力。它与驱动轮的法向反作用力成正比。汽车行驶的充分条件是驱动力小于或等于轮胎与路面之间的附着力。

汽车的动力性能是指汽车所具有的加速、上坡、最大速度等的性能。汽车的动力性愈好,速度就愈高,所能克服的行驶阻力也愈大。汽车上坡时,若道路纵坡较缓,汽车的行驶阻力的代数和小于或等于汽车所用挡位牵引力,汽车就能用该挡位以等速或加速走完该段纵坡的全长。若汽车所用的挡位愈高,行驶速度就愈快,但爬坡能力愈差。因此,公路纵坡设计总是力求纵坡较缓为好,特别是等级较高的公路更是如此。

当道路的纵坡较陡,汽车上坡时的行驶阻力的代数和大于汽车所用挡位的牵引力时,在坡段较短的情况下，只要在上坡之前加大汽车油门，提高汽车的初速，利用动力冲坡的惯性原理，在车速降到临界速度之前即使不换挡也能冲过此段纵坡，但如果道路纵坡既陡又长，汽车利用动力冲坡无法冲过坡顶，此时就必须在车速下降到某一程度时（如临界车速），换到较低的挡位来获得较大的动力因数，从而增大牵引力，汽车才能继续走完全程，但挡位愈低，汽车的行驶速度愈慢。汽车使用低挡的行程时间越长或换挡次数频繁，会延长行程时间，增加汽车燃料消耗和机件磨损。

为了使汽车能保持较高的车速行驶，少用低挡和减少换挡次数，确保行车安全舒适，除要求道路平整、坚实、路面粗糙外，对公路纵坡提出如下要求：

（1）纵坡度力求平缓。

（2）陡坡宜短，长陡坡的纵坡度应加以严格限制。

（3）纵坡度变化不宜太多，尤其应避免急剧的起伏变化，力求纵坡均匀。

二、最大纵坡和最小纵坡

最大纵坡是指在纵坡设计时，根据公路等级、自然条件、行车要求等因素所限定的各级公路允许采用的最大坡度值，是公路纵断面设计的重要控制指标。

在山岭地区，纵坡的大小将直接影响路线的长度、使用质量、运输成本和工程造价。因此，纵坡大小的取值必须通过全面分析，综合考虑后合理确定。

（一）最大纵坡

1. 确定最大纵坡应考虑的因素

（1）汽车的动力特性。要根据公路上主要行驶车辆的牵引性能并在一定的行驶速度条件下确定。

（2）公路等级。公路等级愈高，要求行车速度愈快，但从汽车的动力特性可知其爬坡能力愈低，因此不同等级的公路有不同的最大纵坡值。

（3）自然因素。公路所经地区的地形、气候、海拔等自然因素，对汽车行驶条件和爬坡能力也有很大的影响。

2. 最大纵坡的确定

最大纵坡的确定主要取决于汽车的动力性能、公路等级和自然因素，但另一方面还必须保证行车安全。从实际调查中可知，汽车在陡坡路段下坡时，由于制动次数增多，易使制动器发热而失效，导致事故频发。如东风 EQ1090 载货汽车及解放 CA1091 载货汽车上坡时，均可用 2 挡顺利地通过 12% 以上的纵坡，但在下坡时很不安全。因此，确定最大纵坡不能只考虑汽车的爬坡性能，还要从行驶的快速、安全及经济等方面综合分析，同时兼顾汽车拖挂车、民间运输工具的特殊要求等。

我国《公路工程技术标准》（JTG B01—2003）规定各级公路的最大纵坡见表 3-1。

表 3-1　各级公路的最大纵坡

设计速度（km/h）	120	100	80	60	40	30	20
最大纵坡（%）	3	4	5	6	7	8	9

高速公路受地形条件或其他特殊情况限制时，经技术经济论证合理，最大纵坡可增加1%。

位于海拔 2 000 m 以上或严寒冰冻地区，四级公路山岭、重丘区的最大纵坡不应大于8%。

小桥与涵洞处纵坡应按路线规定采用；大桥上纵坡不宜大于 4%，桥头引道纵坡不宜大于5%，紧接大、中桥桥头两端的引道纵坡应与桥上纵坡相同；位于市镇附近非汽车交通量较大的路段，桥上及桥头引道纵坡均不应大于 3%。

隧道内纵坡不应大于 3%，并不应小于 0.3%。但独立明洞和短于 100 m 的隧道，其纵坡不受此限；紧接隧道洞口的路线纵坡应与隧道内纵坡相同；高速公路、一级公路的中、短隧道，当条件受限制时，经技术经济论证后最大纵坡可适当加大，但不宜大于 4%。

非汽车交通量较大的路段纵坡，应根据具体情况将纵坡放缓，平原微丘区一般不大于2% ~3%，山岭重丘区一般不大于 4% ~5%。

3. 高原地区纵坡折减

在海拔 3 000 m 以上的高原地区，因空气密度下降而使汽车发动机的功率和汽车的牵引力降低，导致汽车爬坡能力下降。此外，在高原地区，汽车水箱中的水容易开锅而破坏冷却系统。所以，我国《公路工程技术标准》(JTG B01—2003)规定，在海拔 3 000 m 以上的高原地区，各级公路的最大纵坡值应按表 3-2 的规定予以折减，最大纵坡折减后若小于 4%，则仍采用 4%。

表 3-2　高原纵坡折减值

海拔(m)	3 000 ~4 000	4 000 ~5 000	>5 000
折减值(%)	1	2	3

(二)最小纵坡

为使道路上行车快速、安全和畅通，希望道路纵坡设计得小一些，但是在长路堑、低填方以及其他横向排水不畅通的地段，为防止积水渗入路基而影响其稳定，规范规定各级公路的长路堑路段，以及其他横向排水不畅的路段，均应采用不小于 0.3% 的纵坡。当必须设计水平坡(0%)或小于 0.3% 的纵坡时，边沟排水设计应与纵坡设计一起综合考虑，其边沟应作纵向排水设计。当然，对于干旱地区，以及横向排水良好、不产生路面积水的路段，也可不受此最小纵坡的限制。

三、坡长限制与缓和坡段

(一)坡长限制

坡长是纵断面上相邻两变坡点间的长度。坡长限制主要是对较陡纵坡的最大长度和一般纵坡的最小长度加以限制的。

1. 最大坡长限制

最大坡长限制是指控制汽车在坡道上行驶，当车速下降到最低容许速度时所行驶的距离。公路纵坡的大小及其坡长对汽车的行驶影响很大，特别是长距离的陡坡对汽车行驶非常不利。

实际调查资料表明，当纵坡的坡段太长，汽车因克服行驶阻力而使行驶速度显著降低，在提高汽车功率时又易使水箱开锅，导致汽车爬坡无力，甚至熄火；下坡时制动次数增加易使制动器发热而失效，造成车祸。所以，我国《公路工程技术标准》(JTG B01—2003)规定了最大坡长限制，各级公路不同纵坡时的最大坡长见表3-3。

表3-3　各级公路纵坡长度限制　　(单位：m)

设计速度(km/h)		120	100	80	60	40	30	20
纵坡坡度(%)	3	900	1 000	1 100	1 200			
	4	700	800	900	1 000	1 100	1 100	1 200
	5		600	700	800	900	900	1 000
	6			500	600	700	700	800
	7					500	500	600
	8					300	300	400
	9						200	300
	10							200

应当注意：高速公路、一级公路中，当连续陡坡由几个不同坡度值的坡段组合而成时，应对纵坡长度受限制的路段采用平均坡度法进行验算。二、三、四级公路当连续纵坡大于5%时，对纵坡长度应加以限制，以利提高车速和行驶安全。

纵坡长度的规定除考虑以上汽车的加减速特性外，还应考虑汽车上坡时克服坡度阻力采用低速挡行驶，坡长过长，长时间使用低速挡行驶，使发动机过热，水箱中的水沸腾，行驶无力；而下坡时，则因坡度过陡，坡段过长频繁制动，影响行车安全。在高速公路以及快慢车混合行驶的公路上坡度大、坡长过长会影响行车速度和通行能力，因此对纵坡长度也必须加以限制。我国在制定各级公路纵坡长度的限制标准时，进行了大量的调查和试验研究工作，同时也参考了国内外大量资料。

2. 最小坡长限制

从行车的平顺性、加速过程的适应性和线形几何的连续性考虑，纵坡不宜过短。

最小坡长限制主要是从汽车行驶平顺性的要求考虑。如果坡长过短，使变坡点增多，汽车行驶在连续起伏地段产生增重与减重的频繁变化，导致感觉不舒适，车速越高感觉越突出，而且路容美观、相邻两竖曲线的设置和纵断面的视距等也要求坡长不能太短。为使纵断面线形不至于因起伏频繁而呈锯齿形的状况，并便于平面线形的合理布设，应对纵坡的最小长度作出限制。最小坡长通常以设计速度行驶9～15 s的行程作为规定值。规范规定的各级公路最小坡长如表3-4所示。

3. 陡坡组合坡长

当连续陡坡是由几个不同受限坡度值的坡段组合而成时，应按不同坡度的坡长限制折算确定；其连续陡坡最短坡长应大于规范规定最小坡长。

表 3-4　各级公路最小坡长

设计速度(km/h)		120	100	80	60	40	30	20
最小坡长(m)	一般值	400	350	250	200	160	130	80
	最小值	300	250	200	150	120	100	60

公路纵坡设计时，当连续陡坡有几个不同坡度值的坡段组合而成时，相邻坡段长度应按限制的规定进行坡长折算，例如：某山岭区三级公路，第一坡段纵坡度为 7%，长度为 200 m，即占坡长限制的 2/5；第二坡段纵坡度为 6%，长度为 200 m，即占坡长限制的 2/7；第一坡段、第二坡段设计完后还剩：1 - 2/5 - 2/7 = 31.43/100，若第三坡段采用 4% 的坡度，第三段坡长最长采用(31.43/100)×1 100 = 345.73(m)，这时就把 100% 的坡长值全用完了，在使用坡长限制的纵坡度时，坡长只能小于或等于 100% 的坡长限制，一般情况下，应留有一定的余地。

(二) 缓和坡段

在纵断面设计中，当陡坡的长度达到限制坡长时，应安排一段缓坡，用以恢复在陡坡上降低的速度。同时，从下坡安全考虑，缓坡也是非常必要的。在缓坡上汽车将加速行驶，缓坡的长度应适应该加速过程的需要。

根据实际观测试验，《公路工程技术标准》(JTG B01—2003)规定缓和坡段的纵坡应不大于 3%，其长度应不小于最小坡长。若地形限制不严，当设计速度≥60 km/h 时，缓和坡段宜小于 2%，其长度宜为设置竖曲线以后直坡段的长度。

缓和坡段的具体位置应结合纵向地形起伏情况，尽量减少填挖方工程数量，同时应考虑路线的平面线形要素。在一般情况下，缓和坡段宜设置在平面的直线或较大半径的平曲线上，以便充分发挥缓和坡段的作用，提高整条道路的使用质量。在必须设置缓和坡段而地形又困难地段，可将缓和坡段设于半径比较小的平曲线上，但应适当增加缓和坡段的长度，以使缓和坡段端部的竖曲线位于小半径平曲线以外。这种要求对提高行驶质量、保证行车安全是必要的。

四、平均纵坡与合成坡度

(一) 平均纵坡

平均纵坡(i_p)是指在一定长度路段内，路线在纵向所克服的高差值与该路段的长度之比，用百分率(%)表示。它是衡量纵面线形质量的一个重要指标。

$$i_p = \frac{H}{L} \times 100\% \tag{3-1}$$

式中　H——相对高差，m；

L——路线长度，m。

在进行路线纵坡设计时，有必要从行车顺适和安全的角度来控制纵坡平均值，这样既可保证路线的平均纵坡不致过陡，也可以避免局部地段使用过大的平均纵坡。

限制平均纵坡是为了合理运用最大纵坡、坡长限制及缓和坡段的规定，保证纵坡均衡匀顺,确保行车安全和舒适。我国《公路工程技术标准》(JTG B01—2003)规定:二、三、四级公路越岭路线连续上坡(或下坡)路段,相对高差为 200 ~ 500 m 时,平均纵坡不应大于 5.5%,相对高差大于 500 m 时,平均纵坡不应大于 5%,并注意任意连续 3 km 路段的平均纵坡不宜大于 5.5%。

高速公路、一级公路由于缺乏调查数据,且鉴于当前我国交通组成以及车辆超限超载的状况等原因,尚无研究结论。在实际运用中只能采用运行速度对其安全性进行验算、评价,以策安全。

根据对山区公路行车的实际调查发现,有时虽然公路纵坡设计完全符合最大纵坡、坡长限制及缓和坡长的规定,但也不能保证行车顺利安全。如果在长距离内,平均纵坡较大,汽车上坡用二挡时间较长,发动机长时间发热,易导致汽车水箱中的水沸腾、气阻;同样,汽车下坡时,频繁刹车,易引起制动器发热,甚至烧毁制动片,加之驾驶员心理过分紧张,极易发生事故。因此,从汽车行驶方便和安全出发,除合理运用最大纵坡、坡长限制及缓和坡段的规定外,还应控制平均纵坡。

同时,当极限长度的陡纵坡与缓和坡段交替频繁使用,同样会使汽车在这样的坡段上长时间的低速行驶,引起不良后果,甚至造成事故。这说明汽车短时间内在陡坡路段上坡或下坡,问题尚不严重,但如果长时间连续在陡坡加缓和坡段的路段上行驶,就相当危险。

(二)合成坡度

合成坡度是指路线纵坡与弯道超高横坡或路拱横坡的矢量和,其坡度方向为流水方向,又称流水线坡度,如图 3-2 所示。计算公式为

$$i_H = \sqrt{i^2 + i_b^2} \tag{3-2}$$

式中 i_H——合成坡度(%);

i——路线纵坡(%);

i_b——超高横坡度或路拱横坡度(%)。

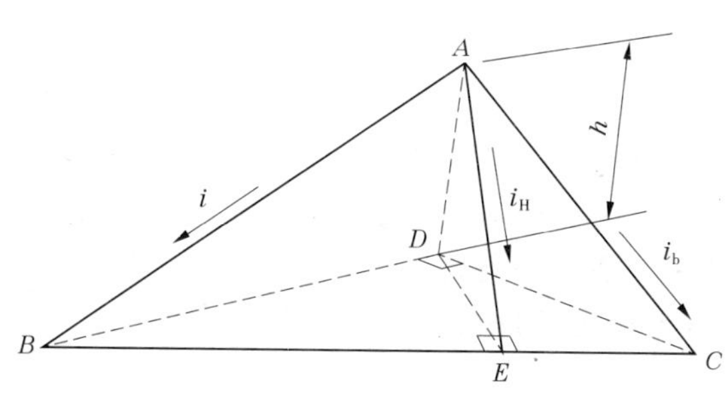

图 3-2 合成坡度示意图

由于合成坡度是由纵向坡度与横向坡度组合而成的,其坡度值比原路线纵坡大。汽车在设有超高的坡道上行驶时,不仅要受坡度阻力的影响,而且要受离心力的影响。尤其是当纵坡大而平曲线半径小时,合成坡度大,由于合成坡度的影响而使汽车重心发生偏移,给汽车行驶带来危险。所以,当平曲线与坡度组合时,为了防止汽车沿合成坡度方向滑移,应将超高横坡与纵坡的组合控制在适当的范围以内。

我国《公路工程技术标准》(JTG B01—2003)规定:在设有超高的平曲线上,超高与纵

坡的最大合成坡度值不得超过表 3-5 的规定。

表 3-5 各级公路的最大合成坡度

公路等级	高速公路			一级公路			二级公路		三级公路		四级公路
设计速度(km/h)	120	100	80	100	80	60	80	60	40	30	20
合成坡度(%)	10.0	10.0	10.5	10.0	10.5	10.5	9.0	9.5	10.0	10.0	10.0

为了保证路面排水,《公路工程技术标准》(JTG B01—2003)还规定各级公路的最小合成坡度不宜小于0.5%。在超高过渡的变化处,合成坡度不应设计为0。当合成坡度小于0.5%时,应采取综合排水措施,以保证路面排水畅通。

当陡坡与小半径平曲线相重叠时,在条件许可的情况下,宜采用较小的合成坡度。特别是下述情况下,合成坡度必须小于8%。

(1)冬季路面有积雪、结冰的地区。

(2)自然横坡较陡峻的傍山路段。

(3)非汽车交通比率高的路段。

第二节 竖曲线

纵断面上相邻两条纵坡线相交的转折处,为了行车安全、舒适以及视距的需要,用一段曲线来缓和,称为竖曲线。竖曲线的线形可采用圆曲线或抛物线,在使用范围内二者差别不大,但在设计和计算上抛物线更为方便,通常在公路设计中采用二次抛物线作为竖曲线。

一、竖曲线要素计算

在纵坡设计时,由于纵断面上只反映水平距离和竖直高度,因此竖曲线的切线长与弧长是其在水平面上的投影,切线支距是竖直的高程差,相邻两条纵坡线的转坡角用坡度差 ω 表示。当竖曲线转坡点在曲线上方时为凸型竖曲线,反之为凹型竖曲线。

如图 3-3 所示,设变坡点相邻两直坡段坡度分别为 i_1 和 i_2,它们的代数差用 ω 表示,即 $\omega = i_2 - i_1$,当 ω 为"+"时,表示凹型竖曲线;当 ω 为"-"时,表示凸形竖曲线。

我国采用二次抛物线形作为竖曲线,设抛物线顶点半径为 R,可得竖曲线各要素计算公式:

竖曲线长

$$L = |R\omega| \tag{3-3}$$

竖曲线切线长

$$T = T_A \approx T_B \approx \frac{L}{2} = \frac{R\omega}{2} \tag{3-4}$$

竖曲线的外距

$$E = \frac{T^2}{2R} \text{或} E = \frac{R\omega^2}{8} = \frac{L\omega}{8} = \frac{T\omega}{4} \tag{3-5}$$

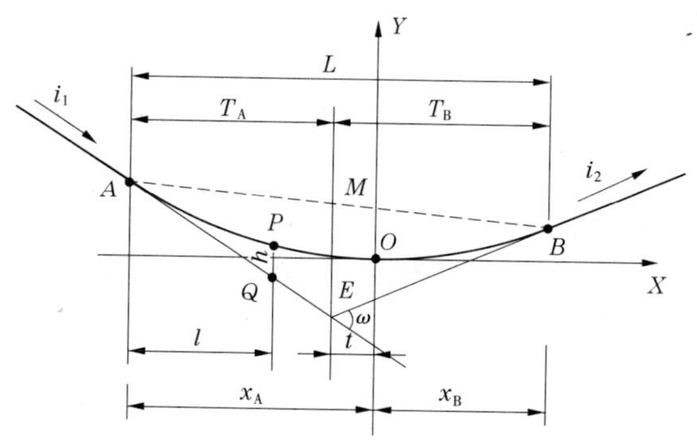

图 3-3 竖曲线要素示意图

竖曲线上任意点至相应切线的距离(竖距)

$$h = \frac{l^2}{2R} \tag{3-6}$$

式中 l——竖曲线任意点至竖曲线起点(终点)的距离(横距),m;

R——竖曲线的半径,m。

二、竖曲线最小半径与最小长度

在纵断面设计中,竖曲线的设计要受众多因素的限制,其中有三个限制因素决定着竖曲线的最小半径或最小长度。

(一)缓和冲击

汽车行驶在竖曲线上时,产生径向离心力。这个力在凹型竖曲线上是增重,在凸型竖曲线上是减重。这种增重与减重达到某种程度时,旅客就有不舒适的感觉,同时对汽车的悬挂系统也有不利影响,所以确定竖曲线半径时,对离心加速度应加以控制。

(二)时间行程不宜过短

汽车从直坡道行驶到竖曲线上,尽管竖曲线半径较大,当坡角很小时,竖曲线长度也很短。其长度过短,汽车倏忽而过,使驾驶员产生变坡很急的错觉,旅客也会感到不舒适。因此,应限制汽车在竖曲线上的行程时间不宜过短,最短应满足 3 s 行程。

(三)满足视距要求

汽车行驶在竖曲线上,若为凸型竖曲线,如果半径太小,会阻挡驾驶员的视线。若为凹型竖曲线,也同样存在视距问题。对地形起伏较大地区的道路,在夜间行车时,若竖曲线半径过小,前灯照射距离近,影响行车速度和安全;高速公路及城市道路跨线桥、门式交通标志及广告宣传牌等,如果它们正好处在凹型竖曲线上方,也会影响驾驶员的视线。因此,为了保证行车安全,对竖曲线的最小半径和最小长度应加以限制。

根据缓和冲击、行驶时间及视距要求三个限制因素,可以计算出各设计速度时的竖曲线的最小半径和最小长度。各级公路的竖曲线最小半径和最小长度规定见表 3-6。

总之,无论是凸型竖曲线还是凹型竖曲线,都要受到上述缓和冲击、视距及行驶时间三种因素控制。竖曲线极限最小半径是缓和行车冲击和保证行车视距所必需的竖曲线半径的最小值,该值只有在地形受限制迫不得已时采用。设计标准规定的一般最小半径为极限最小半径的1.5～2.0倍，在条件许可时，应尽量采用大于一般最小半径的竖曲线。与平曲线相似，当坡度角较小时，即使采用较大的竖曲线半径，竖曲线的长度也很短，这样容易使驾驶员产生急促的变坡感觉，同时，竖曲线长度过短，易对行车造成冲击。我国按照汽车在竖曲线上以设计速度行驶3 s行程控制竖曲线最小长度。各级公路在竖曲线设计时，不但保证竖曲线半径要求，还必须满足竖曲线最小长度规定。

表3-6 公路竖曲线最小半径和最小长度

设计速度(km/h)		120	100	80	60	40	30	20
凸型竖曲线最小半径(m)	一般值	17 000	10 000	4 500	2 000	700	400	200
	极限值	11 000	6 500	3 000	1 400	450	250	100
凹型竖曲线最小半径(m)	一般值	6 000	4 500	3 000	1 500	700	400	200
	极限值	4 000	3 000	2 000	1 000	450	250	100
竖曲线最小长度(m)	一般值	250	210	170	120	90	60	50
	最小值	100	85	70	50	35	25	20

三、竖曲线设计要求

竖曲线设计首先要合理地确定半径。当条件许可时应尽量采用大于一般最小半径的竖曲线，只有当地形受到限制或其他特殊困难时，才采用极限最小半径。对行车速度较高的公路，为了使公路的线形获得理想的视觉效果，还须从视觉观点确定最小半径值。选用竖曲线半径时，为获得更好的视觉效果，还应将竖曲线半径选择大一些，使视觉上感到舒适顺畅。从视觉观点考虑的竖曲线半径为表3-6所列一般最小值的1.5～4.0倍。从视觉观点所需的竖曲线最小半径见表3-7。

表3-7 从视觉观点所需的竖曲线最小半径

设计速度(km/h)	竖曲线半径(m)	
	凸型	凹型
120	20 000	12 000
100	16 000	10 000
80	12 000	8 000
60	9 000	6 000
40	3 000	2 000

竖曲线设计一般要求如下：

(1)同向竖曲线间，特别是同向凹型竖曲线之间，如果直线坡段不长，应合并为单曲线或复曲线，以避免出现断背曲线。

(2)反向竖曲线之间，为使汽车的增重与减重之间有一过渡段，应尽量在中间设置一段直线坡段，以利汽车行驶的过渡。直线坡段的长度一般以不小于 3.0 s 的行程为宜。当插入直线段有困难时，也可直接连接。

(3)在不过分增加土石方数量情况下，为使行车舒适，应尽量采用较大半径。

(4)根据竖曲线范围内的纵断面地面线起伏情况和标高控制要求，尽量考虑土石方填挖平衡，确定合适的外距值，按外距控制选择半径。

(5)夜间行车交通量较大的路段，选择半径时应适当加大，使汽车前灯有较长的照射距离。

(6)竖曲线设置应满足排水需要。当相邻纵坡的代数差很小时，采用大半径竖曲线可能导致竖曲线上的纵坡小于 0.3%，不利于排水，应重新进行设计。

竖曲线计算的目的是确定设计纵坡上指定桩号的路基设计标高。其要点是首先根据变坡点处的地面线与相邻设计直线坡段情况，按上述竖曲线设计中的有关规定和要求，合理地选定竖曲线半径；其次，根据变坡点相邻纵坡度 i_1、i_2 和已确定的半径 R，计算出竖曲线的基本要素 ω、L、T、E 及竖曲线起、终点桩号；最后，分别计算出指定桩号的切线设计标高，指定桩号至竖曲线起点(或终点)间的横距 x 和指定桩号的竖距 h，则指定桩号的路基设计标高为

凸型竖曲线：路基设计标高 = 该桩号的切线设计标高 $-h$

凹型竖曲线：路基设计标高 = 该桩号的切线设计标高 $+h$

【例 3-1】 某山岭区二级公路变坡点桩号 K5 +030.00，高程为 427.68 m，$i_1 = +5\%$，$i_2 = -4\%$，竖曲线半径 $R = 2\ 000$ m。试计算竖曲线诸要素以及桩号为 K5 +000.00 和 K5 +100.00 处的设计高程。

(1)计算竖曲线要素。

坡度差 $\omega = i_2 - i_1 = -0.04 - 0.05 = -0.09$，为凸型竖曲线。

曲线长 $L = R\omega = 2\ 000 \times 0.09 = 180(\text{m})$

切线长 $T = \dfrac{L}{2} = \dfrac{180}{2} = 90(\text{m})$

外距 $E = \dfrac{T^2}{2R} = \dfrac{90^2}{2 \times 2\ 000} = 2.03(\text{m})$

(2)竖曲线起、终点桩号及高程。

竖曲线起点桩号：(K5 +030.00) −90 = K4 +940.00

竖曲线起点高程：427.68 −90 ×0.05 =423.18(m)

竖曲线终点桩号：(K5 +030.00) +90 = K5 +120.00

竖曲线终点高程：427.68 −90 ×0.04 =424.08(m)

(3)计算设计高程。

桩号为 K5 +000.00 处：

横距 x_1 = (K5 +000.00) − (K4 +940.00) =60(m)

竖距 $h_1 = \dfrac{x_1^2}{2R} = \dfrac{60^2}{2 \times 2\ 000} = 0.90(\text{m})$

切线高程：423.18 +60 ×0.05 =426.18(m)

设计高程:$426.18-0.90=425.28(\mathrm{m})$

桩号为 K5 +100.00 处:

横距 $x_2=(\mathrm{K5}+100.00)-(\mathrm{K4}+940.00)=160\ \mathrm{m}$

竖距 $h_2=\dfrac{x_2^2}{2R}=\dfrac{160^2}{2\times2\ 000}=6.40(\mathrm{m})$

切线高程:$423.18+160\times0.05=431.18(\mathrm{m})$

设计高程:$431.18-6.40=424.78(\mathrm{m})$

或者从终点起算:

横距 $x_2=(\mathrm{K5}+120.00)-(\mathrm{K5}+100.00)=20\ \mathrm{m}$

竖距 $h_2=\dfrac{x_2^2}{2R}=\dfrac{20^2}{2\times2\ 000}=0.10(\mathrm{m})$

切线高程:$424.08+20\times0.04=424.88(\mathrm{m})$

设计高程:$424.88-0.10=424.78(\mathrm{m})$

第三节　爬坡车道

爬坡车道是指在陡坡路段正线行车道右侧设置的专供载货汽车行驶的专用车道。

一般来讲,通过精选路线,最理想的路线纵断面应按不设爬坡车道设计,但会造成路线迂回或路基高填深挖而增大工程费用。在某些情况下,采用稍大的纵坡而增设爬坡车道会产生经济而安全的效果。

一、设置条件

公路上的爬坡车道是为载重货运车辆准备的,由于载重货运车辆在爬坡时速度缓慢,且存在半坡熄火、后溜等潜在危险性,对行车安全不利;速差较大的车辆混合行驶,必然减小快车的行驶自由度,导致通行能力降低。为消除不利影响,宜在公路陡坡路段外侧增设爬坡车道,将载重汽车从正线车流中分离出去,以提高小客车的行驶自由度,确保行车安全,提高路段的通行能力,如图 3-4 所示。

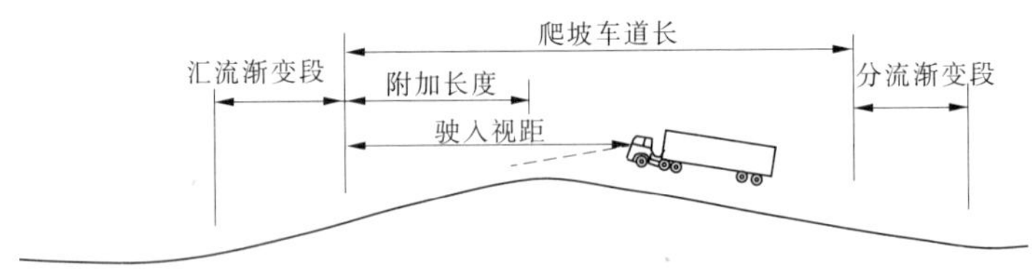

图 3-4　爬坡车道示意图

我国《公路路线设计规范》(JTG D20—2006)规定:四车道高速公路、一级公路及二级公路连续上坡纵坡长度受限制的路段,应对载重汽车上坡行驶速度的降低值和设计通行能力进行验算,符合下列情况之一者,可在上坡方向行车道右侧设置爬坡车道:

(1)沿上坡方向载重汽车的行驶速度降低到表 3-8 的容许最低速度以下时,可设置爬坡车道。

表 3-8　上坡方向容许最低速度　（单位:km/h）

设计速度	120	100	80	60	40
容许最低速度	60	55	50	40	25

(2)上坡路段的设计通行能力小于设计小时交通量时,应设置爬坡车道。

(3)设置爬坡车道与改善主线纵坡不设爬坡车道相比较,经技术经济论证,设置爬坡车道的效益费用比、行车安全性较优时。

对隧道、大桥、高架构造物及深挖路段,当因设置爬坡车道使工程费用增加很多时,经论证爬坡车道可以缩短或不设;视交通量增长对行车速度的影响程度在改建公路时再考虑是否设置爬坡车道;对双向六车道以上高速公路,行车影响干扰的程度已不大,可不另设爬坡车道,将外侧车道作为爬坡车道使用。

对于山岭地区的高速公路,由于地形复杂,纵坡设计控制因素较多,在这种路段上,计算行车速度一般在 80 km/h 以下,是否设置爬坡车道,必须在上述条件下,从公路建设的目的、服务水平、工程建设投资规模等综合分析比较后确定。

二、爬坡车道设计

(一)横断面组成

爬坡车道设于上坡方向正线行车道右侧,如图 3-5 所示。爬坡车道的宽度一般为 3.5 m,包括设于其左侧路缘带的宽度 0.5 m。

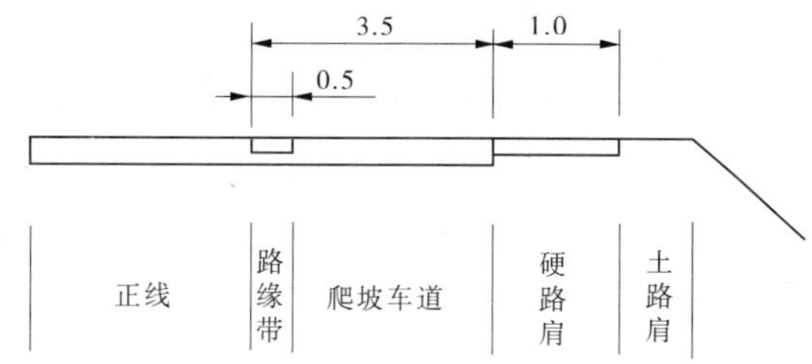

图 3-5　爬坡车道的横断面组成　（单位:m）

爬坡车道的路肩和正线一样仍然由硬路肩和土路肩组成,但由于爬坡车道上行驶速度较低,其硬路肩宽度可以不按正线的安全标准要求设计,一般为 1.0 m,而土路肩宽度应按正线要求设计为宜。

长而连续的爬坡车道,其右侧应按规定设置应急停车带。

(二)横坡度

由于爬坡车道上的车速要比主线上的车速低,故超高横坡度可相应减小。超高坡度的旋转轴为爬坡车道内侧边缘线。为行车安全起见,高速公路正线超高坡度与爬坡车道的超高坡度之间的对应关系如表 3-9 所示。

当爬坡车道位于直线路段时,其横坡度的大小与正线路拱坡度相同,采用直线式横坡,坡向向外。另外,爬坡车道右侧路肩的横坡度大小和坡向,参照正线与右侧路肩之间关系的有关规定确定。

表 3-9 爬坡车道的超高坡度 (%)

正线的超高坡度	10	9	8	7	6	5	4	3	2
爬坡车道的超高坡度	5		4					3	2

(三)平面布置与长度

爬坡车道的平面布置如图 3-6 所示。其总长度由起点分流渐变段长度 L_1、爬坡车道长度 L 和终点汇流渐变段长度 L_2 组成。

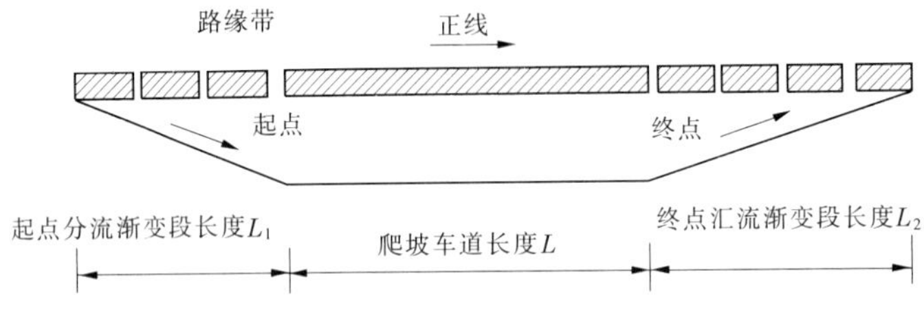

图 3-6 爬坡车道的平面布置

设计爬坡车道时,应综合考虑爬坡车道与主线线形设计的关系,其起点、终点应设在通视良好、便于辨认和过渡顺适的地点。其起点一般设在陡坡路段上载重汽车运行速度降低至"容许最低速度"处;终点应设于载重汽车爬经陡坡路段后运行速度恢复至"容许最低速度"处,或陡坡路段后延伸的附加长度的端部。该附加长度见表 3-10。

表 3-10 爬坡车道终点处附加长度 (单位:m)

附加段的纵坡(%)	下坡	平坡	上坡			
			0.5	1.0	1.5	2.0
附加长度	150	200	250	300	350	400

分流渐变段长度 L_1 用来使正线车辆驶离正线而进入爬坡车道,合流渐变段长度用以使车辆驶离爬坡车道进入正线,渐变段长度见表 3-11。爬坡车道长度 L 一般应根据所设计的纵断面线形,通过加、减速行程图绘制出载重车行驶速度曲线,找出小于允许最低速度的路段,从而得到需设爬坡车道的路段。

表 3-11 渐变段长度 (单位:m)

公路等级	分流渐变段长度	合流渐变段长度
高速公路、一级公路	100	150 ~ 200
二级公路	50	90

第四节　公路平、纵线形组合设计

公路平、纵线形组合设计是指在满足汽车运动学和力学要求的基础上，研究如何满足视觉的连续性和心理的舒适感，并与周围环境相协调。尽管公路平、纵线形均按相关标准进行了设计，但若平、纵线形组合不良，会形成视觉不连续的立体线形，导致行车危险。

一、视觉分析

（一）视觉分析的意义

汽车在公路上行驶时，驾驶员是通过视觉、运动感觉和时间的变化来判断线形的。公路的线形、周围景观、标志及其他有关信息，驾驶员几乎都是通过视觉感受到的。驾驶员观察外界事物是在运动状态下进行的，他所观察的一切物体按一定速度运动。因此，动视觉是连接道路与汽车的重要媒介。

从视觉心理出发，对道路的空间线形及其与周围自然景观和沿线建筑的协调等进行研究分析，以保持视觉的连续性，使行车具有足够的舒适感和安全感的综合设计称为视觉分析。视觉分析的意义在于将公路线形、周边环境与驾驶员在行车中的动态视觉及其心理反应联系起来，体现公路几何设计以人为本的思想。

（二）驾驶员的动视觉特点

驾驶员的静态视觉与动态视觉不同。动视觉与运动速度、环境照度等密切相关，车速越高，物体的相对移动速度也越高，眼睛转动的角速度必将加快。研究表明：驾驶员的注意力集中和心理紧张程度随车速的增加而增加；注意力集中点和视野距离随车速增大而向远处移动，高速行驶时，驾驶员对前景细节的视觉开始变得模糊不清；视角随车速增加逐渐变窄，高速行车时驾驶员已不能顾及两侧景象了。

由此可见，在驾驶过程中，驾驶员的动视觉具有如下特点：

（1）驾驶过程中，驾驶员不易全面正确感觉车外的情况变化。

（2）驾驶过程中，驾驶员的空间分辨能力降低。

（3）高速驾驶时，对驾驶员易形成“道路催眠”。

（4）高速驾驶时，驾驶员在单位时间内接受的信息量显著增加，更易出现错觉，导致判断失误增加。

所以，对高等级公路来说，驾驶员的主要集中力是观察视点较远路幅的线形与环境状况，在公路设计和视觉分析时，必须使驾驶员明白无误地了解前方线形与环境变化，尽量避免由于判断错误而导致驾驶失误。

（三）视觉分析方法

所谓线形状况，是指汽车快速行驶中道路平面和纵面线形所组成的立体形状，给驾驶员提供的连续不断的视觉印象。该视觉印象的优劣，除依靠设计者对三维空间的想象判断外，比较好的方法是利用视觉印象随时间变化的道路透视图来评价的。它是按照汽车在公路上的行驶位置，根据线形的几何状况确定的视轴方向以及由车速确定的视轴长度，利用坐标透视的原理绘制的。通过透视图，可以直观地看出公路立体线形是否顺适，有无容易产生判断错误或茫然的地方，路旁障碍物是否有碍视线等。若检查出存在上述缺陷，则要在设计阶段进行修改，然后绘制透视图分析研究，直到满意。

二、公路平、纵线形组合设计

（一）平、纵线形组合设计原则

（1）应在视觉上能自然地引导驾驶员的视线，并保持视觉的连续性。

（2）平、纵线形的技术指标应大小均衡。避免出现平面高标准、纵断面低标准，或与此相反的情况，应使线形在视觉和心理上保持协调。

（3）选择组合得当的合成坡度，以利于路面排水和行车安全。

（4）注意与道路周围环境的配合。充分利用公路周围的地貌、地形、天然树林、建筑物等，尽量保持自然景观的连续，以消除景观单调感，使公路与大自然融为一体。

（二）平、纵线形组合的形式

1. 组合形式

平、纵线形组合是通过设计者对立体线形要素所形成的想象来分析判断的，必要时还应绘制透视图进行分析研究。通过分解立体线形要素，可得出平、纵线形有六种组合形式，如图 3-7 所示。

2. 组合效果分析

从视觉、心理分析，各组合形式的使用效果如下：

（1）第 1 种组合线形简单、行车枯燥，视景缺乏变化，容易使驾驶员产生疲劳和频繁超车。设计时应采用画车道线、设标志、绿化，并与路侧设施配合等方法来调节单调的视觉，增进视线诱导。

（2）第 2 种组合具有较好的视距条件，能给驾驶员以动的视觉效果，行车条件较好。设计时要注意避免采用较短的凹型竖曲线，尤其在两个凹型竖曲线间注意不要插入短的直坡段；在长直线末端不宜插入小半径的凹型竖曲线。

（3）第 3 种组合视距条件差，线形单调，应注意避免，无法避免时应采用较大的竖曲线半径；当长直线上反复凸凹时，应注意避免出现“驼峰”、“暗凹”和“浪形”等不良视觉现象。

（4）第 4 种组合一般说来只要平曲线半径选择适当，纵坡不太陡，即可获得较好的视觉和心理感受，设计时须注意检查合成坡度是否超限。

（5）第 5、6 种组合设计是常见而又比较复杂的组合形式。如果平、纵面线形几何要素的大小适宜，位置适当，均衡协调，可以获得视觉舒顺、视线诱导良好的立体线形。相反，则会出现一些不良的后果，设计时应引起特别重视。

（三）平、纵线形组合的基本要求

对于设计速度≥60 km/h 的道路，必须注意平、纵的合理组合，尽量做到线形连续、指标均衡、视觉良好、景观协调、安全舒适。设计速度愈高，线形设计可考虑的因素愈应周全。对于设计速度≤40 km/h 的道路，首先应在保证行车安全的前提下，正确地运用线形要素指标，在条件允许的情况下，力求做到各种线形要素的合理组合，并尽量避免和减轻不利的组合。

编号	平面要素	纵断面要素	立体线型要素
1	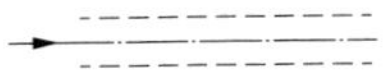 直线	 直线	 具有恒等坡度的直线
2	 直线	 曲线	 凹型直线
3	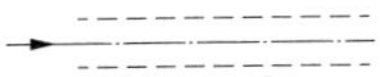 直线	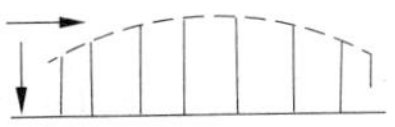 曲线	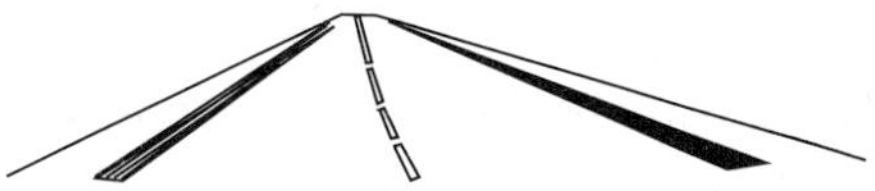 凸型直线
4	 曲线	 直线	 具有恒等坡度的曲线
5	 曲线	 曲线	 凹型直线
6	 曲线	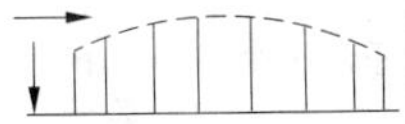 曲线	 凸型直线

图 3-7　平、纵线形组合形式

(1)平曲线与竖曲线宜相互重合,且平曲线稍长于竖曲线。设计时,将竖曲线的起、终点分别放在平曲线的两个缓和曲线的中间,即形成“平包竖”,这是平、纵面良好的组合,如图 3-8 所示。当做不到平曲线与竖曲线较好的组合,而两者的半径均较小时(一般指平曲线半径小于一般最小半径值),宁可把平曲线、竖曲线错开相当距离,使竖曲线位于平面的直线上,但如果平曲线与竖曲线半径都很大,则平、竖曲线的位置可不受上述限制。

(2)要保持平曲线与竖曲线大小的均衡。平曲线与竖曲线的大小如果不均衡,会给人以不愉快的感觉,失去了视觉上的均衡性。如果其中一方大而平缓,则另一方也要与之

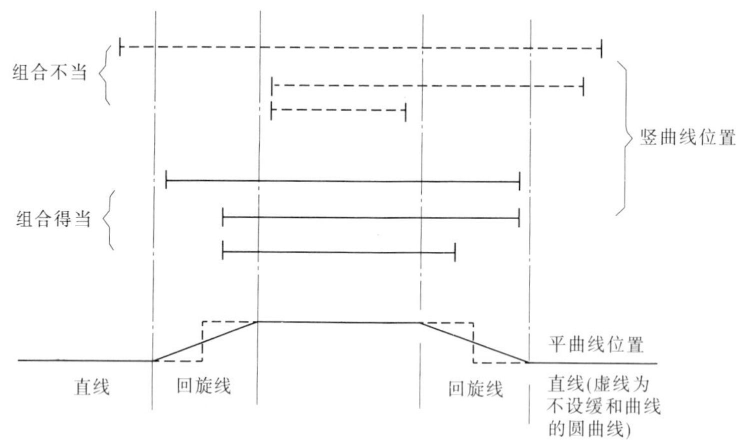

图 3-8　平曲线与竖曲线的组合

相适应，不能变化过多。一个平曲线内含有两个以上的竖曲线或与此相反的情况，总给人一种不舒服的感觉。

平曲线与竖曲线重合时，如果平曲线不大于 1 000 m，当竖曲线半径为平曲线半径的 10 ~ 20 倍时，可获得视觉上的均衡，见表 3-12。

表 3-12　平、竖曲线半径的均衡

平曲线半径(m)	竖曲线半径(m)	平曲线半径(m)	竖曲线半径(m)
500	10 000	1 100	30 000
700	12 000	1 200	40 000
800	16 000	1 500	60 000
900	20 000	2 000	100 000
1 000	25 000		

(3)当平曲线缓而长、纵断面坡差较小时，可不要求平、竖曲线一一对应，平曲线中可包含多个竖曲线或竖曲线略长于平曲线。

(4)要选择适当的合成坡度。合成坡度过大对行车不利，特别是在冬季结冰期更危险，合成坡度过小对排水不利，也影响行车，车辆行驶时有溅水干扰。虽然《公路路线设计规范》(JTG D20—2006)对合成坡度的最大允许值作了规定，但在进行平、纵面线形组合时，如条件可能，最好使合成坡度小于 8%，最小合成坡度不应小于 0.5%。

(5)公路线形与景观的协调。平、纵线形组合必须是在充分与道路所经地区的景观相配合的基础上进行的。否则，即使线形组合符合有关规定，也不一定是良好设计。对于驾驶员来说，只有看上去具有优美的线形和景观，才能称为舒适和安全的道路。对设计速度高的道路，平、纵线形组合设计与周围景观配合尤为重要。

(四)平、纵线形设计中应注意避免的组合

(1)避免竖曲线的顶、底部插入小半径的平曲线。如果在凸型竖曲线的顶部有小半径的平曲线，不仅不能引导视线，而且会因急转方向致使行车不安全。在凹型竖曲线的底部有小半径的平曲线,会出现汽车加速行驶中又急转弯,同样可能发生危险。

(2)避免使竖曲线顶、底部与反向平曲线的拐点重合。此类组合都存在不同程度的扭曲外观;前者不能正确引导视线,会使驾驶员操作失误;后者会使汽车加速而急转弯,且路面排水不畅,积水影响行车安全。

(3)应避免小半径的竖曲线与缓和曲线相互重合。对凸型竖曲线诱导性差,事故率较高;对凹型竖曲线路面排水不良,影响行车安全。

(4)避免出现驼峰、暗凹、跳跃、断背、折曲等使驾驶员视线中断的线形。特别是在短直线上反复变坡更会加剧上述现象的发生,使线形既不美观也不连贯。

(5)避免在长直线上设置陡坡或曲线长度短、半径小的凹型竖曲线。前者易超速行驶,危及行车安全;后者使驾驶员产生坡底道路变窄的错觉,导致高速行驶中的制动操作,影响行车安全。

(6)特别应避免急弯与陡坡相重合的线形,以策安全。

第五节 纵断面设计方法

一、纵断面设计要点

纵断面设计的主要内容是根据公路等级、沿线自然条件和构造物控制高程等,确定路线合适的高程、各坡段的纵坡度和坡长,并设计竖曲线。基本要求是纵坡均匀平顺、起伏和缓,坡长和竖曲线长短适当,平面与纵断面组合设计协调以及填挖经济、平衡。这些要求虽然在选线、定线阶段有所考虑,但要在纵断面设计中具体实现。

(一)关于纵坡极限值的运用

根据汽车动力特性和考虑经济等因素制定的极限值,设计时不可轻易采用,应留有余地。只有在受限制较严,如越岭线为争取高度、缩短路线长度或避开艰巨工程等,才有条件地采用。好的设计应尽量考虑人的视觉、心理上的要求,使驾驶员有足够的安全感、舒适感和视觉上的美感。一般来讲,纵坡缓些为好,但为了路面和边沟排水,最小纵坡不应低于0.3%~0.5%。

(二)关于最短坡长

坡长是指纵断面两变坡点之间的水平距离,坡长不宜过短,以不小于设计速度9 s的行程为宜。对连续起伏的路段,坡度应尽量小,坡长和竖曲线应争取到极限值的1倍或2倍以上。避免出现锯齿形的纵断面,以使增重和减重变化和缓。

(三)转坡点位置的确定

转坡点是两条相邻设计纵坡线的交点,两转坡点之间的水平距离称为坡长。转坡点位置的确定直接影响到纵坡度的大小、坡长、平纵面组合、土石方填挖平衡和公路的使用质量。因此,在确定转坡点位置时,要尽量使填挖工程量最小和线形最理想外,还应使最大纵坡、最小纵坡、坡长限制、缓和坡段满足有关规定的要求,同时还要处理好平、纵面线形的相互配合和协调。此外,为方便设计和计算,转坡点的位置一般应设在10 m的整数桩号处。

(四)关于竖曲线半径的选用

竖曲线应选用较大半径。当受限制时可采用一般最小值,特殊困难时方可用极限最小值。坡差小时应尽量采用大的竖曲线半径。当有条件时,宜满足视觉要求的最小半径值。

(五)关于相邻竖曲线的衔接

相邻两个同向凹型或凸型竖曲线,特别是同向凹型竖曲线之间,如直坡段不长,应合并为单曲线或复曲线,避免出现断背曲线。

相邻反向竖曲线之间,为使增重与减重间和缓过渡,中间最好插入一段直坡段。当两竖曲线半径接近极限值时,这段直坡段至少应为设计速度的 3 s 行程。当半径比较大时,亦可直接连接。

(六)各种地形条件下的纵坡设计

(1)平原、微丘地形的纵坡应均匀平缓,注意保证最小填土高度和最小纵坡的要求。丘陵地形应避免过分迁就地形而起伏过大,注意纵坡应顺适,不产生突变。

(2)山岭、重丘地形的沿河线应尽量采用平缓纵坡,坡长不应超过限制长度,纵坡不宜大于6%,注意路基控制标高的要求。

(3)越岭线的纵坡力求均匀,尽量不采用极限或接近极限的坡度,更不宜在连续采用极限长度的陡坡之间夹短的缓和坡段。越岭线一般不应设置反坡,以满足平均坡度的要求。

(4)山脊线和山腰线除结合地形不得已时采用较大纵坡外,在可能条件下纵坡应缓些。

(5)沿水库上游岸边的路线,路基设计标高应考虑水库水位升高后地下水位壅升,以及水库淤积后壅水曲线抬高和浪高的影响;在寒冷地区还应考虑冰塞壅水对水位的增高。

(6)大、中桥桥头引道(在洪水泛滥范围内)的路基设计标高,一般应高于该桥设计洪水位(并包括壅水和浪高)至少 0.5 m;小桥涵附近的路基设计标高应高于桥涵壅水水位至少 0.5 m(不计浪高)。

二、纵断面设计步骤

路线纵断面设计主要是指纵坡设计和竖曲线设计。公路的纵坡是通过公路定线和室内设计两个阶段来实现的。在定线阶段,选线人员在现场或纸上定线时结合平面线形、地形等已对公路纵坡作了全面考虑,所以纵断面设计由选线人员在室内根据选线时的记录,以及桥涵、地质等方面对路线的要求,综合考虑工程技术与经济的因素,最后定出路线的纵坡。其方法和步骤可归纳为以下几点。

(一)准备工作

设计人员在熟悉有关设计标准的基础上,在纵断面图上点绘出每个中桩的位置、平曲线示意图(起、讫点位和半径等),按比例标注每个中桩的地面标高,并绘出地面线;绘出平面直线与平曲线资料,以及土壤地质说明资料,并将桥梁、涵洞、地质土质等与纵断面设计有关的资料在纵断面图纸上标明;熟悉和掌握全线有关勘测设计资料,领会设计意图和设计要求。

（二）标注控制点

控制点是指影响路线纵坡设计的高程控制点，如路线起点、终点，越岭垭口，重要桥涵，地质不良地段的最小填土高度、最大挖深，沿溪线的洪水位，隧道进出口、平面交叉和立体交叉点，铁路道口及受其他因素限制路线必须通过的标高点等。

此外，对于山区公路，还应根据路基填挖平衡要求来选择控制路中心处填挖的高程点，称之为“经济点”。其含义是：如果纵坡设计线刚好通过该点，则在相应的横断面上将形成填挖面积大致相等的纵坡设计。

（三）试坡

试坡主要是在已标出“控制点”和“经济点”的纵断面图上，根据技术标准、选线意图，结合地面起伏情况，本着以“控制点”为依据，照顾多数“经济点”的原则，在这些点位间进行穿插和裁弯取直，试定出若干坡度线。经过对各种可能的坡度线方案进行反复比较，最后选出既符合技术标准，又能满足控制点要求，而且土石方数量较省的设计线作为初定坡度线，再将前后坡度线延长交会定出各变坡点的初步位置。

（四）调整坡度线

试定纵坡后，首先将所定的坡度与选线时考虑的坡度进行比较，两者应基本符合。若有较大差异，则应全面分析，权衡利弊，决定取舍。然后对照技术标准检查设计的最大纵坡、合成坡度、坡长限制等是否超过规定限值，以及平面线形与纵面线形的配合是否适宜等。若发现有问题，应进行调整。

调整时应以少脱离控制点、少变动填挖值为原则，以使调整后的纵坡与试定纵坡变化不太大。调整的方法是对初定坡度线平台、平降、延伸、缩短或改变坡度值。

（五）核对

根据调整后的坡度线，选择有控制意义的重点横断面，如高填深挖、陡峭山坡路基、挡土墙、重要桥涵等断面，在纵断面图上直接读出对应中桩的填（挖）高度，然后按该填（挖）值用“模板”在横断面图上“戴帽子”。检查是否有填挖过大、坡脚落空或过远、挡土墙工程过大、桥梁过高、涵洞过长等情况，若有问题，应及时调整纵坡线。

（六）定坡

纵坡设计在经调整核对无误后即可定坡。所谓定坡，就是从起点开始，逐段确定坡度值、变坡点位置（桩号）和高程。公路的起、终点设计高程是根据接线的需要事先确定的，变坡点设计高程则是根据纵坡和坡长计算确定的。

由于现在内业设计都由公路 CAD 系统来完成，因此纵坡坡度也可以由 CAD 系统确定的变坡点标高进行反算。

（七）设置竖曲线

拉坡时已考虑了平纵组合问题，根据技术标准、平纵组合均衡等确定竖曲线半径，计算竖曲线要素。

（八）计算设计标高及施工高度

根据已定的纵坡和变坡点的设计标高及竖曲线半径，即可计算出各桩号的设计标高。中桩设计标高与对应原地面标高之差即为路基施工高度，当两者之差为“+”则是填方，为“-”则是挖方。

三、纵断面设计应注意的问题

公路的纵坡设计是在全面掌握设计资料的基础上经过多次方案比较，精心设计才能完成的。纵坡设计还要注意：

(1)在回头曲线路段，应先确定回头曲线的纵坡，然后从两端接坡，以满足回头曲线的纵坡要求。应注意在回头曲线地段不宜设竖曲线。

(2)大、中桥上一般不宜设置竖曲线，桥头两端在不得已设置竖曲线时，其起、终点应设在距桥头 10 m 以外。

(3)小桥涵允许设在斜坡路段或竖曲线上，但对等级较高的公路，为了保证路线的平顺性，应尽量避免在小桥涵处出现急变的“驼峰式”纵坡。

(4)注意平面交叉口纵坡及两端接线要求。公路与公路交叉时，一般宜设在较小坡段，其长度应不小于最小坡长规定。两端接线纵坡应不大于 3%，山区工程艰巨地段应不大于 5%。

(5)拉坡时如受“控制点”或“经济点”制约，导致纵坡起伏过大，或土石方工程量太大，经调整仍难以解决时，可用纸上移线的方法局部修改原定纵坡线。

(6)对连接段纵坡，如大、中桥引道及隧道两端接线等，纵坡应平缓，避免产生突变。

第六节　纵断面设计成果

一、路线纵断面图

纵断面设计图是公路设计的主要文件之一，它反映了路线所经的中心地面起伏情况与设计标高的关系。把它与平面线形结合起来，就能反映出公路路线在空间的位置。

纵断面图采用直角坐标，以横坐标表示里程桩号，纵坐标表示高程。为了明显地表明地形起伏，通常将横坐标的比例采用 1:2 000，纵坐标采用 1:200。

(一)纵断面图的内容

纵断面图由上、下两部分内容组成，如图 3-9 所示。

图的上半部分为图形，主要用来绘制地面线和纵坡设计线，同时根据需要标注出竖曲线位置及其要素，沿线桥涵及人工构造物的位置、结构类型、孔径与孔数，与铁路、其他公路交叉的桩号及路名，沿线跨越的河流名称、桩号、常水位及最高洪水位，水准点位置、编号和高程，断链桩位置、桩号及长短链关系等。图的下半部分为注解栏，主要用来填写有关数据，自下而上分别填写：直线与平曲线，里程桩号，地面标高，设计标高，填挖高度，纵坡及坡长，土壤地质说明，设计排水沟沟底线及坡度、距离、高程、流水方向等。

填写内容和次序可视公路设计需要及具体情况而调整。

(二)绘制纵断面设计图的步骤

(1)按一定的比例，在坐标纸上标出与本图适应的横向和纵向坐标，横向坐标标出百米桩号，纵向坐标标出整十米高程。

(2)在图的下半部分自下而上分别填写直线与平曲线、里程桩号、地面标高、设计标

第×页 共×页
K0+000~K0+350
R=7 000.00 m T=28.0 m E=0.06 m
R=6 500.00 m T=19.5 m
16.00
14.00
12.00
10.00
8.00
6.00
4.00
2.00
SJD1
SJD2
注
1.本图绘图比例为1: 1 000。
设计高程 9.05 8.95 8.85 8.75 8.65 8.55 8.45 8.35 8.25 8.15 8.05 7.97 7.95 7.99 8.05 8.11 8.17 8.22
地面高程 5.80 5.70 5.71 5.66 5.73 5.76 5.75 5.65 4.93 3.63 3.71 3.98 4.57 3.38 3.23 5.45 5.63 6.11
填挖高度 3.25 3.25 3.14 3.09 2.92 2.79 2.70 2.70 3.32 4.52 4.34 3.99 3.38 4.61 4.82 2.66 2.54 2.11
坡度/坡长 9.05 +000 -0.500% 229.7 7.90 +230 0.300% 120.0 8.26 +350
桩号 K0+000 K0+020 K0+040 K0+060 K0+080 K0+100 K0+120 K0+140 K0+160 K0+180 K0+200 K0+220 K0+240 K0+260 K0+280 K0+300 K0+320 K0+340
直线及平曲线 A=104.50 L=60.0 m R=182.00 L=60.7 m
×××工程设计有限公司
××道路工程
纵断面图
设计
复核
审核
审定
图号
日期

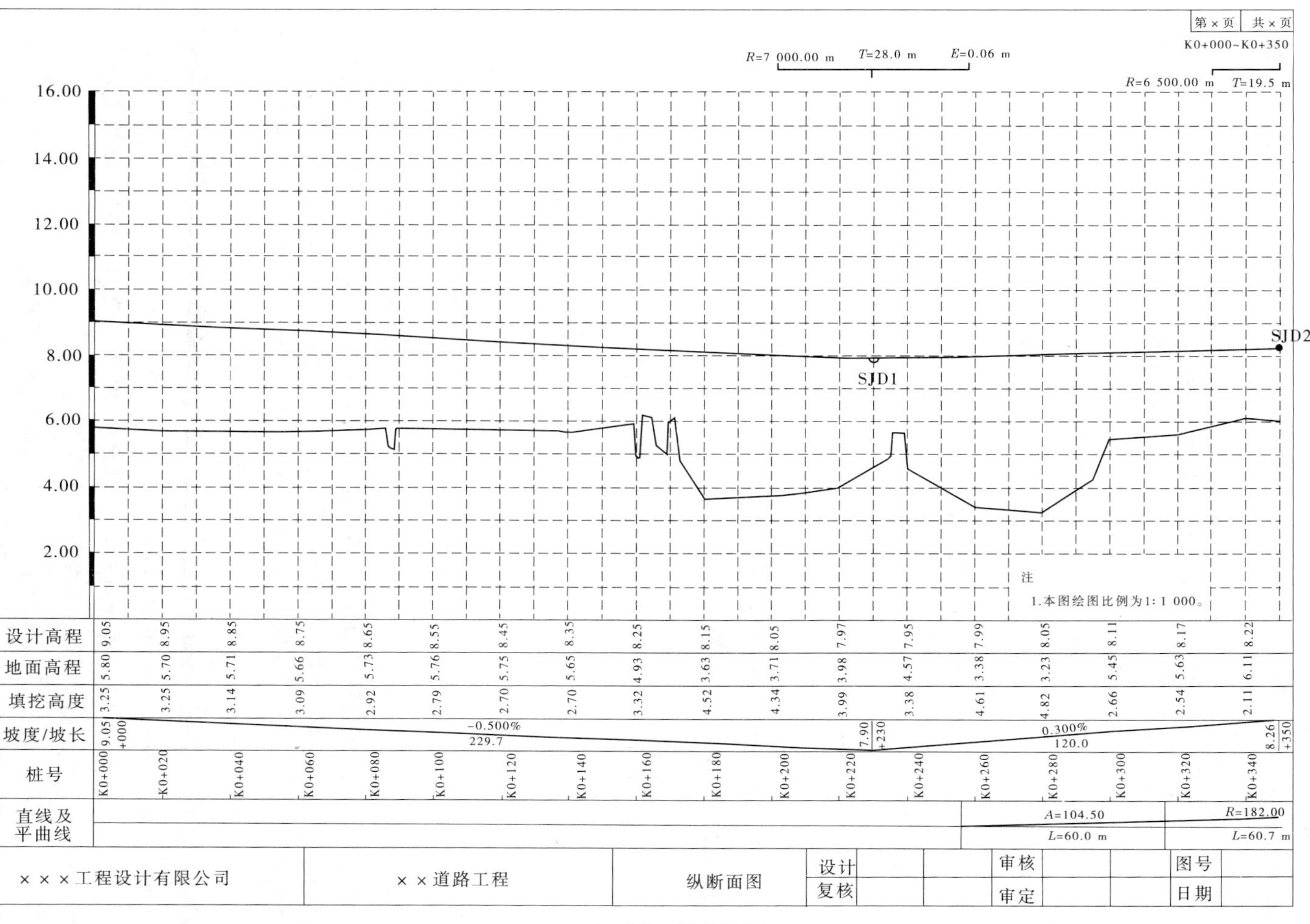

图 3-9 纵断面图

高、填挖高度、纵坡及坡长、土壤地质说明。

(3)在桩号一栏填写各桩号,在地面高程一栏填写各桩号的地面高程,并在图的上半部分点绘地面线。

(4)在图的上半部分标注高程控制点。

(5)确定纵坡设计线,计算纵坡、坡长、竖曲线各要素,并将纵坡及坡长填在图的下半部分。

(6)计算各桩号的设计标高及填挖高度,填写在相应位置。

(7)在图的上半部分标注竖曲线位置及要素;沿线桥涵及人工构造物的位置、结构类型、孔径与孔数;与铁路、其他公路交叉的桩号及路名;沿线跨越的河流名称、桩号、常水位及最高洪水位;水准点位置、编号和高程;断链桩位置、桩号及长短链关系等。

(8)分别注明土壤地质资料及平面线形资料。

(9)填注其他各有关资料。

绘制的纵断面设计图应按规定采用标准图纸和统一格式,以便装订成册。

二、路基设计表

路基设计表是公路设计文件的组成内容之一,它是平、纵、横等主要测设资料的综合。表中填列所有整桩、加桩及填挖高度、路基宽度(包括加宽)、超高值等有关资料,为路基横断面设计的基本数据,也是施工的依据之一。

一般公路的路基设计表见表3-13。

表3-13的填算方法如下:

第(1)栏“桩号”和第(5)栏“地面高程”都是从有关测量记录上抄录的。

第(2)栏“平曲线”中,可只列转角号和半径,供计算加宽超高之用。

第(3)、(4)栏“坡度及竖曲线”是从纵断面图上抄录的,转坡点要注明桩号和高程,竖曲线要注明起、终点桩号。

第(6)栏“设计高程”在直坡段为切线标高,在竖曲线段应考虑“改正值”y,用公式$y=x^2(2R)$算出,其中x为各桩距竖曲线起点或终点的距离,R由第(4)栏或直接由纵断面图上抄录,凹型竖曲线改正值为“+”号,凸型竖曲线改正值为“-”号;第(6)栏“设计标高”在竖曲线内,则为该桩号的切线标高与改正值的代数和。

第(7)、(8)栏的“填”、“挖”是第(6)栏与第(5)栏之差,“+”号为填,“-”号为挖。

第(9)、(10)栏为左、右路基宽度,当圆曲线半径小于或等于250 m时,应考虑平曲线内侧加宽。

第(11)、(12)、(13)栏为路基两侧边缘及中桩与设计高程的差,当圆曲线半径小于不设超高最小半径时,应考虑平曲线段超高。

第(14)、(15)栏为施工时中桩高度,是填挖高度第(7)、(8)栏与第(12)栏的差值。

第(16)、(17)栏为路基边坡,可参考路基路面工程。

第(18)、(19)、(20)、(21)栏为左、右护坡道的宽度和坡度。

第(22)、(23)栏为左、右边沟沟底纵坡,第(24)、(25)、(26)、(27)栏为边沟的截面形状(通常为梯形)、底宽、沟深以及内坡坡度。

表 3-13　路基设计表（一般公路）

桩号	平曲线	变坡点高程、桩号及纵坡坡度、坡长（m）	竖曲线	地面高程（m）	设计高程（m）	填挖高度（m）		路基宽度（m）		路基边缘及中桩与设计高程的高差（m）			施工时中桩高度（m）		边坡（m）		护坡道 宽度（m）		护坡道 坡度（m）		边沟 沟底纵坡（%）		边沟 形状	边沟 底宽（m）	边沟 沟深（m）	边沟 内坡 1∶m	坡脚坡口至中桩距离（m）		说明
						填	挖	左	右	左	中	右	填	挖	左	右	左	右	左	右	左	右					左	右	
1	2	3	4	5	6	7	8	9	10	11	12	13	14	15	16	17	18	19	20	21	22	23	24	25	26	27	28	29	30
QD +700.000				416.11	418.80	2.69		5.00	5.00		0.11		2.69		1.50	1.50	2.00	50.00	2.00	50.00	4.80	4.80	梯形	0.60	0.50	1.50	6.016 5	12.496	
K57 +750.000		418.800		419.73	421.20	1.47		5.00	5.00		0.11		1.58		1.50	1.50	2.00	50.00	2.00	50.00	4.80	4.80	梯形	0.60	0.50	1.50	10.105	10.205	
K57 +800.000		i=4.80% L=300.00	+868.000	423.13	423.60	0.47		5.00	5.00		0.11		0.57		1.50	1.50	2.00	50.00	2.00	50.00	4.80	4.80	梯形	0.60	0.50	1.50	12.329	7.772 2	
K57 +850.000				423.87	426.00	2.13		5.00	5.00		0.11		2.24		1.50	1.50	2.00	50.00	2.00	50.00	4.80	4.80	梯形	0.60	0.50	1.50	5.557 8	9.419 9	
K57 +900.000		433.200		427.44	428.34	0.90		5.00	5.00		0.11		1.01		1.50	1.50	2.00	50.00	2.00	50.00	4.8	4.80	梯形	0.60	0.50	1.50	13.423	8.035 1	
K57 +950.000			凸 R=8 000	431.61	430.38		1.23	5.00	5.00		0.11			1.12	1.50	1.50					4.80	4.80	梯形	0.60	0.50	1.50	19.274	5.101 1	
K58 +000.000			T=132.00 E=1.09	434.43	432.11		2.33	5.00	5.00		0.11			2.22	1.50	1.50					1.50	1.50	梯形	0.60	0.50	1.50	20.473	7.459 2	
K58 +050.000		+000.000		437.25	433.53		3.72	5.00	5.00		0.11			3.62	1.50	1.50					1.50	1.50	梯形	0.60	0.50	1.50	25.521	10.271	
K58 +100.000			+132.000 +229.554	438.07	434.64		3.43	5.00	5.00		0.11			3.32	1.50	1.50					1.50	1.50	梯形	0.60	0.50	1.50	25.721	10.117	
K58 +150.000				439.68	435.45		4.23	5.00	5.00		0.11			4.12	1.50	1.50					1.50	1.50	梯形	0.60	0.50	1.50	19.756	10.724	
K58 +200.000		i=1.50% L=320.00		441.50	436.20		5.30	5.00	5.00		0.11			5.19	1.50	1.50					1.50	1.50	梯形	0.60	0.50	1.50	24.948	11.997	
K58 +236.428				437.98	436.75		1.23	5.00	5.00		0.11			1.12	1.50	1.50					1.50	1.50	梯形	0.60	0.50	1.50	14.622	7.232 4	
K58 +250.000		438.000		436.29	436.99	0.70		5.00	5.00		0.11		0.81		1.50	1.50	2.00	50.00	2.00	50.00	1.50	1.50	梯形	0.60	0.50	1.50	5.074 5	7.960 1	
K58 +275.000	JD_1 K58 +859.53		凹	433.18	437.53	4.35		5.00	5.00		0.11		4.46		1.50	1.50	2.00	50.00	2.00	50.00	1.50	1.50	梯形	0.60	0.50	1.50	10.412	13.134	
K58 +300.000	左 100°25′26″		R=5 000 T=90.45	432.82	438.20	5.38		5.00	5.00		0.11		5.49		1.50	1.50	2.00	50.00	2.00	50.00	1.50	1.50	梯形	0.60	0.50	1.50	12.257	14.017	
K58 +325.000	R=450 L_{s1}=160		E=0.82	434.07	438.99	4.92		5.00	5.00		0.11	0.08	5.03		1.50	1.50	2.00	50.00	2.00	50.00	5.12	5.12	梯形	0.60	0.50	1.50	12.031	12.88	
K58 +350.000	L_{s2}=331.165			435.37	439.90	4.53		5.00	5.00		0.11	0.17	4.63		1.50	1.50	2.00	50.00	2.00	50.00	5.12	5.12	梯形	0.60	0.50	1.50	11.452	12.542	
K58 +375.000		+320.000		436.76	440.94	4.18		5.00	5.00	−0.01	0.14	0.25	4.29		1.50	1.50	2.00	50.00	2.00	50.00	5.12	5.12	梯形	0.60	0.50	1.50	10.986	12.287	
K58 +396.428				438.01	441.93	3.92		5.00	5.00	−0.02	0.18	0.32	4.07		1.50	1.50	2.00	50.00	2.00	50.00	5.12	5.12	梯形	0.60	0.50	1.50	10.684	12.022	

第(28)栏和(29)栏为填方路基坡脚及挖方路基坡口至中桩的水平距离,需要根据路基横断面图计算。

思考题及习题

3-1　公路纵断面线形要素有哪些?

3-2　高速公路和一级公路路基设计标高与二、三、四级公路路基设计标高在横断面上位置是否相同?

3-3　在公路纵断面设计时,对最大纵坡、最小纵坡、最大坡长和最小坡长有哪些规定?

3-4　设置缓坡的意义和缓坡最小长度限制的意义是什么?

3-5　凸型竖曲线最小半径和凹型竖曲线最小半径的限制因素有哪些?

3-6　视觉分析的概念和方法是什么?

3-7　平、纵线形组合设计原则和要求有哪些?

3-8　平、纵线形组合时,应避免哪些不利组合?

3-9　纵断面设计要点有哪些?

3-10　道路纵断面设计时,一般要考虑哪些控制标高?

3-11　简述纵断面设计的一般步骤。

3-12　某公路变坡点的桩号为 K2 + 260,高程为 387.62 m,前坡 $i_1 = 5\%$,后坡 $i_2 = 1\%$,竖曲线的半径 $R = 5\ 000$ m。试确定:

(1)判别竖曲线的凹凸性,计算竖曲线各要素。

(2)计算竖曲线起终点的桩号。

(3)计算 K2 + 200.00、K2 + 240.00、K2 + 380.00、K2 + 500.00 各点的设计标高。

3-13　山岭重丘区某三级公路,某坡段纵坡度为 6%,坡长采用 300 m;紧临坡段坡度为 5%,坡长采用 200 m。问在其后面是否还能接 7% 的陡坡?坡长最长为多少?

第四章　公路横断面

教学目标　掌握公路路基横断面组成;了解道路建筑限界与道路用地范围;熟悉横断面设计方法;掌握土石方数量计算及调配方法。

公路横断面是指道路中线上各点垂直于路线前进方向的竖向剖面。

公路横断面图是指公路中线的法线方向剖面图。它是由横断面设计线和横断面地面线所围成的图形。其中横断面设计线一般包括行车道、路肩、分隔带、边沟、边坡、截水沟、护坡道、取土坑、弃土堆和环境保护等设施。

公路横断面设计是根据行车对公路的要求,结合当地的地形、地质、气候、水文等自然因素,确定横断面的形式、各组成部分的位置和尺寸。横断面设计是路线设计的重要组成部分,它和纵断面设计、平面设计相互影响,所以在设计中应将平、纵、横三个方面结合起来综合考虑,反复比较和调整后,才能达到各元素之间的协调一致,做到组成合理、用地节省、工程经济和有利于环境保护。

公路横断面设计的目的是保证足够的断面尺寸、强度和稳定性,使之经济合理,同时为路基土石方工程数量计算、公路的施工和养护提供依据。

横断面设计的主要内容是确定横断面的形式、各组成部分的位置和尺寸以及路基土石方的计算与调配。

第一节　路基横断面

一、公路路基标准横断面组成

(一)横断面的组成

公路横断面的组成和各部分的尺寸要根据设计交通量、交通组成、设计车速、地形条件等因素确定。在保证必要的通行能力和交通安全与畅通的前提下,尽量做到用地省、投资少,使道路发挥其最大的经济效益与社会效益。

公路横断面组成主要包括以下几部分。

1. 一般组成

(1)行车道:供各种车辆行驶部分的总称。

(2)路肩:位于行车道外缘至路基边缘,具有一定宽度的带状构造物。

(3)中间带:高速公路及一级公路上用于分隔对向车辆的带状构造物。

(4)边坡:为保证路基稳定,在路基两侧具有一定坡度的坡面。

(5)边沟:为汇集和排除路面、路肩及边坡流水,在路基两侧设置的纵向排水沟。

高速公路与一级公路的横断面组成如图 4-1 所示。二、三、四级公路的横断面组成如图 4-2 所示。

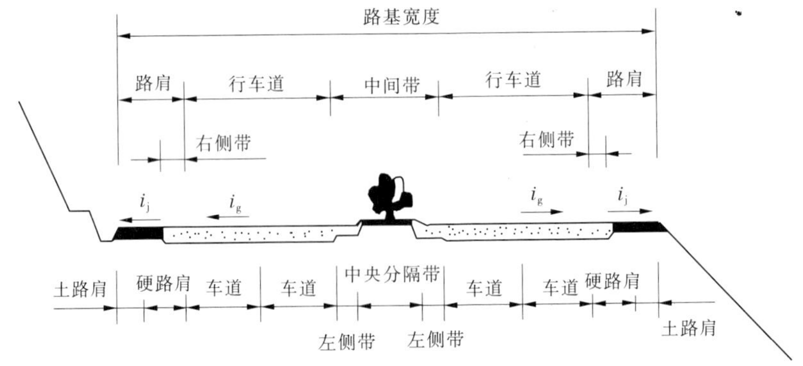

图 4-1　高速公路与一级公路标准横断面

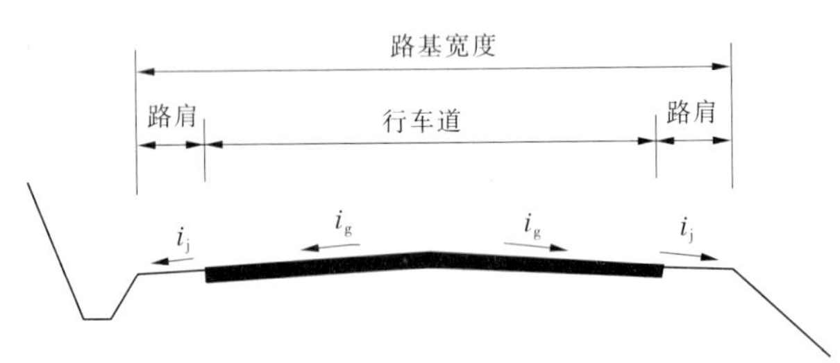

图 4-2　二、三、四级公路标准横断面

2. 特殊组成

(1)应急停车带:是指在高速公路和一级公路上,供车辆临时发生故障或其他原因紧急停车使用的临时停车地带。

(2)爬坡车道:在高速公路和一级公路上,当纵坡较大时,设置的供慢速上坡车辆行驶用的车道。

(3)加(减)速车道:是指在高速公路互通式立体交叉、服务区等处设置的、供车辆驶入(离)高速车流之前(后)加速(减速)用的车道。

(4)错车道:当四级公路采用 4.5 m 的单车道路基时,在适当的可通视的距离内设置的供车辆交错避让用的一段加宽车道。

(5)护坡道:当路堤较高时,为保证路基边坡稳定,在取土坑与坡脚之间,沿原地面纵向保留的具有一定宽度的平台。

(6)碎落台:在路堑边坡坡脚与边沟外侧边缘之间或边坡上,为防止碎落物落入边沟而设置的具有一定宽度的纵向平台。

(7)截水沟:在地面线较陡的挖方路段,为拦截山坡上流向路基的水,在路堑坡顶以外设置的水沟。

(二)路幅的布置类型

路幅是指公路路基顶面两路肩外侧边缘之间的部分。等级高、交通量大的公路(如高速公路、一级公路)，通常是将上、下行车辆分开，分隔的方式有两种：一种是用分隔带分隔，称作整体式断面；另一种是将上、下行车道各自独立布置，利用天然地形地势进行分隔，称作分离式断面。

路幅布置类型有以下几种。

1. 单幅双车道

单幅双车道公路指的是整体式的供双向行车的双车道公路。

这类公路在我国公路总里程中占的比重最大。二级、三级公路和一部分四级公路均属这一类。这类公路适应的交通量范围大，最高达 15 000 辆小客车/昼夜。行车速度可从 20 km/h 至 80 km/h。在这种公路上行车，只要各行其道、视距良好，车速一般都不会受影响。但当交通量很大，非机动车混入率高、视距条件又差时，其车速和通行能力则大大降低。所以，对混合行驶相互干扰较大的路段，可专设非机动车道和人行道，与机动车分离行驶。

2. 双幅多车道

四车道、六车道和八车道的公路，中间一般都设分隔带或做成分离式路基而构成"双幅"路。

这种类型的公路设计车速高、通行能力大，每条车道能担负的交通量比一条双车道公路还多，而且行车顺适、事故率低。我国《公路工程技术标准》(JTG B01—2003)中的高速公路和一级公路即属此类。

3. 单车道

对交通量小、地形复杂、工程艰巨的山区公路或地方性道路，可采用单车道，我国标准中的四级公路路基宽度为 4. 50 m、路面宽度为 3. 50 m 就属于此类。

(三)公路横断面的宽度

1. 公路路基宽度

路基宽度是指在一个横断面上两路肩外缘之间的宽度，一般是指行车道与路肩宽度之和，我国《公路工程技术标准》(JTG B01—2003)规定的各级公路的路基宽度如表 4-1、表 4-2 所示。

2. 行车道宽度

行车道是道路上供各种车辆行驶部分的总称，包括快车道和慢车道。行车道的宽度要根据车辆宽度、设计交通量、交通组成和汽车行驶速度来确定。

行车道宽度直接影响着道路的通行能力、行车速度、行车安全、工程造价等方面。行车道宽度应该满足车辆行驶的需要，双车道公路应满足错车、超车行驶所必需的宽度，四车道公路应满足车辆并列行驶所需的宽度。

1)一般双车道公路行车道宽度的确定

双车道公路有两条车道，每一条车道宽度包括汽车宽度和安全宽度(余宽)。根据规定，设计车辆宽度为 2. 5 m，加错车、超车所必需的余宽来确定行车道的宽度。安全宽度因车速和交通量的大小而异，要想确定一个完全合理的数值是不容易的，可采用试验的方法结合使用经验来确定。

表 4-1　整体式路基宽度

公路等级		高速公路							
设计速度(km/h)		120			100			80	
车道数		8	6	4	8	6	4	6	4
路基宽度(m)	一般值	42.00	34.50	28.00	41.00	33.50	26.00	32.00	24.50
	最小值	40.00	—	25.00	38.50	—	23.50	—	21.50

公路等级		一级公路				
设计速度(km/h)		100		80		60
车道数		6	4	6	4	4
路基宽度(m)	一般值	33.50	26.00	32.00	24.50	23.00
	最小值	—	23.50	—	21.50	20.00

公路等级		二级公路		三级公路		四级公路	
设计速度(km/h)		80	60	40	30	20	
车道数		2	2	2	2	2 或 1	
路基宽度(m)	一般值	12.00	10.00	8.50	7.50	6.50(双车道)	4.50(单车道)
	最小值	10.00	8.50	—	—		

表 4-2　高速公路、一级公路分离体式路基宽度

公路等级		高速公路							
设计速度(km/h)		120			100			80	
车道数		8	6	4	8	6	4	6	4
路基宽度(m)	一般值	22.00	17.00	13.75	21.75	16.75	13.00	16.00	12.25
	最小值	—	—	13.25	—	—	12.50	—	11.25

公路等级		一级公路				
设计速度(km/h)		100		80		60
车道数		6	4	6	4	4
路基宽度(m)	一般值	16.75	13.00	16.00	12.25	11.25
	最小值	—	12.50	—	11.25	10.25

注:1. 八车道的内侧车道宽度如采用 3.50 m,相应路基宽度可减少 0.25 m。

2. 表中所列一般值为正常情况下的采用值,最小值为条件受限制时可采用的值。

安全宽度是指对向行驶时两车箱之间的安全间隙、汽车轮胎至路面边缘的安全距离,如图 4-3 所示。

双车道公路每一条单向行驶的车道宽度可用下式计算

$$B_{单} = \frac{a + c}{2} + x + y \quad (4\text{-}1)$$

两条车道

$$B_{双} = a + c + 2x + 2y \quad (4\text{-}2)$$

式中　a——车箱宽度，m；

c——汽车轮距，m；

$2x$——两车箱安全间隙，m；

y——轮胎与路面边缘之间的安全距离，m。

根据大量试验观测，得出计算 x、y 的经验公式为

$$x = y = 0.50 + 0.005V \quad (4\text{-}3)$$

式中　V——行车速度，km/h。

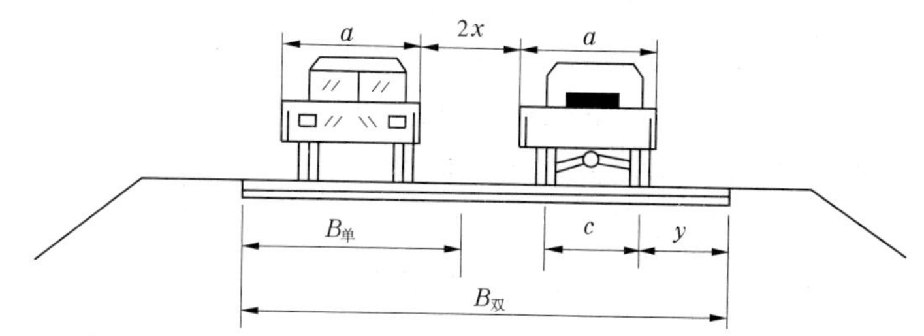

图 4-3　双车道公路的行车道宽度

由式(4-3)可知，行车道的安全宽度与车速有关，此外还与路侧环境、司机心理、车辆状况等有关。当计算行车速度为 120 km/h 时，取一条车道的宽度为 3.75 m 是合适的。对车速较低、交通量不大的公路可取较小的宽度，双车道公路行车道宽度视等级一般取 7.5 m、7.0 m、6.5 m、6.0 m，见表 4-3。

表 4-3　各级公路行车道宽度

公路等级	高速公路、一级公路					
设计速度(km/h)	120、100			80		60
车道数	8	6	4	6	4	4
行车道宽度(m)	2×15.0	2×11.25	2×7.5	2×11.25	2×7.5	2×7.0

公路等级	二、三、四级公路				
设计速度(km/h)	80	60	40	30	20
车道数	2	2	2	2	1 或 2
行车道宽度(m)	7.5	7.0	7.0	6.5	3.0 或 6.0

2)有中央分隔带的行车道宽度

高速公路、一级公路有四条以上的车道，一般设置中央分隔带。分隔带两侧的行车道只有同向行驶的汽车，如图 4-4 所示。

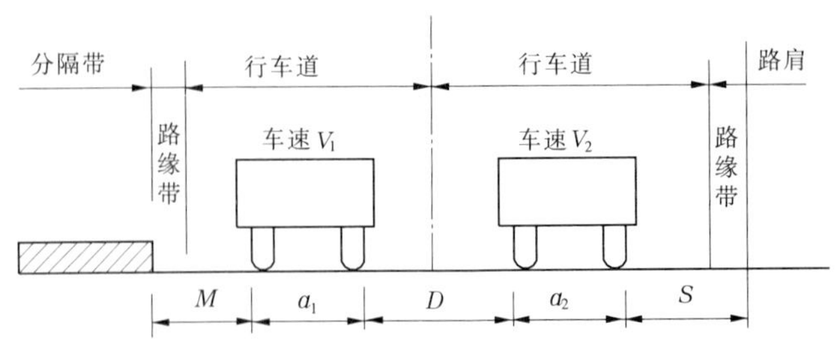

图 4-4　有中央分隔带的行车道宽度

车速、交通组成和大型车的混入率对行车道宽度的确定有较大的影响。根据实地观测，得出下列关系式

$$S = 0.0103V_2 + 0.56 \tag{4-4}$$

$$D = 0.000066(V_1^2 - V_2^2) + 1.49 \tag{4-5}$$

$$M = 0.0103V_1 + 0.46 \tag{4-6}$$

式中　S——后轮外缘与车道外侧之间的安全间隙，m；

D——两汽车后轮外缘之间的安全间隙，m；

M——后轮外缘与车道内侧之间的安全间隙，m；

V_1、V_2——超车与被超车的车速，km/h。

则单侧行车道宽度为

$$B = S + D + M + a_1 + a_2 \tag{4-7}$$

式中　a_1、a_2——汽车后轮外缘间距，对于普通车 $a = 1.60$ m，大型车 $a = 2.30$ m。

根据式(4-7)计算结果得出下列结论：计算行车速度 $V = 120$ km/h 时，每条车道的宽度均采用 3.75 m；当 $V = 100$ km/h，且交通量大和大型车混入率高时，内侧车道应为 3.75 m，外侧车道可采用 3.75 m 或 3.50 m。

当高速公路的交通量超过四个车道的容量时，其车道数可按双数增加。

3. 路肩宽度

路肩是位于行车道外缘至路基边缘，具有一定宽度的带状结构部分(包括硬路肩与土路肩)，各级公路都要设置路肩。

1) 路肩的作用

(1) 支挡作用。由于路肩紧靠在路面的两侧设置，具有保护及支撑路面结构的作用。

(2) 供临时停车或堆料。供发生故障的车辆临时停放之用，有利于防止交通事故和避免交通紊乱。

(3) 增加有效行车道宽度。作为侧向余宽的一部分，能增进驾驶的安全感和舒适感，这对保证设计车速是必要的，尤其在挖方路段，还可以增加弯道视距，减少行车事故。

(4) 为设置其他设施(如护墙、护栏、绿化、杆线、管线等)及道路养护作业提供场地。对未设人行道的道路，可供行人及非机动车等使用。

(5) 精心养护的路肩，能增加公路的美观。

(6) 使雨水能够在远离行车道的位置排放，减少行车道雨水渗透及路面损坏。

2)路肩宽度

路肩通常由右侧路缘带(高速公路和一级公路才设置)、硬路肩和土路肩三部分组成。硬路肩是指进行了铺装的路肩,它可以承受汽车荷载的作用力,在混合交通的公路上便于非机动车、行人通行。在填方路段,为使路肩能汇集路面积水,在路肩边缘应设置缘石。土路肩是指不加铺装的土质路肩,它起保护路面和路基的作用,并提供侧向余宽。

各级公路都必须在车行道右侧设置路肩,称为右侧路肩。右侧路肩宽度见表4-4。

表4-4　各级公路右侧路肩宽度

设计速度(km/h)		高速公路、一级公路				二级、三级、四级公路				
		120	100	80	60	80	60	40	30	20
右侧硬路肩宽度(m)	一般值	3.00 (3.50)	3.00	2.50	2.50	1.50	0.75	—	—	—
	最小值	3.00	2.50	1.50	1.50	0.75	0.25			
右侧土路肩宽度(m)	一般值	0.75	0.75	0.75	0.50	0.75	0.75	0.75	0.50	0.25(双车道) 0.50(单车道)
	最小值	0.75	0.75	0.75	0.50	0.50	0.50			

注:一般值为正常情况下的采用值,最小值为条件受限制时可采用的值。

对于高速公路、一级公路,当采用分离式断面或宽度>4.5 m的中间带时,行车道左侧应设硬路肩,左侧路肩宽度见表4-5。左侧路肩内含左侧路缘带,其宽度为0.50 m。

表4-5　高速公路、一级公路左侧路肩宽度

设计速度(km/h)	120	100	80	60
左侧硬路肩宽度(m)	1.25	1.00	0.75	0.75
左侧土路肩宽度(m)	0.75	0.75	0.75	0.50

4. 中间带宽度

中间带是设置在高速公路、一级公路中间,两个不同行驶方向行车道之间的地带。中间带由中央分隔带及两条左侧路缘带组成,见图4-5。

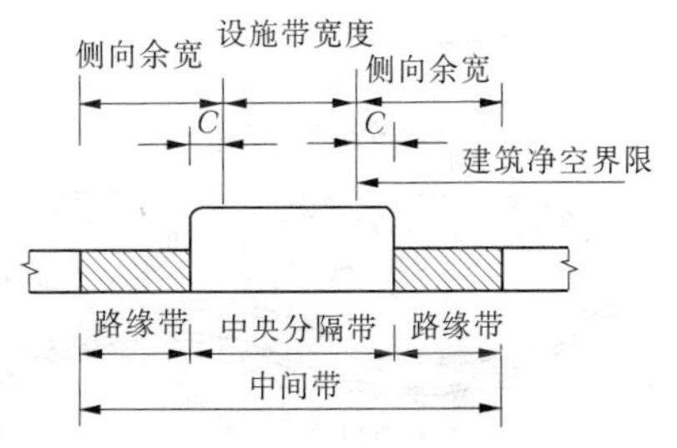

图4-5　中间带组成

1)中间带的作用

(1)将上、下行车流分开,既可防止因快车驶入对向行车道造成车祸,又能减小公路中心线附近的交通阻力,从而提高通行能力。

(2)可作为设置公路标志牌及其他交通管理设施的场地,也可作为行人的安全岛使用。

(3)设置一定宽度的中间带并种植花草灌木或设置防眩网,可防止对向车辆灯光眩目,还可起到美化路容和环境的作用。

(4)设于分隔带两侧的路缘带,由于有一定宽度且颜色醒目,既引导驾驶员视线,又增加行车所必需的侧向余宽,从而提高行车的安全性和舒适性。

2) 中间带的宽度

我国规范规定的最小中间带宽度随公路等级、地形条件变化为2.50～4.50 m，特殊情况下可减至2.00 m，见表4-6。

表4-6　中间带宽度表

设计速度(km/h)		120	100	80	60
中央分隔带宽度(m)	一般值	3.00	2.00	2.00	2.00
	最小值	1.00	1.00	1.00	1.00
左侧路缘带宽度(m)	一般值	0.75	0.75	0.50	0.50
	最小值	0.75	0.50	0.50	0.50
中间带宽度(m)	一般值	4.50	3.50	3.00	3.00
	最小值	2.50	2.00	2.00	2.00

中间带的宽度一般情况下应保持等宽，当需要变宽时，在宽度变化的地点，应设置过渡段，过渡段以设在回旋线范围内为宜，其长度应与回旋线长度相等。宽度>4.50 m的中间带过渡段以设在半径较大的平曲线路段为宜，如图4-6所示。

中央分隔带的表面形式有凹型和凸型两种。凸型宽度较小，是公路的常见形式；凹型的宽度大于4.50 m，可采用4∶1～6∶1向中央倾斜的斜坡以利于排水。分隔带表面一般采用植草皮、栽灌木或铺面封闭。

中央分隔带应按一定距离设置开口，开口长度不宜大于40 m。开口应设置在通视条件良好的路段，若在曲线上设置，其曲线半径的超高值不应大于3%。开口端部的形状通常有半圆形和弹头形两种。宽度大于4.50 m的中间带开口端部宜采用弹头形，如图4-7所示。

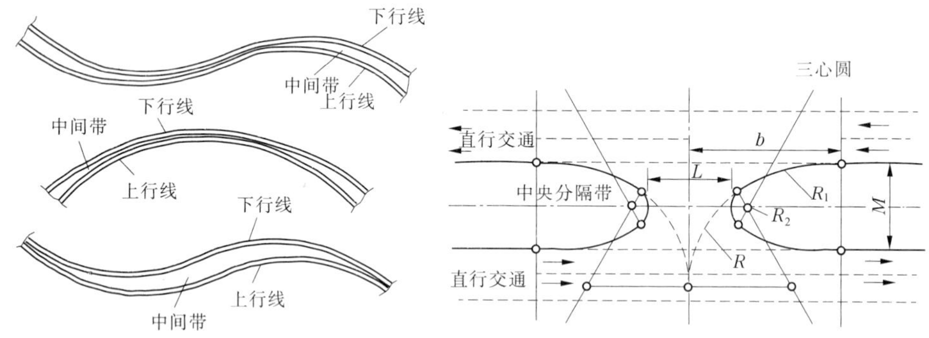

图4-6　宽度>4.50 m的中间带变宽过渡　　**图4-7　中间带开口**

5. 加(减)速车道

车辆由低等级公路进入高速公路、一级公路或由高等级公路驶出时，其行驶的速度发生改变，出现了高速公路入口处的加速合流与高速公路出口处的减速分流，从而造成行车不利。为保证其他车辆的正常行驶，在高速公路、一级公路的互通式立体交叉、服务区、停车区、公共汽车停靠站、管理与养护设施等与主线相衔接处，应设置加速车道或减速车道。

加(减)速车道宽度应为3.50 m。加(减)速车道的长度与速度变化范围、车辆特性等因素有关,可经计算确定,设计时可按规范要求实施。

6. 错车道

当四级公路路基宽度采用4.5 m时,应在相距不大于300 m范围内设置错车道。其目的是解决双向行车的错车。错车道应设在有利地点,使驾驶员能够看清相邻两错车道间的车辆,错车路段的路基宽度应≥6.5 m,有效长度应≥20 m,如图4-8所示。

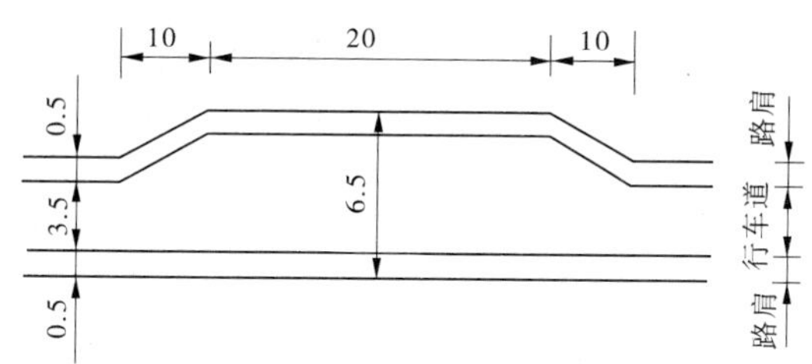

图4-8 错车道 (单位:m)

7. 紧急停车带

紧急停车带是车辆临时发生故障或其他原因紧急停车使用的临时停车地带。当硬路肩的宽度足以停车时,则无须设置紧急停车带。高速公路、一级公路的右侧硬路肩宽度小于2.50 m时,应设置紧急停车带。紧急停车带的间距不宜大于2 km,宽度一般为5.0 m,有效长度一般为50 m,并设置100 m或150 m左右的过渡段。高速公路、一级公路的特长桥梁、隧道,根据需要可设置紧急停车带,其间距不宜大于750 m。

二、路拱形式与路拱坡度

(一)路拱形式

为了利于路面横向排水,将路面做成由中央向两侧倾斜的拱形,称为路拱,其倾斜的大小以百分率表示。

路拱的形式有折线形、抛物线形、直线接抛物线形等。

(1)折线形路拱,包括单折线形和多折线形两种。其优点是路拱较简单,多折线形路拱由若干折线组成,横坡度变化较缓,对行车、排水均有利,且易分段施工;缺点是路中有尖峰。折线形路拱多用于刚性路面,如水泥混凝土路面或大型预制块铺装路面;也可用于区间窄路和单项排水的非机动车道。

(2)抛物线形路拱。这种路拱形式美观,线形圆顺,没有路中尖峰,路面中间部分坡度较小,两侧坡度较大,有利于雨水排除。但抛物线形路拱行车道中间部分横坡过于平缓,行车易集中,并且行车道上各部分横坡坡度不同,施工较困难。抛物线形路拱适用于路面宽度小于20 m的柔性路面,可根据路拱横坡度、排水要求和路宽的不同采用不同的方次。

(3)直线接抛物线形路拱。这种路拱两侧为直线,在行车道中心线附近加设不同方次的抛物线形。其优点是汽车轮胎同路面接触较均匀,路面磨耗也较小;缺点是排水效果不及抛物线形路拱。直线接抛物线形路拱适用于路面宽度大于20 m的柔性路面,也可用于交叉口渠化拓宽车道路段以便于和标准路面顺接。

(二)路拱、路肩的横坡度

1. 路拱横坡度

路拱横坡度主要是考虑路面排水的要求,路拱横坡度的大小与路面结构类型、路面宽度、自然降水条件有关。路面越粗糙,要求路拱坡度越大。但路拱坡度过大对行车不利,故路拱坡度应限制在一定范围内。

路拱对排水有利但对行车不利。路拱坡度所产生的水平分力增加了行车的不平稳。同时也给乘客以不舒适的感觉。当车辆在有水或潮湿的路面上制动时,还会增加侧向滑移的危险。为此,对路拱大小的采用及形状的设计应兼顾两方面的影响。对于不同类型的路面,根据其表面的平整度和透水性不同,再考虑当地的自然条件选用不同的路拱坡度,见表4-7。

表4-7　路拱坡度 (%)

路面类型	路拱坡度
沥青混凝土、水泥混凝土	1~2
其他沥青路面	1.5~2.5
半整齐石块	2~3
碎、砾石	2.5~3.5
低级路面	3~4

高速公路和一级公路由于其路面较宽,迅速排除路面降水尤为重要,所以当此种公路处于降雨强度较大的地区时应采用高值,在严重强度降雨地区时,路拱坡度可适当增大。

分离式路基,每侧行车道可设置双向路拱,这样对排除路面积水有利。在降水量不大的地区也可采用单向横坡,并向路基外侧倾斜,但在积雪冻融地区,应设置双向路拱。

2. 路肩横坡度

土路肩的排水性能远低于路面,其横坡度较路面宜增大1.0%~2.0%,硬路肩视具体情况(材料、宽度)可与路面同一横坡,也可稍大于路面。硬路肩宽度≥2.25 m时的曲线段的硬路肩横坡度应符合表4-8的规定。

表4-8　曲线外侧路肩坡度方向及坡度值

行车道超高值(%)	2、3、4、5	6、7	8、9、10
曲线外侧路肩坡度方向	向外侧倾斜	向外侧倾斜	向内侧倾斜
曲线外侧路肩坡度(%)	-2	-1	与行车道横坡相同

第二节　公路建筑限界与公路用地范围

一、公路建筑限界

(一)建筑限界

公路建筑限界又称公路净空,是为保证公路上各种车辆、行人的正常通行与安全,在一定的高度和宽度范围内不允许有任何障碍物侵入的空间界限。

建筑限界由净高和净宽两部分组成。在横断面设计时,公路标志、标牌、护栏、照明灯柱、电杆、行道树、桥墩、桥台等设施的任何部件不能侵入建筑限界之内。

1. 净高

一般载重汽车的装载高度规定不得超过 3. 5 m,外加 1. 0 m 的富余高度,净空高度为 4. 5 m。现代集装箱的设计高度有所增加,加之各种大型设备运输时有发生。再考虑到路面积雪和路面铺装在养路过程中不断加厚,所以高速公路、一级公路、二级公路的净空高度规定为5. 0 m,三级公路、四级公路为4. 5 m。三级公路、四级公路的路面类型若设计为中级或低级路面,考虑到路面面层的改造提高,其净高可预留 20 cm。同一条公路应采用相同的净高。

人行道、自行车道与机动车道分开设置时,其净高一般为 2. 5 m。

2. 净宽

净宽是指在上述规定的净高范围内应保证的宽度,它包括行车带和路肩宽度。

规定的路肩宽度是在净空范围以内的,所以道路上的各种设施(护栏、标志牌等),应该设置在右路肩以外的保护性路肩上,而且必须保证其伸入部分在净高以上。

桥梁、隧道和高架公路为了降低造价须压缩净空,其压缩部分主要体现在侧向宽度上。但在桥梁、隧道中需设置人行道,且当人行道的宽度大于侧向宽度时,则其建筑限界应包括在所增加的宽度内。

各级公路的建筑限界规定如图 4-9 所示。

当设有加(减)速车道、应急停车带、爬坡车道、慢车道、错车道时,建筑限界应包括相应部分的宽度;八车道及八车道以上的高速公路(整体式),设置左侧硬路肩时,建筑限界应包括相应部分的宽度;桥梁、隧道设置检修道、人行道时,建筑限界应包括相应部分的宽度;检修道、人行道与行车道分开设置时,其净高一般为 2. 5 m。

(二)确定公路建筑限界边界线的原则

公路建筑限界的边界线依下列原则确定:

(1)上缘边界线,对于一般路拱路段,为一条水平线;对于设置超高的路段,是与超高横坡相平行的斜线,见图 4-10。

(2)两侧边界线,对于一般路拱路段,两侧边界线与水平线垂直,设置超高的路段,与超高横坡线垂直,见图 4-10。

二、公路用地范围

公路用地是指为修建、养护公路及其沿线设施而依照国家规定所征用的土地。公路用地是根据国家征用土地的法规征购的。征购土地量是依据路线的技术条件确定的,同时考虑名胜古迹保护和环境保护要求,以及因征用土地对附近工矿企业、农牧业的发展、商业活动、人民生活和社会交往所产生的影响。

修建道路和养护道路以及布置道路的各种设施都需要占用土地,这些土地的征用必须遵照国家的有关政策办理,既要满足确实因建设需要必须使用的地幅,又要精打细算,充分考虑我国珍贵的土地资源,尽可能从设计和施工等方面节省每一寸土地。

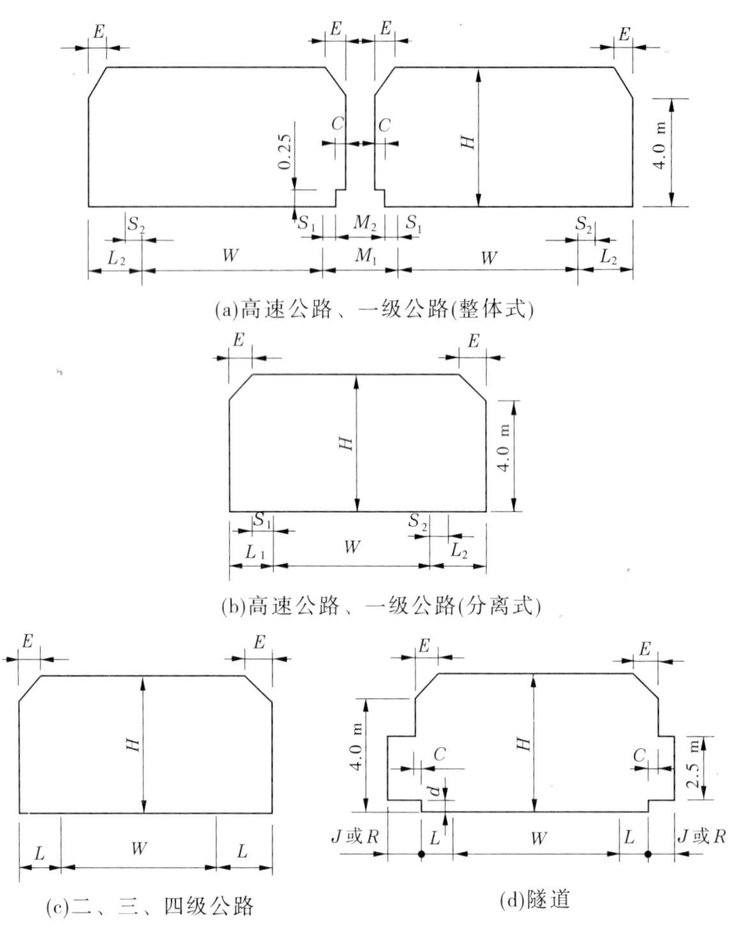

(a)高速公路、一级公路(整体式)

(b)高速公路、一级公路(分离式)

(c)二、三、四级公路

(d)隧道

W—行车道宽度;C—当设计速度大于 100 km/h 时为 0.5 m,小于或等于 100 km/h 时为 0.25 m;L_1—左侧硬路肩宽度;L_2—右侧硬路肩宽度;S_1—左侧路缘带宽度;S_2—右侧路缘带宽度;M_1—中间带宽度;M_2—中央分隔带宽度;J—隧道内检修道宽度;R—隧道内人行道宽度;d—隧道内检修道或人行道高度;E—建筑限界顶角宽度,当 $L \leq 1$ m 时,$E = L$;当 $L > 1$ m 时,$E = 1$ m;H—净高;L—侧向宽度,高速公路、一级公路的侧向宽度为硬路肩宽度(L_1 或 L_2),其他各级公路的侧向宽度为路肩宽度减去 0.25 m。

图 4-9　建筑限界

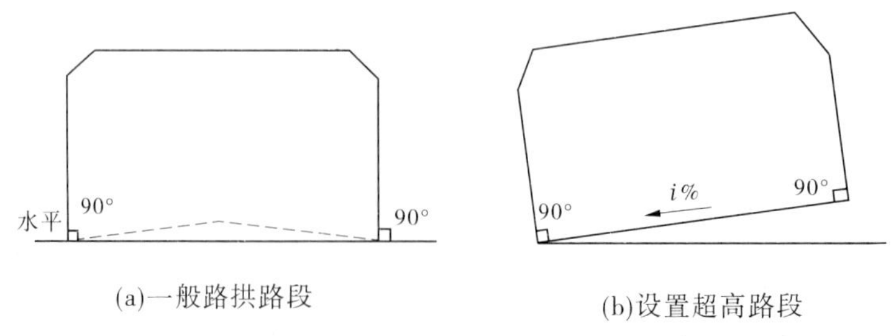

(a)一般路拱路段

(b)设置超高路段

图 4-10　建筑限界的边界划定

根据《中华人民共和国公路法》的规定,公路用地的具体范围由县级以上人民政府确定。在公路用地范围内,不得修建非路用房屋、开挖渠道及其他设施。

规定的公路用地范围为:

(1)新建公路路堤两侧排水沟外边缘(无排水沟时为路堤或护坡道坡脚)以外,或路堑坡顶截水沟外边缘(无截水沟为坡顶)以外不小于1 m的土地为公路用地范围。在有条件的地段,高速公路、一级公路不小于3 m,二级公路不小于2 m的土地为公路用地范围。

(2)高填深挖路段,可能会因取土、弃土以及在路基的开挖填筑和养护过程中占用更多的土地,加之路基可能产生的沉陷、变形等原因,所以在这种地段应根据计算确定用地范围。

(3)在风沙、雪害及特殊地质地带,应根据需要确定设置防护林、种植固沙植物、安装防沙或防雪栅栏以及设置反压护道等设施所需的用地范围。

(4)公路沿线设施及路用房屋、料场、苗圃等,应在节约用地的原则下,尽量利用荒山或荒坡地,并根据实际需要确定用地范围。

(5)行道树应种植在排水沟或截水沟外侧的公路用地范围内。有条件或根据环保要求种植多行林带的路段,应根据具体情况确定公路用地范围。

(6)改建公路可参考新建公路用地范围规定执行。

第三节 路基边坡

路基边坡即路肩的外边缘与坡脚(路堑则为边沟外侧沟底与坡顶)所构成的坡面,是支撑路基主体的重要组成部分。路基边坡的坡度,一般用边坡的高度与宽度的比值来表示,如1∶0.5、1∶1、1∶1.5、1∶1.75等。

路基边坡坡度的大小,直接影响路基的稳定性和工程数量。坡度大,稳定性差,工程数量少,但坡度过大,边坡易产生滑塌等病害;坡度小,稳定性好,但工程数量大。因此,正确合理地确定边坡坡度,是公路横断面设计的主要内容之一。

路基边坡坡度的确定,取决于边坡的高度和土壤的性质,而且与当地的气候、水文地质等自然因素有关。一般路基的边坡坡度,可根据实践经验和设计规范推荐的数值采用,设计时必须全面考虑,力求合理。

一、路堤边坡

路堤的边坡坡度应根据填料的物理力学性质、气候条件、边坡高度以及基底的工程地质和水文条件进行合理的选定。

(一)填土路堤边坡

地质条件良好、边坡高度不大于20 m时,边坡坡度不宜陡于表4-9的规定值。边坡高度大于20 m的路堤,边坡形式宜采用阶梯形,坡度宜进行稳定性分析计算确定,部分边坡应进行单独设计。

浸水路堤在设计水位以下部分的边坡坡度不宜陡于1∶1.75。

为了便于汽车在必要时驶下公路进行疏散,在平原微丘区高度不超过1.0 m的路堤,如用地条件许可,可采用不陡于1:3的边坡。

表 4-9 路堤边坡坡度

填料类别	边坡坡度	
	上部高度(H≤8 m)	下部高度(H≤12 m)
细粒土	1:1.5	1:1.75
粗粒土	1:1.5	1:1.75
巨粒土	1:1.3	1:1.50

当公路沿线有大量天然石料或路堑开挖的废石方时,可用以填筑路堤。填石路堤的边坡坡度应根据填石料种类、边坡高度和基底的地质条件确定。在路堤基底良好时,填石路堤边坡坡度不宜陡于表4-10的规定。当采用易风化的岩石填筑路堤时,边坡坡度应按土质路堤边坡设计。当路基全部采用25 cm左右的石块砌筑,且边坡采用码砌的路堤时,其边坡坡度应根据具体情况确定,亦可参考表4-10采用。

表 4-10 填石路堤边坡坡度

填石料种类	边坡高度(m)			边坡坡度	
	全部高度	上部高度	下部高度	上部坡度	下部坡度
硬质岩石	20	8	12	1:1.1	1:1.3
中硬岩石	20	8	12	1:1.3	1:1.5
软质岩石	20	8	12	1:1.5	1:1.75

(二)砌石路堤边坡

陡坡上的路基填方可采用砌石方式,砌石应选用当地不易风化的片石、块石砌筑;岩石风化严重或软质岩石路段不宜采用砌石路基。砌石顶宽不小于0.8 m,基底面向内倾斜,砌石高度不宜超过15 m。砌石内、外坡坡度不宜大于表4-11的规定值。

表 4-11 砌石边坡坡度

序号	砌石高度(m)	内边坡度	外坡坡度
1	≤5	1:0.3	1:0.50
2	≤10	1:0.5	1:0.67
3	≤15	1:0.6	1:0.75

二、路堑边坡

路堑是从天然地表上开挖出来的路基结构物,设计路堑边坡时,首先应从地貌和地质构造上判断其整体稳定性。

(一)土质路堑边坡

土质路堑边坡形式及坡度应根据工程地质条件、边坡高度、排水措施、施工方法,并结合自然稳定和人工边坡的调查及力学分析综合确定。当边坡高度不大于 20 m 时,边坡坡度不宜大于表 4-12 的规定值;当边坡高度大于 20 m 时,应进行单独勘察设计。

表 4-12 土质路堑边坡坡度

土的类别		边坡坡度
黏土、粉质黏土、塑性指数大于 3 的粉土		1:1
中密以上的中砂、粗砂、砾砂		1:1.5
卵石土、碎石土、圆砾土、角砾土	胶结和密实	1:0.75
	中密	1:1

注:黄土、红黏土、高液限土、膨胀土等特殊土质挖方边坡形式及坡度应按有关规定确定。

(二)岩质路堑边坡

岩质路堑边坡形式及坡度应根据工程地质与水文地质条件、边坡高度、施工方法,并结合自然稳定和人工边坡的调查综合确定。必要时可采用稳定性分析方法予以验算。边坡高度不大于 30 m 且无外倾软弱结构面时,边坡坡度按表 4-13 确定。

表 4-13 岩质路堑边坡坡度

边坡岩体类型	风化程度	边坡坡度	
		$H<20$ m	15 m$\leqslant H<30$ m
Ⅰ类	未风化、微风化	1:0.1～1:0.3	1:0.1～1:0.3
	弱风化	1:0.1～1:0.3	1:0.3～1:0.5
Ⅱ类	未风化、微风化	1:0.1～1:0.3	1:0.3～1:0.5
	弱风化	1:0.1～1:0.5	1:0.5～1:0.75
Ⅲ类	未风化、微风化	1:0.3～1:0.5	—
	弱风化	1:0.5～1:0.75	—
Ⅳ类	弱风化	1:0.5～1:1	—
	弱风化	1:0.75～1:1	—

注:有可靠的资料和经验时,可不受本表限制;Ⅳ类强风化包括各类风化程度的极软岩。

对于有外倾软弱结构面的岩质边坡、坡顶边缘有较大荷载的边坡、边坡高度超过规定范围的边坡,边坡坡度应通过稳定性分析计算确定。硬质岩石挖方路基宜采用光面、顶裂爆破技术。边坡高度大于 20 m 的软弱松散岩质路堑,宜采用分层开挖、分层防护和坡脚预加固技术。岩石挖方边坡高度大于 30 m 时,部分边坡应进行高边坡单独处理设计。

三、边坡防护与处理

为防止水流及其他因素对路堤或路堑边坡的危害，保证路基边坡的稳定性，应根据当地的具体条件和工作特点，分别采取以下防护与加固措施，并应考虑与当地环境协调，注意生态保护与美化环境。

(1)在坡面上种草、铺草皮、种植灌木等。

(2)在高路堤路肩边缘处加设小土埂，每隔 30 ~ 50 m 处设断口做急流槽排水。

(3)有地下水或地表水危害边坡稳定时，可设置边坡渗沟或截水沟。

(4)为防止岩质边坡坡面风化、剥落，可采取勾缝、喷浆、抹面或局部护砌等措施。

(5)边坡坡度较陡或可能受到流水冲刷时，可设置各种类型的护坡、护墙等，常水位以下部分可采用土工织物加固边坡。

四、护坡道与碎落台

(一)护坡道

护坡道是为保护路堤坡脚不受流水侵蚀，保证边坡稳定，而在路基坡脚与取土坑内侧坡顶之间预留的 1 ~ 2 m 甚至 4 m 以上宽度的平台，见图 4-11。护坡道用以减缓路堤边坡的平均坡度，是保证路堤稳定的措施之一。一般情况下，当路堤填土高度小于或等于 2 m 时可不设护坡道；当路堤填土高度大于 2 m 时，应设置宽度为 1 m 的护坡道；当路堤填土高度大于 6 m 时，应设置宽度为 2 m 的护坡道。护坡道愈宽，愈有利于边坡稳定，但工程量随之增加。为利于排水，护坡道表面应做成向外侧倾斜 2% 的横坡。

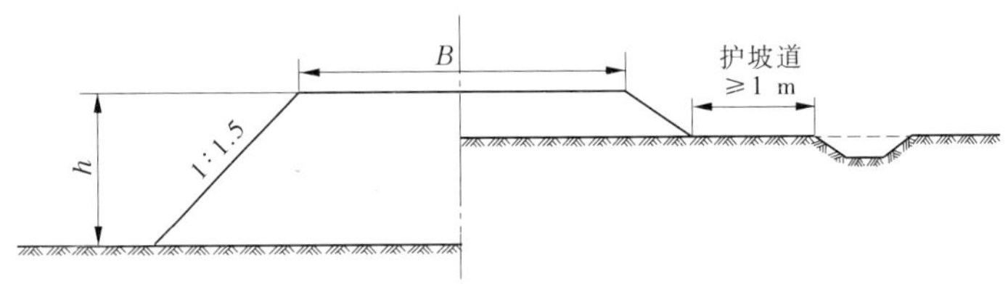

图 4-11　护坡道

(二)碎落台

碎落台是在路堑边坡坡脚与边沟外侧边缘之间或边坡上，为防止碎落物落入边沟而设置的具有一定宽度的纵向平台，见图 4-12。碎落台宽度应大于等于 1 m，可以起到临时堆积碎落的石块、保护边沟的作用，同时，还可以减小边坡平均坡度，保证边坡的稳定。

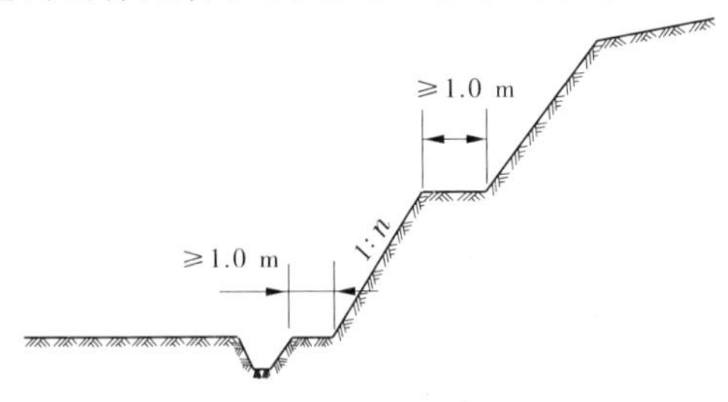

图 4-12　碎落台

第四节　横断面设计方法

一、公路路基典型横断面的形式

公路路线很长，在整条公路上可能出现不同的路基横断面形式。将设计中常采用的具有代表性的公路路基横断面称为典型横断面，见图 4-13。公路横断面是由横断面设计线和横断面地面线所构成的，地面线是自然的真实情况，是客观存在的；横断面设计线是设计的结果，是主观表达，应满足规范性、稳定性、经济性等要求。

公路横断面的断面形式可结合当地地形、地质、水文、填挖高度等情况进行布置。常用的公路路基典型横断面有路堤、路堑、半填半挖路基等几种。

（一）路堤

路堤是指高于原地面的填方路基。路堤包括一般路堤、矮路堤、高路堤、挖沟填筑路堤、浸水路堤（沿河路堤）、陡坡路堤、护脚路堤、吹（填）砂（粉煤灰）路堤等。

填土高度小于 1.0 m 的路堤称为矮路堤，在填土高度小于 0.5 m 时，为保证路基最小填土高度及顺利排水，应设置边沟。

填土高度大于 18 m（土质）或 20 m（石质）的路堤称为高路堤，为保证边坡稳定，应采用台阶式或折线形边坡。

填土高度小于 18 m（土质）或 20 m（石质）的路堤为一般路堤，如图 4-13（a）所示。

为满足平原区公路填土的需要，将路基两侧或一侧的边沟断面扩大成取土坑的路基称为挖沟填筑路堤。

沿河路堤指桥头引道和河滩路堤，路基的高度要考虑设计洪水位，如图 4-13（d）所示。路堤浸水部分边坡，除采用较缓和的坡度外，还可视水流情况采取加固防护措施。

在山区横坡较陡的路段上填筑的路基称为陡坡路堤。当填方坡脚过远，为避免多占耕地或减少拆迁，可采用如图 4-13（i）所示的护脚路堤。

吹（填）砂（或粉煤灰）路堤是指用砂或粉煤灰做填料的路堤，为了保护边坡稳定和植物生长，在填砂（或粉煤灰）路堤边坡表层 1 ~ 2 m 用黏质土填筑，路床顶面也可采用 0.3 ~ 0.5 m 粗粒土封闭，如图 4-13（j）所示。

（二）路堑

路堑是低于原地面的挖方路基，如图 4-13（b）所示。路堑段应设置边沟，边沟断面可根据土质情况采用梯形、矩形或三角形等。为拦截和排除上侧地表水，以保证边坡稳定，应在路堑坡顶 5 m 以外设置截水沟。

挖路堑所废弃的土石方，应弃置于下侧坡顶外至少 3 m 处，并做成规则形状的弃土堆。在挖方高度较大或土质变化处，边坡应随之做成折线形或台阶式，以保证稳定。

路堑横断面的形式除全挖式以外，还有台口式和半山洞式。

（三）半填半挖路基

当原地面横坡大，且路基较宽，在一个断面内，需一侧开挖、另一侧填筑时，为半填半挖路基，也称挖填结合路基，如图 4-13（c）所示。

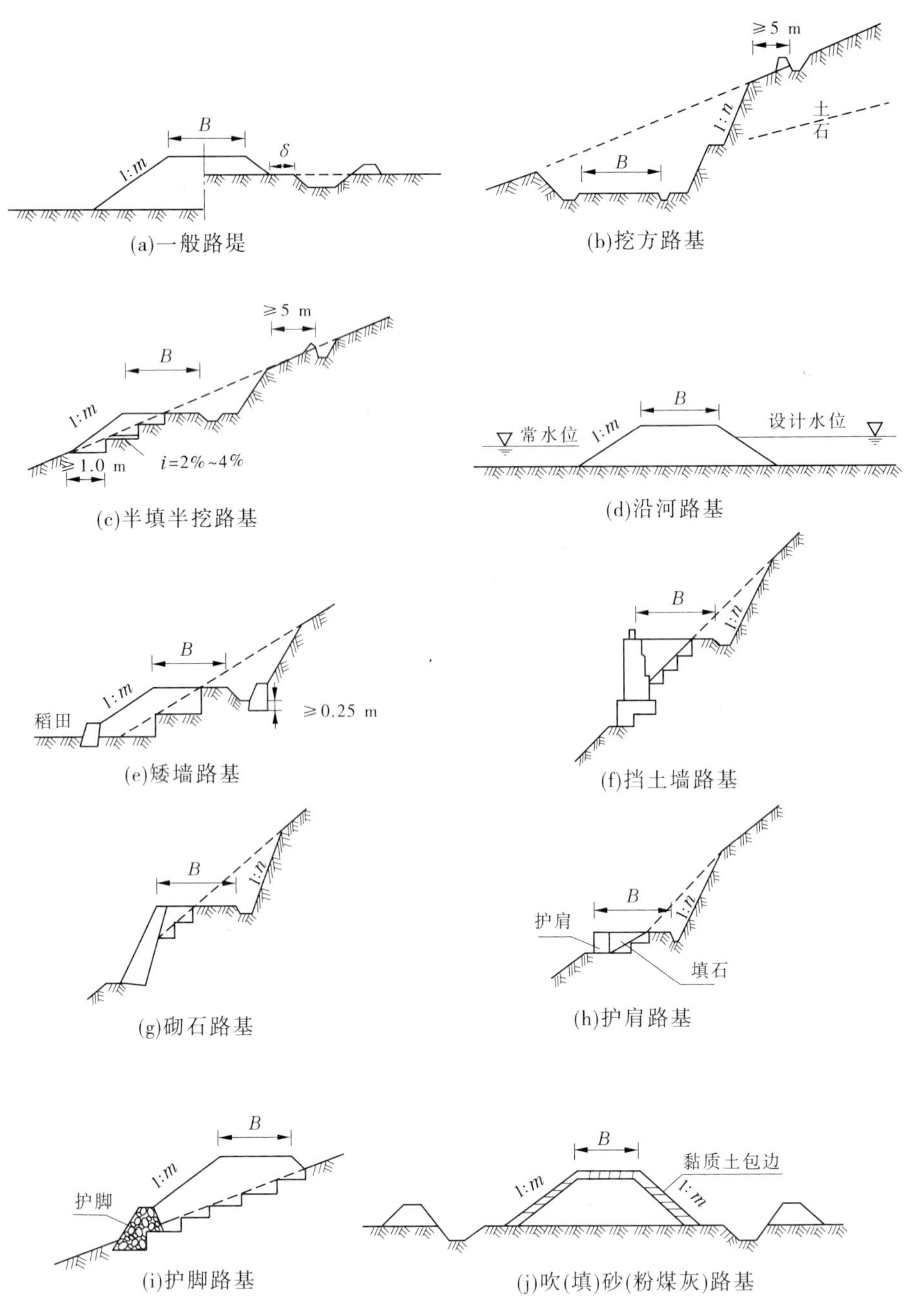

图 4-13　路基典型横断面

在山坡路段常采用半填半挖断面,以降低工程造价。该断面是路堤和路堑的结合形式,填方部分应按路堤的要求填筑,挖方部分应按路堑的要求设计。

当地面横坡较陡,填土高度不大但坡脚太远不宜填筑时,可采用护肩路基,如图 4-13(h)所示。当挖方边坡土质松散易产生碎落时,可采用矮墙路基,如图 4-13(e)所示,矮墙路基与护肩路基相似,但外墙的墙面坡度可采用 1∶0.3 ~ 1∶0.5。当挖方边坡地质不良可能发生滑塌时，可采用挡土墙等支挡工程。当地面横坡太陡，或填土高度较大坡脚难以填筑时，可采用挡土墙路基或砌石路基，如图 4-13(f)、(g)所示，砌石路基可用干砌片石或浆砌片石支挡构造物，能支挡填方稳定路基，它与挡土墙不同的是，砌体与路基几乎成为一个整体，而挡土墙不依靠路基也能独立稳定。

各种典型路基横断面要结合实际地形选用，且应以路基稳定、行车安全、经济适用为前提。

将公路沿线挖取土方填筑路基或作为养护材料所留下的整齐土坑，称为取土坑，如图 4-14所示；将开挖路基所废弃的土，按一定的规则形状堆放于公路沿线一定距离内，称为弃土堆，如图 4-15 所示。无论借土或取土，首先要选择合理的地点。首先应从土质、数量、占地及运输方面考虑选点；其次还要结合农田水利、改地造田、少占农田、维护自然生态平衡等方面综合选点，从而做到“借之有利，弃之无害”。

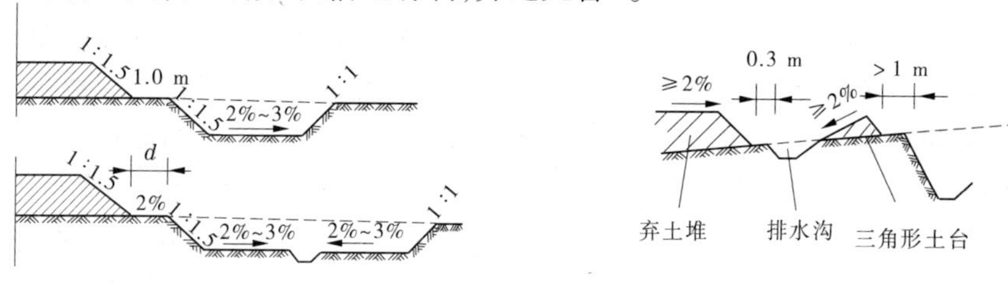

图 4-14　取土坑布置

图 4-15　弃土堆布置

二、公路横断面设计方法与步骤

(一)横断面设计基本要求

路基横断面是支承路面、形成连续行车道的带状结构物，它既要承受路面传来的车辆荷载，又要承受自然因素的作用。因此，路基横断面的设计应使道路横断面布置及其几何尺寸满足交通、环境、用地等要求，同时应满足以下几点：

(1)路基的结构设计应根据使用要求和当地自然条件(包括地质、水文和材料情况)，并结合施工条件进行。路基既应有足够的强度和稳定性，又要经济合理。

(2)路基的断面形式和尺寸应根据公路等级、设计标准和设计任务书的规定以及道路的使用要求，结合具体条件确定。一般路基可参照典型横断面进行设计，特殊路基则应进行单独计算设计。

(3)路基设计应兼顾当地农田基本建设的需要，在弃土、取土坑设置、排水设计等方面应与农田水利、灌溉沟渠等配合，尽量减少废土占地，防止水土流失和淤塞河道。

(二)横断面设计的方法与步骤

横断面设计方法俗称“戴帽子”，即在横断面测量所得各桩号的横断面地面线上，按纵断面设计确定的填挖高度和平面设计确定的路基宽度、超高、加宽值，结合当地的地形、地质等自然条件，参考典型横断面图式，逐桩号绘出横断面图；对采用挡土墙、护坡等结构物的路段，所采用结构物应绘于相应的横断面图上，并注明其起讫桩号、圬工种类和断面的尺寸，结构物的尺寸要根据土压力的大小，经稳定性验算确定。

公路横断面设计步骤如下：

(1)逐桩绘制横断面地面线。地面线是在现场测绘的,若是纸上定线,可从大比例尺的地形图上内插获得。各断面按桩号在图纸上应按从左到右、从下到上顺序排列,横断面图的比例尺一般是1∶200。

(2)绘出设计高程线。从“路基设计表”中抄入路基中心填挖高度,由中桩地面点量出填挖高度,画一条水平线,即为设计高程线。对于设置超高和加宽的曲线路段,还应抄入超高和加宽的相应数据。

(3)绘出路基边坡线及加固设施的断面图。根据现场调查所得来的土壤、地质、水文等资料,参照“标准横断面图”,画出路幅宽度,填或挖的边坡坡线,在需要设置各种支挡工程和防护工程的地方画出该工程结构的断面示意图。

(4)根据综合排水设计,画出路基边沟、截水沟、排灌渠等的位置和断面形式。必要时须注明各部分尺寸。此外,对于取土坑、弃土堆、绿化等也尽可能画出。

(5)分别计算各桩号断面的填方面积(A_T)、挖方面积(A_W),并标注于图上。

上面所介绍的横断面设计方法,仅限于在“标准横断面图”范围以内的那些断面,其操作比较机械,所以形象化地称为“戴帽子”。对特殊情况下的横断面,则必须按照路基课程中所讲述的原理和方法进行特殊设计,绘图比例尺也应按需要采用。

目前,利用计算机辅助设计已非常普遍,不但可以准确绘制横断面图,还能自动计算横断面面积,大大提高了绘图工作的质量和效率,是横断面设计的理想手段。

第五节　路基土石方数量计算及调配

在公路工程中,路基土石方数量很大,它是公路设计和路线方案比较的主要技术经济指标,直接影响到公路建设的造价、工期、用地等。

土石方数量计算与调配的主要任务是计算每千米路段的土石方数量和全线总土石方工程数量,合理调配挖方的利用和填方的来源及运距,为编制工程概预算、确定合理的施工方案以及计量支付提供依据。

地面形状是很复杂的,填挖方不是简单的几何体,所以其计算只能是近似的,计算的精确度取决于中桩间距、测绘横断面时采点的密度和计算公式与实际情况的接近程度等。计算时应按工程的要求,在保证使用的前提下力求简化。横断面的面积以平方米(m^2)为单位,可取至小数点后一位,土石方的体积以立方米(m^3)为单位,可取至整数。

一、横断面面积计算

路基填挖的横断面面积是指断面图中原地面线与路基设计线所包围的面积,高于地面线者为填,低于地面线者为挖。实际计算时,两者应分别计算。常用的横断面面积计算方法有积距法、坐标法、几何图形法、混合法等。

(一)积距法

积距法的原理是将断面面积垂直划分为若干宽度相等的条块(梯形和三角形),因每一条块的宽度相等,所以在计算面积时,只需要取每个小条块的平均高度乘以条块宽度即可,则横断面面积就等于各小条块面积之和。

如图 4-16 所示，将断面按单位横宽划分为若干个梯形与三角形条块，每个小条块的近似面积为

$$A_i = bh_i \tag{4-8}$$

则横断面面积为

$$A = bh_1 + bh_2 + bh_3 + \cdots + bh_n = b\sum h_i \tag{4-9}$$

积距法求面积是在实际操作中转化为量取 h_i 的累加值。可以用卡规按顺序由左到右逐一量取各条块的中心高度，计算其累加值 $\sum h_i$，再乘以条块宽度即得横断面面积。当条块宽度 $b = 1$ m 时，则面积 A 在数值上就等于各小条块平均高度之和 $\sum h_i$。当面积较大、卡规张度不够用时，也可用厘米方格纸折成窄条代替卡规量取积距。用积距法计算面积简单、迅速。若地面线较顺直，也可以增大 b 的数值，若要进一步提高精度，可增加测量次数，最后取其平均值。

（二）坐标法

如图 4-17 所示，若已知断面图上各转折点坐标 (x_i, y_i)，则由解析几何可得断面面积计算公式为

$$A = \frac{1}{2}\sum_{i=1}^{n}(x_i y_{i+1} - x_{i+1} y_i) \tag{4-10}$$

坐标法的精度较高，适宜于用计算机计算。

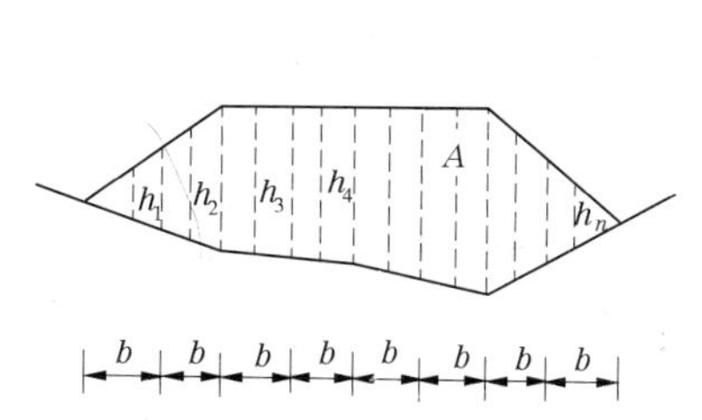

图 4-16　积距法计算面积

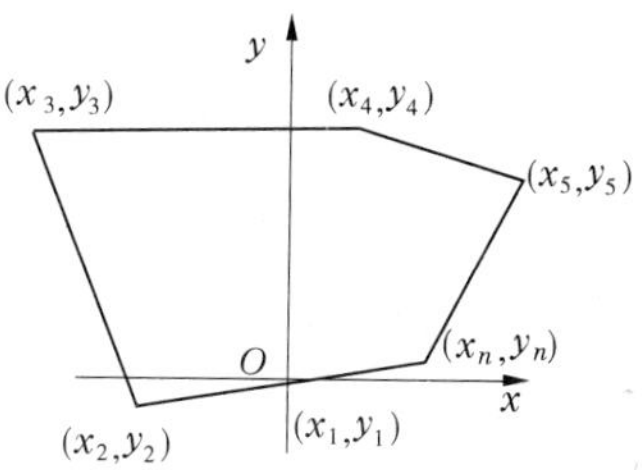

图 4-17　坐标法计算面积

（三）几何图形法

当横断面的地面线较规则且横断面面积较大时，可将路基横断面分为几个规则的几何图形分别计算各图形面积后相加得到总面积。

（四）混合法

混合法是积距法与几何图形法的综合，目的是可以方便求解一个较大的横断面面积，加快计算速度。

二、土石方数量计算

路基土石方计算工作量较大，加之路基填挖变化的不规则性，要精确计算土石方体积是十分困难的，在工程上通常采用近似方法计算。

（一）平均断面法

若相邻两断面均为填方或均为挖方且面积大小相近，则可假定断面之间为一棱柱体（见图 4-18），其体积的计算公式为

$$V = \frac{1}{2}(A_1 + A_2)L \tag{4-11}$$

式中 V——体积，即土石方数量，m^3；

A_1、A_2——相邻两断面的面积，m^2；

L——相邻断面之间的距离，m。

此法计算简易，较为常用，一般称为平均断面法。公路上常采用平均断面法计算，但其精度较差，只有当 A_1、A_2 相差不大时才较准确。

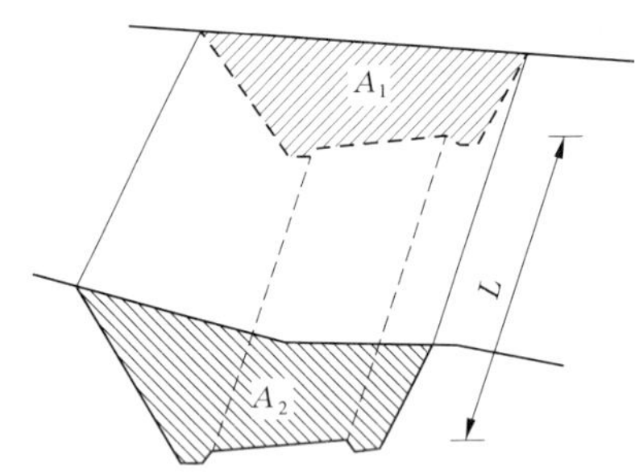

图 4-18 平均断面法

（二）棱台体积法

若 A_1 和 A_2 相差甚大，则与棱台更为接近，可按棱台体公式计算。其计算公式为

$$V = \frac{1}{3}(A_1 + A_2)L(1 + \frac{\sqrt{m}}{1 + m}) \tag{4-12}$$

式中 $m = A_1/A_2$，其中 $A_1 < A_2$。

棱台法的计算精度较高，应尽量采用，特别是用计算机计算时。

计算路基土石方体积时，应注意以下几个问题：

（1）应分别计算填、挖方面积。

（2）填方和挖方的土石方体积也应分别计算，因为其工程造价不同。挖方断面的土石方比例可按该桩号所对应的横断面并结合公路外业勘测的相关资料估计土石方所占的百分率分别统计。当对填方断面无特殊要求时，可不作考虑，以简化计算。但若填土或填石相对明确时，则应分别考虑。

（3）换土、挖淤泥或挖台阶等部分应计算挖方工程量，同时还应计算填方工程量。

（4）用上述方法计算的土石方体积中，包含了路面体积。若所设计的纵断面有填有挖且基本平衡，则填方断面中多计的路面面积与挖方断面中少计的路面面积相互抵消，其总体积与实施体积相差不大。但若路基以填方为主或以挖方为主，则在计算断面面积时应将路面部分计入，也就是填方要扣除、挖方要增加路面所占的那一部分面积，特别是路面厚度较大时更不能忽略。

（5）计算路基土石方数量时，应扣除大、中桥及隧道所占路线长度的体积；桥头引道的土石方，可视需要全部或部分列入桥梁工程项目中，但应注意不要遗漏或重复；小桥涵所占的体积一般可不扣除。

（6）路基工程中的挖方按天然密实方体积计算，填方按压实后的体积计算，各级公路在土石方调配时注意换算。

三、路基土石方调配

土石方调配的目的是确定填方用土的来源、挖方弃土的去向,以及计价土石方的数量和运量等。通过调配,合理地解决各路段土石方平衡与利用问题,使从路堑挖出的土石方,在经济合理的调运条件下移挖作填,达到填方有所“取”,挖方有所“用”,避免不必要的路外借土和弃土,以减少占用耕地和降低公路造价。

(一)土石方调配原则

(1)在半填半挖的断面中,应首先考虑在本路段内移挖作填进行横向平衡,多余的土石方再作纵向调配,以减少总的运量。

(2)土石方调配应考虑桥涵位置对施工运输的影响,一般大沟不作跨越运输,同时应注意施工的可能与方便,尽可能避免和减少上坡运土。

(3)为使调配合理,必须根据地形情况和施工条件,选用适当的运输方式,确定合理的经济运距,用以分析工程用土是调运还是外借。

(4)土方调配“移挖作填”固然要考虑经济运距问题,但这不是唯一的指标,还要综合考虑弃方和借方的占地,赔偿青苗损失及对农业生产影响等。有时路堑的挖方纵调作路堤的填方,虽然运距超出一些,运输费用可能高一些,但如能少占地、少影响农业生产,这样,对整体来说未必是不经济的。

(5)不同的土方和石方应根据工程需要分别进行调配,以保证路基稳定和人工构造物的材料供应。

(6)位于山坡上的回头曲线路段,要优先考虑上下线的土方竖向调运。

(7)对于借土和弃土的土方调配应事先同地方商量,妥善处理。借土应结合地形、农田规划等选择借土地点,并综合考虑借土还田、整地造田等措施。弃土应不占或少占耕地,在可能条件下宜将弃土平整为可耕地,防止乱弃乱堆,或堵塞河流,损害农田。

(二)土石方调配方法

土石方调配方法有多种,如累积曲线法、调配图法及土石方计算表调配法等,目前生产上多采用土石方计算表调配法,该法不需绘制累积曲线图与调配图,直接可在土石方表上进行调配,其优点是方法简捷,调配清晰,精度符合要求。该表也可由计算机自动完成。

具体调配步骤如下:

(1)土石方调配是在土石方数量计算与复核完毕的基础上进行的,调配前应将可能影响运输调配的桥涵位置、陡坡、大沟等标注在表旁,供调配时参考。

(2)弄清各桩号间路基填挖方情况,并作横向平衡,明确利用、填缺与挖余数量。计算并填写表中“本桩利用”、“填缺”、“挖余”各栏。然后按填挖方分别进行闭合核算

$$填方 = 本桩利用 + 填缺$$

$$挖方 = 本桩利用 + 挖余$$

(3)在作纵向调配前,应根据施工方法及可能采取的运输方式定出合理的经济运距,供土石方调配时参考。

(4)根据填缺挖余分布情况,结合路线纵坡和自然条件,本着技术经济和支农的原

则，具体拟订调配方案。方法是逐桩逐段地将毗邻路段的挖余就近纵向调运到填缺内加以利用，并把具体调运方向和数量用箭头标明在纵向利用调配栏中。

(5)经过纵向调配，如果仍有填缺或挖余，则应会同当地政府协商确定借土或弃土地点，然后将借土或弃土的数量和运距分别填注到借方或弃方栏内。

(6)土石方调配后，应按下式进行复核检查

横向调运＋纵向调运＋借方＝填方

横向调运＋纵向调运＋弃方＝挖方

挖方＋借方＝填方＋弃方

以上检查一般是逐页进行复核的，如有跨页调配，须将其数量考虑在内，通过复核可以发现调配与计算过程有无错误，经核证无误后，即可分别计算计价土石方数量、运量和运距等，为编制施工预算提供土石方工程数量。

(7)本千米调配完毕，应进行本千米合计，总闭合核算除上述以外，还有

(跨千米调入方)＋挖方＋借方＝(跨千米调出方)＋填方＋弃方

(8)土石方调配一般在本千米内进行，必要时也可跨千米调配，但需将调配的方向及数量分别注明，以免混淆。

(9)每千米土石方数量计算与调配完成后，须汇总列入“路基每千米土石方表”，并进行全线总计与核算。至此完成全部土石方计算与调配工作。

(三)土石方调配计算的几个问题

1. 平均运距

土方调配的运距是从挖方体积的重心到填方体积的重心之间的距离。在公路工程中为简化计算起见，这个距离可简单地按挖方断面间距中心至填方断面间距中心的距离计算，称平均运距。

2. 免费运距

土石方作业包括挖、装、运、卸等工序，在某一特定距离内，只按土石方数量计价而不计运费，这一特定的距离称为免费运距。施工方法的不同，其免费运距也不同，如人工运输的免费运距为20 m，铲运机运输的免费运距为100 m。

在纵向调配时，当其平均运距超过定额规定的免费运距时，应按其超运运距计算土石方运量。

3. 经济运距

填方用土来源，一是路上纵向调运，二是就近路外借土。一般情况用路堑挖方调去填筑距离较近的路堤还是比较经济的。但如调运的距离过长，以至于运价超过了在填方附近借土所需的费用，移挖作填就不如在路堤附近就地借土经济。因此，采用“借”还是“调”，有个限度距离问题，这个限度距离即所谓“经济运距”，其值按下式计算

$$L_{经} = \frac{B}{T} + L_{免} \tag{4-13}$$

式中 B——借土单价，元/m^3；

T——超运运费单价，元/(m^3·m)；

$L_{免}$——免费运距，m。

经济运距是确定借土或调运的界限，当调运距离小于经济运距时，采取纵向调运是经济的；反之，则可考虑就近借土。

4. 运量

土石方运量为平均运距与所运土石方数量的乘积。调配土石方时，超运运距的运土方另加计运费，故运量应按平均超运运距计。

在工程定额中，人工运输免费运距 20 m。人工运输的平均超运运距，按每 10 m 为一个运距单位，称之为"级"，即 10 m 为一级。当实际的平均运距为 40 m 时，则超运运距为 20 m，称为二级，其余类推。则有

$$\text{总运量} = \text{调配(土石方)方数} \times n$$

$$n = \frac{L - L_{\text{免}}}{A} \tag{4-14}$$

式中 n——平均超运运距单位（四舍五入取整数）；

L——土石方调配平均运距，m；

$L_{\text{免}}$——免费运距，m；

A——超运运距单位，m，例如人工运输 $A = 10$ m，轻轨运输 $A = 50$ m。

5. 计价土石方数量

在土石方计算与调配中，所有挖方均应予计价，但填方则应按土的来源决定是否计价，如是路外就近借土就应计价，如是移"挖"作"填"的纵向调配利用方，则不应再计价，否则形成双重计价。因而，计价土石方数量为

$$V_{\text{计}} = V_{\text{挖}} + V_{\text{借}} \tag{4-15}$$

式中 $V_{\text{计}}$——计价土石方数量，m^3；

$V_{\text{挖}}$——挖方数量，m^3；

$V_{\text{借}}$——借方数量，m^3。

一般工程上所说的土石方总量，实际上是指计价土石方数量。一条公路的土石方总量，一般包括路基工程、排水工程、临时工程、小桥涵工程等项目的土石方数量。对于独立大、中桥梁，长隧道的土石方工程数量应另外计算。

第六节　横断面设计成果

横断面设计必须结合地形、地质、水文等条件，本着节约用地的原则，选用合理的断面形式，以满足行车顺适、工程经济、路基稳定且便于施工和养护的要求。

路基横断面设计的成果主要包括路基横断面设计图与路基土石方计算表。

一、路基横断面设计图

路基横断面设计图是路基每一个中桩的法向剖面图，它反映每个桩位处横断面的尺寸及结构，是路基施工及横断面面积计算的依据，图中应给出地面线与设计线，并标注桩号、施工高度与断面面积。相同的边坡坡度可只在一个断面上标注，挡土墙等圬工构造物可只绘出形状不标注尺寸，边沟也只需绘出形状，如图 4-19 所示。横断面设计图应按从

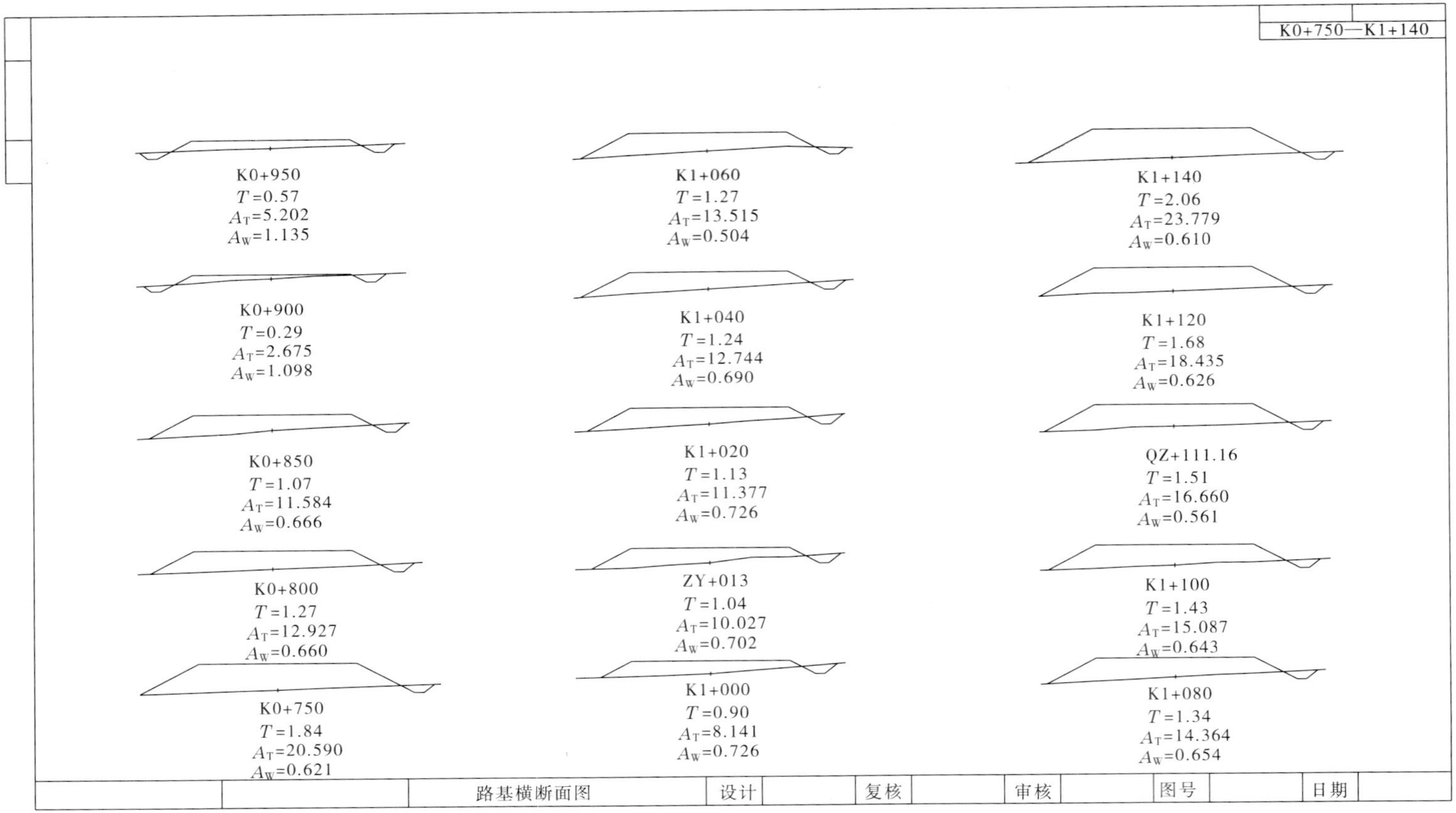

K0+750—K1+140

K0+950
T=0.57
A_T=5.202
A_W=1.135

K0+900
T=0.29
A_T=2.675
A_W=1.098

K0+850
T=1.07
A_T=11.584
A_W=0.666

K0+800
T=1.27
A_T=12.927
A_W=0.660

K0+750
T=1.84
A_T=20.590
A_W=0.621

K1+060
T=1.27
A_T=13.515
A_W=0.504

K1+040
T=1.24
A_T=12.744
A_W=0.690

K1+020
T=1.13
A_T=11.377
A_W=0.726

ZY+013
T=1.04
A_T=10.027
A_W=0.702

K1+000
T=0.90
A_T=8.141
A_W=0.726

K1+140
T=2.06
A_T=23.779
A_W=0.610

K1+120
T=1.68
A_T=18.435
A_W=0.626

QZ+111.16
T=1.51
A_T=16.660
A_W=0.561

K1+100
T=1.43
A_T=15.087
A_W=0.643

K1+080
T=1.34
A_T=14.364
A_W=0.654

		路基横断面图	设计		复核		审核		图号		日期	

图 4-19　路基横断面图

下到上，从左到右的方式进行布置，一般采用 1∶200 的比例。

二、路基标准横断面图

如图 4-20 所示，路基标准横断面图是路基横断面设计图中所出现的所有路基形式的汇总。它示出了所有设计线（包括边坡、边沟、挡墙、护肩等）的形状、比例及尺寸，用以指导施工。

三、路基土石方量计算表

路基土石方是公路工程的一项主要工程量，所以在公路设计和路线方案比较中，路基土石方数量的多少是评价公路测设质量的主要技术经济指标之一，也是编制公路施工组织计划和工程概预算的主要依据。路基土石方数量计算表见表 4-14。

四、其他成果

横断面设计完成后，应补充完善在纵断面设计中所填的路基设计表。将“边坡”、“边沟”等栏填上。其中“边沟”一栏的“坡度”如不填写，表明沟底纵坡与道路纵坡一致，如果不一致，则需另外填写。

对于特殊情况下的路基（如高填深挖路基、浸河路基、不良地质地段路基等），应单独设计，并绘制特殊路基设计图。图中应示出缘石大样、中央分隔带开口设计图等。

思考题及习题

4-1　公路横断面的组成及类型有哪些？

4-2　各种公路横断面类型有何特点？

4-3　横断面设计内容是什么？

4-4　机动车行车道宽度考虑的因素有哪些？

4-5　简述路肩的作用。

4-6　简述路拱横坡的概念及作用。

4-7　中间带的组成有哪些？其作用是什么？

4-8　简述公路建筑限界。

4-9　路基边坡如何确定？

4-10　简述横断面设计的方法与步骤。

4-11　路基土石方计算的方法与调配原则是什么？

4-12　路基横断面面积如何计算？

4-13　什么是平均运距、免费运距、经济运距？经济运距在土石方调配中有何作用？

4-14　某路段三个相邻桩号分别为 K1 + 250（1 点）、K1 + 275（2 点）和 K1 + 300（3 点），计算出横断面面积分别为：$A_{T1} = 38.2\ m^2$、$A_{T2} = 15.2\ m^2$、$A_{W2} = 16.1\ m^2$ 和 $A_{W3} = 47.5\ m^2$。计算 K1 + 250—K1 + 300 路段的填方数量、挖方数量、利用方数量。

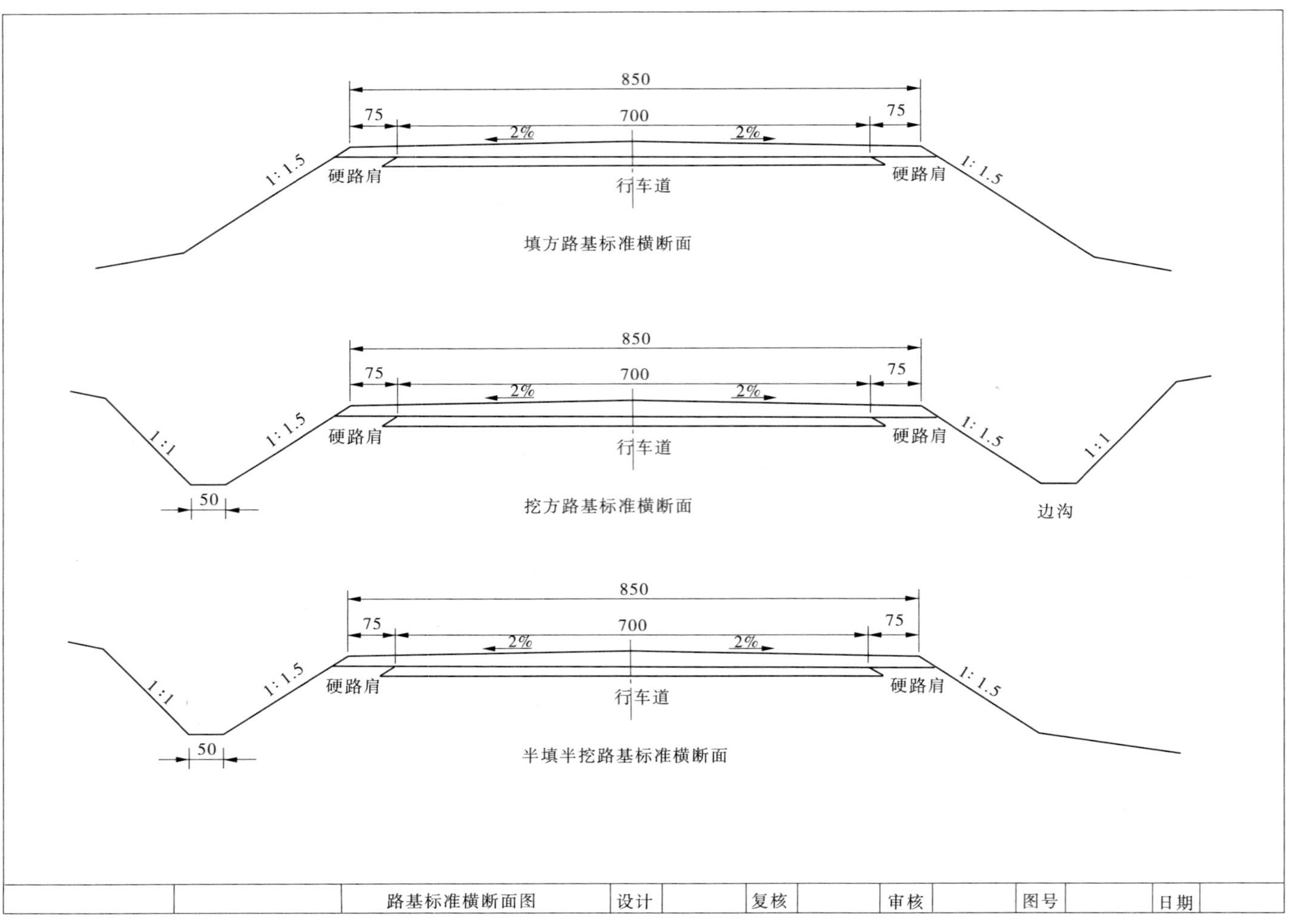

图 4-20　路基标准横断面图

表4-14 路基土石方数量计算表

桩号	横断面面积(m²)			距离(m)	挖方分类及数量(m³)													填方数量(m³)		利用方数量(m³)及调配(km)							借方数量(m³)及调配(单位)		弃方数量(m³)及调配(单位)		总数量(m³)		备注
	挖	填			总数量	土						石								本桩利用		填缺		挖余		远运利用纵向调配示意							
						Ⅰ		Ⅱ		Ⅲ		Ⅳ		Ⅴ		Ⅵ																	
		土	石			%	数量	%	数量	%	数量	%	数量	%	数量	%	数量	土	石	土	石	土	石	土	石		土	石	土	石	土	石	
1	2	3	4	5	6	7	8	9	10	11	12	13	14	15	16	17	18	19	20	21	22	23	24	25	26	27	28	29	30	31	32	33	34
K0+000	9.16	1.22																															
				50	290	100	290											189		189				101									
K0+050	2.44	6.35																															
				50	80	100	80											669		80		589				101	488						
K0+100	0.78	20.41																															
				50	38	100	38											1 202		38		1 164				1 127	37						
K0+150	0.76	27.66																															
				50	36	100	36											1 191		36		1 155				1 155							
K0+200	0.70	19.98																															
				50	292	100	292											499		292		207				207							
K0+250	10.97																																
				50	606	100	606																	606									
K0+300	13.27																																
				50	349	100	349											240		240				109									
K0+350	0.72	9.62																															
				50	34	100	34											746		34		712				712							
K0+400	0.66	20.23																															
				50	479	100	479											505		479		26				3 23							
K0+450	18.52																																
				50	1 224	100	1 224																	1 224									
K0+500	30.45																																
				50	1 288	100	1 288																	1 288									
K0+550	21.10																																
				50	785	100	785																	785					96				
K0+600	10.33																																
				50	274	100	274											183		183				91									
K0+650	0.63	7.35																															
				50	32	100	32											812		32		780				780							
K0+700	0.64	25.14																															
合计					5 807		5 807											6 236		1 603		4 633		4 204			525		96				

第五章　公路交叉

教学目标　掌握公路平面交叉的类型、设计内容和方法；了解公路立体交叉及与其他路线交叉的设计要求。

第一节　公路交叉口交通分析

一、交叉口的意义

公路与公路或铁路相交形成交叉口。交叉口是相交道路上各种车辆、行人汇集通过的咽喉。在交叉口，由于不同方向的车流与行人的相互影响和干扰，不但会使车速降低，阻滞交通，而且容易发生交通事故。因此，正确设计交叉口，合理组织交通，对于提高道路通行能力、减少交通事故、避免交通阻塞，都具有很重要的意义。

二、交叉口交通分析

进出交叉口的车辆，由于行驶方向的不同，车辆与车辆的交错方向也有所不同，由此形成不同的交错点。当行车方向互相交叉时，可能发生碰撞的地点称为冲突点；当车辆从不同方向驶向同一方向或成锐角相交时，可能产生挤撞的地点称为合流点；当一列车队驶入交叉口去往不同方向需要分开的地点，称为分流点。若汇集在交叉口的道路均为双向双车道时，则交叉口的交错点数可按下式计算

$$\left.\begin{aligned}\text{分流点} &= \text{合流点} = n(n-2)\\ \text{冲突点} &= \frac{n^2(n-1)(n-2)}{6}\end{aligned}\right\} \tag{5-1}$$

式中　n——交叉口相交道路的条数。

在没有交通管制的情况下，三条、四条和五条道路平面交会时，车流在交叉口形成的交错点如图 5-1 所示。

从图 5-1 可以看出：

在无交通管制的平面交叉口，随着相交道路条数的增加，冲突点和合流点（分流点）增加的速率很快。例如：按式(5-1)计算，三条道路交叉时，只有 3 个冲突点和 3 个合流点（分流点）；四条道路交叉时，冲突点增加到 16 个，合流点（分流点）变为 8 个；而五条道路交叉时，冲突点竟达 50 个，而合流点（分流点）为 15 个。

产生冲突点最多的是左转弯车辆，如果在十字形交叉口没有左转弯车道，则冲突点就可以从 16 个减少至 4 个。因此，在交叉口设计中，正确处理和组织左转弯车辆是提高交叉口通行能力、保证交通畅通和安全的关键之一。

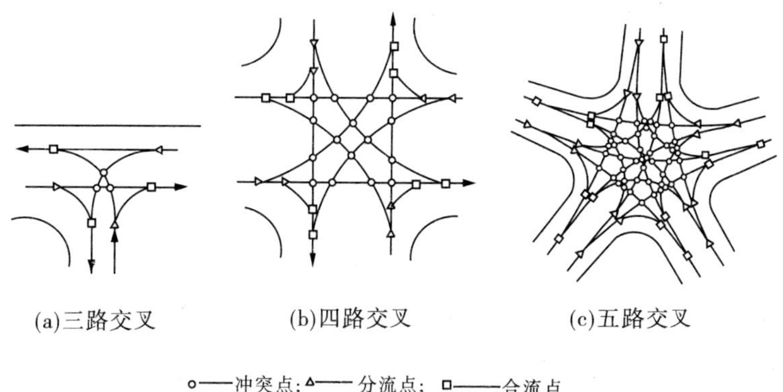

图 5-1　平面交叉口的交错点

三、公路交叉口交通组织措施

(一)渠化交通

在交叉口合理地布置交通岛，组织交通流分道行驶，将冲突点变为交织点，减小车辆行驶时的相互干扰。

(二)实行交通管制

在交叉口设置交通信号灯，使不同方向通过交叉口的直行和左转弯车辆的通过时间错开，即在同一时间内只允许某一方向的车流通过交叉口。

(三)设置立体交叉

将交叉口处各个方向的车流分设在不同标高的车道上，使不同方向的车流各行其道，互不干扰。这是彻底解决交叉口交通问题的办法。但立体交叉占地多，造价高，所以通常只在交通复杂的交叉口以及交通频繁的干道和高速公路上的交叉口设置立体交叉。

第二节　公路与公路平面交叉

平面交叉是指相交道路中线在同一高程相交形成的交叉路口，这是目前公路上最常见的一种交叉形式。平面交叉形式简单、造价低、占地少；但由于来往车辆在一个平面上行驶，冲突点和交织点较多，车辆在交叉口往往要降低车速，才能安全通过。因此，平面交叉口只用于车速较低、交通量不大的公路上。

一、平面交叉口的基本要求和设计任务

(一)基本要求

(1)在确保安全的前提下，使车辆和行人在交叉口能以最短的时间顺利通过。

(2)正确设计交叉口立面，保证交叉口范围内的地面水迅速排除。

(二)设计任务

(1)正确选择交叉口形式，合理确定各组成部分的尺寸。

(2)确定必须保证的行车视距，从而确定交叉口的视距范围。

(3)立面布置需符合行车和排水的要求。

(4)处理好主要公路与次要公路的关系。主要公路与次要公路交叉时,平、纵线型要全盘考虑、相互配合,并符合有关技术标准的要求,但一般应首先保证主要公路线型的舒顺、平缓。

(5)正确合理地进行交通组织和交通管制,如设置必要的交通安全设施,合理布设交通岛和人行横道等。

综上所述,平面交叉的规划与设计,应根据交通量、计算车速、交通组成和车流分布情况,并结合该地区的地形、土地使用情况,综合考虑进行设计。改建公路时,还应研究交通延误、交通事故情况,有针对性地进行改建设计。

二、平面交叉的技术要求

(一)交叉类型选择

公路与公路交叉,除高速公路全部采用立体交叉外,一级公路可少量采用平面交叉,二级汽车专用公路尽量减少平面交叉,其他各级公路可采用平面交叉。

(二)平面交叉设计速度

平面交叉范围内的主要公路的设计速度,宜与路段设计速度相同。两相交公路的功能、等级相同或交通量相近时,平面交叉范围内的直行车道的设计速度可适当降低,但不应低于路段的70%;次要公路因交角等因素改线,或因条件受限采用较低的线形指标时,可适当降低设计速度;转弯车道的设计速度应根据路段设计速度、交通量、交叉类型、交通管理方式和用地情况等因素综合确定。

(三)平面交叉交角与岔数

平面交叉的交角宜为直角。斜交时,其锐角应不小于70°;受地形条件或其他特殊情况限制时,应不小于60°。平面交叉路口的交会条数不应多于四条,多于四条时宜采用环形交叉。

(四)交叉口位置选择

平面交叉口宜选择在路线纵坡平缓的直线路段。当采用曲线时,其半径以大于不设超高的最小曲线半径为宜。紧接水平地段的纵坡,一般不应大于3%,困难地段不应大于5%,坡长应符合最小坡长的规定。

(五)平面交叉间距

平面交叉间距应根据公路功能、等级,以及其对行车安全、通行能力和交通延误的影响确定。一级公路、二级公路作为干线公路时,应优先保证干线公路的畅通,采取排除纵、横向干扰措施,平面交叉应保持足够的间距,必要时可设置立体交叉;一级公路、二级公路作为集散公路时,应合理设置平面交叉,宜将街道式的地方公路或乡村道路布置在与干线公路相交的次要公路上,或布置在与干线公路平行而只提供有限出、入口的次要公路上。一级公路、二级公路的平面交叉最小间距见表5-1。

(六)交叉口的视距

为了保证交叉口的行车安全,驾驶员在进入交叉口以前的一段距离,应能看清相交道路上驶来的车辆,避免两车交会时可能发生碰撞。这段必要的距离称为引道视距,见

图 5-2。引道视距按表 5-2 采用且引道视距应该等于或大于停车距离，停车视距见表 5-3。

表 5-1　平面交叉的最小间距

公路等级	一级公路			二级公路	
公路功能	干线公路		集散公路	干线公路	集散公路
	一般值	最小值			
间距（m）	2 000	1 000	500	500	300

表 5-2　引道视距

设计速度（km/h）	100	80	60	40	30	20
引道视距（m）	160	110	75	40	30	20

表 5-3　停车视距

设计速度（km/h）	100	80	60	40	30	20
停车视距低限值（m）	160	110	75	40	30	20
安全交叉停车视距（m）	250	175	115	70	55	35

由停车视距所组成的三角形称视距三角形，如图 5-3 所示。在视距三角形范围内不能有阻碍驾驶员视线的任何障碍物，否则应将其清除。当受条件限制时，停车视距可适当减小，但不能小于表 5-3 中停车视距低限值。

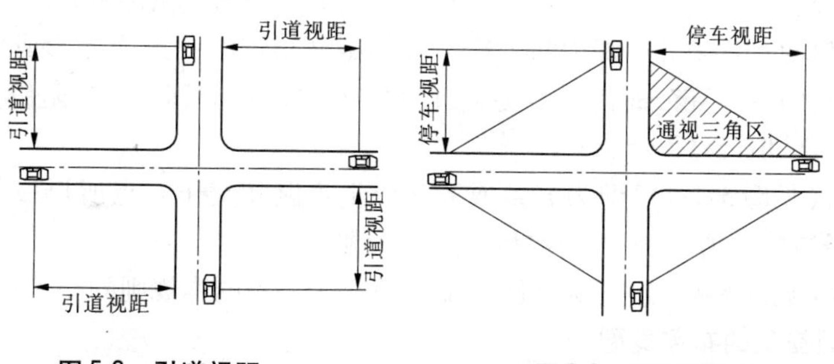

图 5-2　引道视距　　　　图 5-3　视距三角形

（七）交叉口交通组织与管理

平面交叉的交通管制分为主路优先、无优先交叉和信号交叉三种方式。当被交叉公路等级较低、交通量较小或相交公路中有一条为干线公路时，应考虑采用主路优先交叉；当相交公路的功能和等级相同，交通量或行人数量很大时，可采用信号交叉；无优先交叉一般仅用于相交公路等级很低、交通量不大的情况。

三、平面交叉的类型与使用范围

（一）平面交叉口的形式

平面交叉的形式取决于道路系统规划、交通量、交通性质和交通组织以及交叉口用地及其周围建筑情况等。常见的平面交叉口形式有十字形、X 字形、T 字形、Y 字形、错位交叉、多路交叉和畸形交叉等数种，如图 5-4 所示。

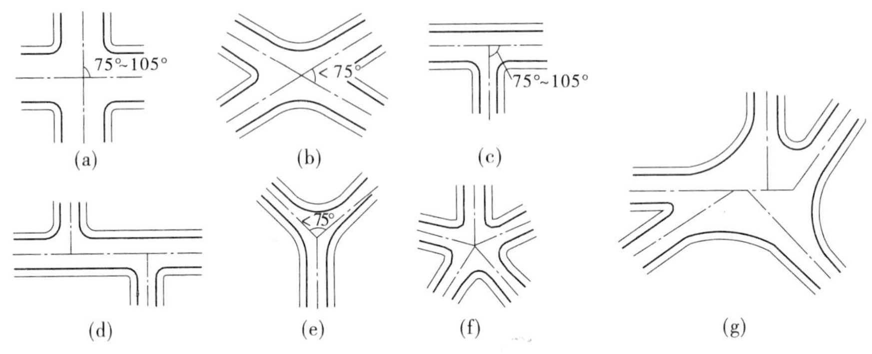

图 5-4　平面交叉口的形式

十字形交叉口（见图 5-4(a)）是四条道路相交，交角为 75°～105°。这种交叉口形式简单，交通组织方便，街角建筑易于处理，适用范围广，是最基本的交叉口形式。

T 形交叉口（见图 5-4(c)）是三路相交，直行方向的交角为 75°～105°。这种形式的交叉口适用于主次道路的交叉，主要道路应设在直行方向。特殊情况下，如尽头式干道与另一主干道相交时也可设置为 T 形交叉。

X 形交叉口（见图 5-4(b)）为四条道路相交且交角大于 105°或小于 75°的交叉口。Y 形交叉口（见图 5-4(e)）为三路相交，交角小于 75°或大于 105°的交叉口。这两种形式的交叉口在交角较小的时候对交通不利，而且锐角路口处的通视条件不好。

错位交叉（见图 5-4(d)）即为两个错开且相距又很近的 T 形交叉形成的交叉口。由于车辆交织行驶长度不够，而使进出交叉口的车辆不能顺利行驶，因而阻碍主干道的直行交通流的安全性和连续性。

多路交叉（见图 5-4(f)）即为五条或五条以上道路相交于一点所形成的交叉口。随着相交道路条数的增加，冲突点的数量也大量增加。

畸形交叉（见图 5-4(g)）即为多路相交但不交于一点的不规则的交叉口。

（二）平面交叉的布置类型

在具体设计中，根据相交道路的功能、交通量、平面交叉形式、交通管理和组织方式，将平面交叉口的布置类型分为以下几种。

1. 加铺转角式

用适当半径的圆曲线平顺连接各个转角构成的平面交叉，称为加铺转角式交叉，如图 5-5所示。

加铺转角式交叉形式简单，占地较少，适用于交通量不大、车速不高、转弯车辆少的交叉路口。其右转车速一般为 10～25 km/h，连接行车道边缘的曲线半径，可按表 5-4 选用。

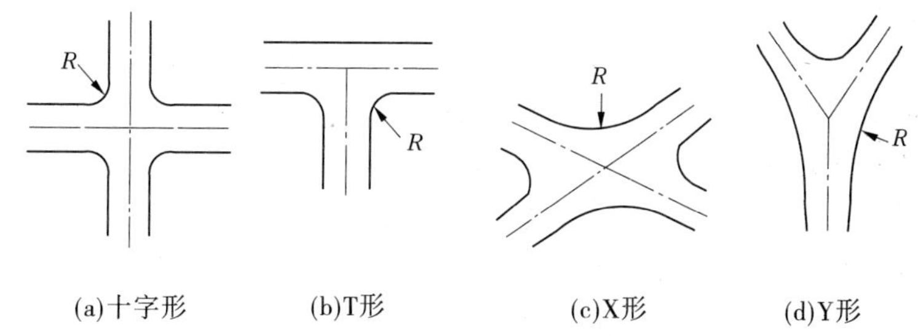

图 5-5　加铺转角式交叉口

表 5-4　不同角度时加铺转角边缘的曲线半径

公路等级		二级公路		三级公路		四级公路	
		平原微丘	山岭重丘	平原微丘	山岭重丘	平原微丘	山岭重丘
路口右转弯车速(km/h)		20～25	15～20	15～20	15	10～15	10
曲线半径(m)	α=45°	27～35	25～27	25～27	25	25～27	27
	α=60°	23～32	17～23	17～23	17	17～20	20
	α=80°	20～30	13～20	13～20	13	12～13	12
	α=90°	19～30	12～19	12～19	12	10～12	10
	α=100°	19～29	11～19	12～19	11	9～11	9
	α=120°	18～29	10～18	10～18	10	8～10	8
	α=135°	18～29	10～18	10～18	10	7～10	7

2. 分道转弯式

分道转弯式交叉是指采取设导流岛、划分车道、设立标志等措施，使转弯车辆分道行驶的平面交叉，如图 5-6 所示，适用于转弯车辆较多、车速较高的交叉路口。

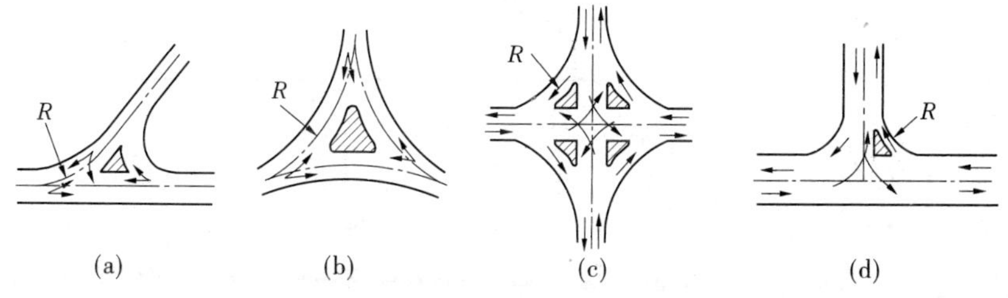

图 5-6　分道转弯式交叉口

分道转弯式交叉通过交通岛使车辆能以一定速度沿一定方向顺利前进，把交织固定在较小范围，而提高交叉口的通行能力和交通安全。但这种交通需要一定的设备，占地较多。分道转弯车道的半径应不小于表 5-5 所列数值。分道转弯车道应按采用的半径加宽，路拱横坡度应进行专门设计，以利排水和行车。

3. 加宽路口式

在交通量较大、转弯车辆较多的交叉口，转向车辆慢行转弯驶离公路时，可能会阻碍后面不转向的车辆，这时可采用增辟变速车道以避免阻车，如图 5-7 所示。扩宽路口后为左、右转弯及直行车辆各准备一条车道，这对提高交叉口的通行能力更为有效。必要时，可在出口处增辟加速车道。增辟车道的宽度一般为 3 ~ 3.5 m，减速车道长度为 50 ~ 80 m，加速车道长度一般采用表 5-6 所列数值。

表 5-5　分道转弯最小半径

公路等级	二级公路		三级公路		四级公路	
	平原微丘	山岭重丘	平原微丘	山岭重丘	平原微丘	山岭重丘
右转弯车速（km/h）	55	30	40	25	30	20
最小半径（m）	110	35	60	25	35	15
最小半径低限值（m）	90	25	50	20	25	12

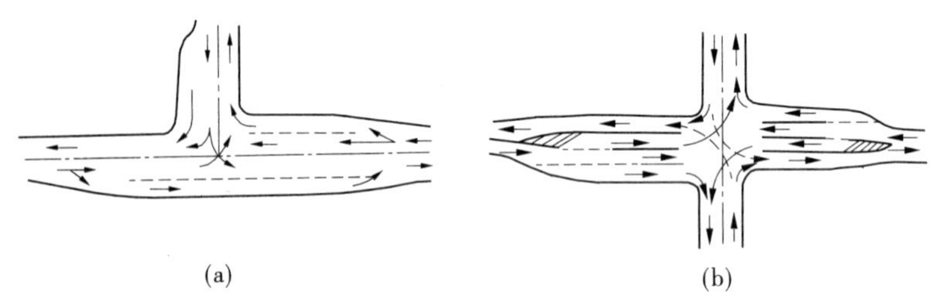

图 5-7　加宽路口式交叉口

表 5-6　加宽路口式加速车道长度

公路等级	二级公路		三级公路		四级公路	
	平原微丘	山岭重丘	平原微丘	山岭重丘	平原微丘	山岭重丘
加速车道长度（m）	80	30	45	25	30	20

4. 环形交叉

环形交叉（俗称转盘）是在交叉口的中心设置一个中心岛，用环道组织渠化交通。中心岛的形状一般采用圆形，也可采用椭圆形，此外结合地形、地物和道路交叉的角度，也可采用其他规则或不规则的几何图形。所有进入环道的车辆，一律按逆时针方向环绕中心岛作单向行驶，直至所要去的路口驶出，如图 5-8 所示。

环形交叉的主要优点：驶入交叉口的各种车辆可连续不断地单向运行，无须停车，减少了车辆在交叉口的延误时间；环道上行车消灭了冲突点，仅存在车辆进出环的交织点，提高了行车安全性；交通组织简便，对多路交叉或畸形交叉用环道组织渠化交通更为有效；中心岛绿化可美化环境。缺点是占地面积大，车辆绕岛行驶增大行驶距离，对左转弯车辆更为不利。

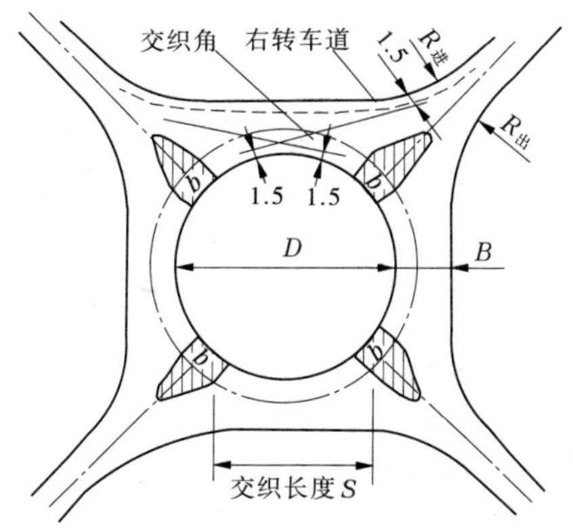

图 5-8　环形交叉口　(单位:m)

环形交叉口适用于多条道路相交或转弯交通量较大且地形平坦的交叉口。在高等级公路或交通量大的干道、具有大量非机动车交通和行人众多的交叉口,不宜采用环形交叉。

环形交叉口设计时主要解决中心岛的形状和尺寸、环道的布置和宽度、交织段长度、交织角、立面排水、进出口转弯半径和视距要求等问题。

四、平面交叉测设要点及成果

(一)勘测要点

(1)收集原有公路的等级、交通量、交通性质、交通组成、交通流向等资料和远景规划方案。

(2)根据所收集的资料,并结合地形和自然条件,拟定交叉口的形式。

(3)应根据地形并与原有公路密切配合,选择交叉位置及交叉点,使平、纵、横有较好的衔接。通常交叉点设在原有公路中心线或其延长线上。

(4)测量交叉角,中线及纵、横断面,其要求和一般路线测量相同。

(5)当地形和交叉口比较复杂时,为更合理地选定交叉口的位置和形式,以及更有利于排水,应详测地形图,一般采用 1∶500～1∶1 000 的比例尺。

(二)设计要点

1. 平面线形

(1)平面交叉范围内两相交公路应正交或接近正交,且平面线形宜为直线或大半径曲线,尽量避免采用需设超高的曲线半径。

(2)新建公路与等级较低的既有公路斜交时,应对次要公路在交叉前后一定范围内作局部改线,使交叉的交角不小于 70°。

2. 纵面线形

(1)平面交叉范围内,两相交公路的纵面线形应尽量平缓。

(2)主要公路在交叉范围内的纵坡应为 0.15%～3%;次要公路上紧接交叉的部分路段以 0.5%～2.0% 的上坡通往交叉,而且此坡段至主要公路的路缘至少 25 m。

(3)主要公路在交叉范围内是超高曲线的情况下,次要公路的纵坡应服从主要公路的横坡。

3. 交叉口视距

(1)每条岔道和转弯车道上都应提供与行驶速度相适应的引道视距,引道视距在数值上应大于或等于停车视距,但量取标准为:眼高1.2 m,物高0。

(2)在视距三角形范围内不能有阻碍驾驶员视线的任何障碍物。

4. 立面设计

(1)平面交叉处两相交公路共有部分的立面形式及其引道横坡,应根据两相交公路的功能和等级、平纵线形以及交通管理方式等因素确定。

(2)采用"主路优先"交通管理方式的交叉,应使主要公路的横断面贯穿交叉,而调整次要公路的纵断面以适应主要公路的横断面;当调整纵断面有困难时,应同时调整两公路的横断面。

(3)主要公路设超高曲线时,应根据次要公路纵断面的不同情况处理立面。

5. 排水设计

平面交叉处的排水设计是一项重要内容。平面交叉处的排水设计应绘制排水系统图,并注明流向和坡度等。公路用地范围内的降水由路基和路面排除,公路用地范围外的雨水不允许流入交叉处路面范围内。

(三)平面交叉口基本设计成果

(1)平面交叉口布置图。比例尺采用1∶500~1∶1 000。图中应示出路中心线和路基边缘线,注明交叉点、各岔道起讫点、加桩、控制断面的位置和桩号等,并列出平曲线要素表。此外,图中还应标出各控制断面的宽度、横坡度及两侧路面边缘设计标高,并注明交叉口处各坡段的纵坡等。

(2)纵、横断面图。纵断面比例尺水平采用1∶500~1∶2 000,垂直采用1∶50~1∶200,横断面采用1∶100~1∶200。其余要求与一般路线设计相同。

(3)交叉口地形图(地形和交叉口比较复杂时),以及交叉口工程数量等资料。

第三节　公路与公路立体交叉

公路与公路或公路与铁路在不同高度上互相交叉的形式称为立体交叉。立体交叉的设置目的是消除交叉车流之间的相互干扰,空间分隔车流,消除或减少冲突点,以满足繁忙交通运输的行车迅速、安全要求,也保证了相交道路的通行能力。立体交叉示意图见图5-9。立体交叉由跨线构造物、正线、匝道、出口与入口、变速车道等部分组成。

一、立体交叉的类型

(一)按结构物形式分类

立体交叉按相交道路结构物形式可分为上跨式立交和下穿式立交两类。

1. 上跨式立交

用跨线桥从相交道路上方跨过的交叉方式,多用于乡村、市郊或附近有高大建筑物处。这种立交施工方便,造价低,排水容易处理;其缺点是占地大,纵坡大,引道长,高架桥

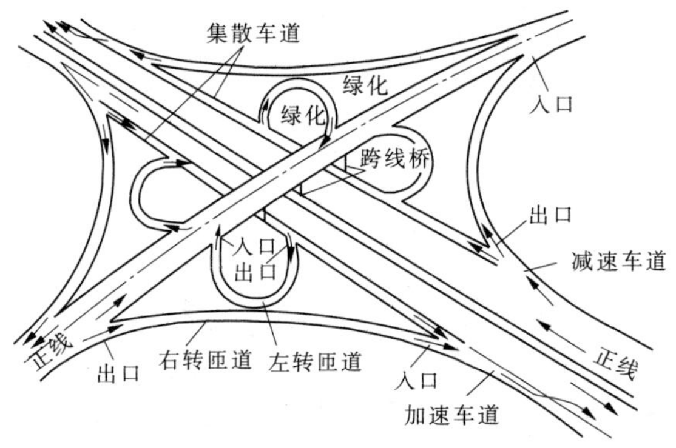

图 5-9 立体交叉示意图

影响视线和市容。

2. 下穿式立交

用地道从相交道路下方穿过的交叉方式,多用于用地较紧的市区。这种立交正线低于地表面,占地较小,构造物对视线和周围景观影响较小;其缺点是排水困难,施工难度大,养护费用高。

(二)按交通功能分类

立体交叉按交通功能可分为分离式立交和互通式立交两类。

1. 分离式立交

分离式立交仅设一座跨线构造物,使相交道路空间分离,是上、下道路无匝道连接的交叉方式。这种立体交叉结构简单,占地少,造价低,但相交道路的车辆不能转弯行驶。分离式立交一般适用于主要道路与铁路、主要道路与次要道路之间的交叉。

2. 互通式立交

互通式立交不仅设跨线构造物,使相交道路空间分离,而且上、下道路有匝道连接,以供转弯车辆上、下相交道路的交叉方式。这种立体交叉使相交道路的车辆能转弯行驶,全部或部分消除了冲突点,各方向行车干扰较小,但结构复杂,占地多,造价高。互通式立交一般适用于主要道路与主要道路、主要道路与次要道路之间的交叉。

公路上的互通式立交一般按几何形状分为 T 形、Y 形和十字形等几种。

1)T 形立体交叉

T 形立体交叉即三路交叉,代表形式为喇叭形立交,如图 5-10 所示。喇叭形立交按车辆沿环形匝道的出入方式又分为 A 型和 B 型两种,沿环形匝道驶入正线为 A 型,沿环形匝道驶出正线为 B 型。环形匝道因车辆迂回而多行驶了一些路程,因此转向交通量小的匝道宜采用环形匝道。实际应用中,A 型环形匝道通常采用单圆曲线,且匝道上跨正线;B 型环形匝道常常采用水滴形或卵形曲线,且匝道下穿正线。喇叭形立交属于完全互通式立交,一般适用于高等级公路与一般公路之间的交叉,也适用于高等级公路与高等级公路之间的交叉。因喇叭形立交具有只设一处跨线构造物、便于集中收费管理的优点而在公路设计中被广泛采用。四路交叉根据转向交通量及地形条件也通常采用喇叭形立交或双喇叭形立交。

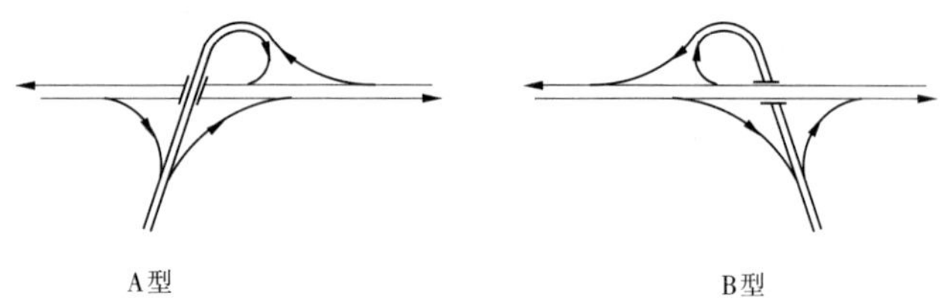

图 5-10 喇叭形立交

2)Y 形立体交叉

Y 形立体交叉也是一种三路交叉,包括定向 Y 形和半定向 Y 形(也称半定向 T 形)两种,是用定向匝道或半定向匝道实现车辆左转的立体交叉,如图 5-11 所示。定向 Y 形是用直接匝道连接构成的,需要把正线往返车道分开得相当远。半定向 Y 形是用不完全直接匝道代替一部分直接匝道连接构成的,但正线车道不必分开很远。图 5-11 中所示的定向 Y 形和半定向 Y 形都是把两层构造物分设在三处,占地面积较大,也可将三层构造物设在一处,但正线和匝道的纵坡难以处理。Y 形交叉属于完全互通式立交,无交织点,行车安全,方向明确,路线短捷,通行能力大,但构造物多,造价较高,一般适用于高等级公路与高等级公路之间的交叉,尤其是高速公路与高速公路之间的交叉。

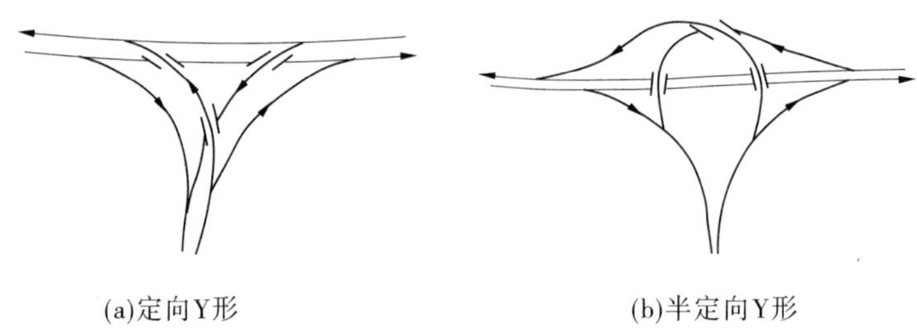

图 5-11 Y 形立交

3)十字形交叉(或 X 形交叉)

十字形交叉即四路交叉,包括菱形、半苜蓿叶形、苜蓿叶形、定向形等,四路交叉的环形也属于十字形交叉。其中菱形、半苜蓿叶形因匝道与被交道路存在平面交叉,故这两种立交属于不完全互通式立交,如图 5-12(a)、(b)所示。这两种形式的立交能保证主线直行车辆的快速畅通,形式简单,仅设一处跨线构造物,占地和工程量较小,但需设多处收费站,不便于集中管理,且平面交叉的存在影响了通行能力和行车安全,一般适用于高等级公路与一般公路之间的交叉。

苜蓿叶形是高等级公路与高等级公路之间的交叉形式,一般适用于左转弯车辆都较少的情况,如图 5-12(c)所示。这种形式的立交虽然只设一处跨线构造物,但在相邻的两个环形匝道之间存在交织区段,实用效果并不好,因而通常需要设置集散车道或采用苜蓿叶的其他演变形式,如环柄苜蓿叶形,如图 5-12(d)所示。苜蓿叶形与环柄苜蓿叶形都属于完全互通式立交。

定向形也是高等级公路与高等级公路之间的交叉形式,特别适用于高速公路与高速公路之间的交叉。定向形的左转弯匝道一般用比较缓的曲线设计,转向明确,通行能力

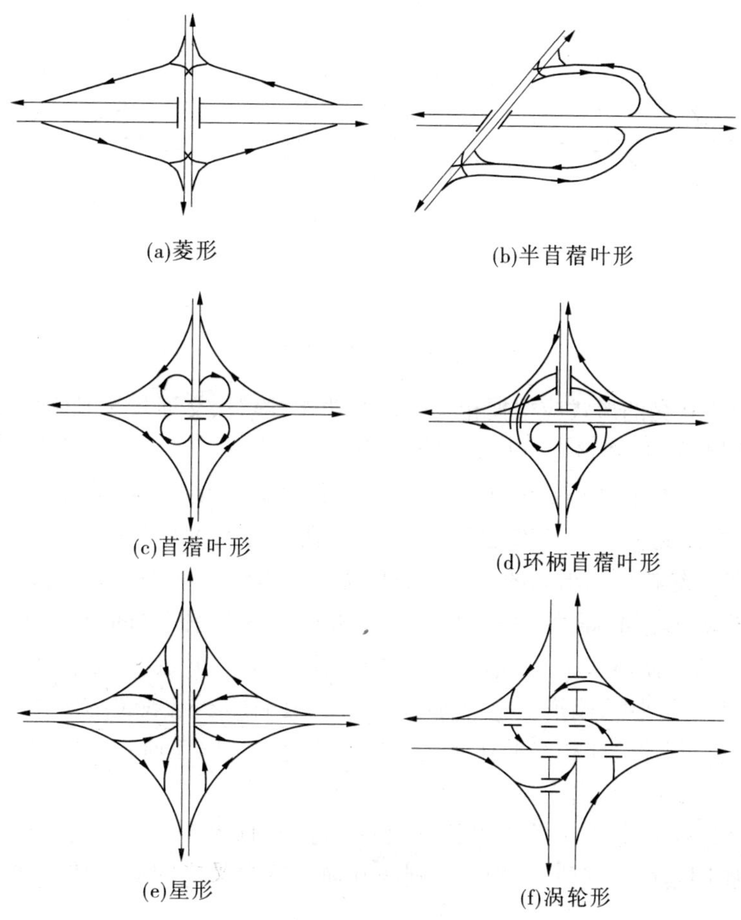

图 5-12　十字形交叉

大,但其构造物数量与层次较多,因而工程造价巨大。主要形式有四层式星形、定向涡轮形,如图 5-12(e)、(f)所示。

4)环形交叉

环形交叉一般适用于高等级公路与一般公路之间的交叉,城市道路采用较多。环形交叉的主要形式有三路、四路及多路交叉,如图 5-13 所示,其中四路环形交叉较为多见。环形交叉能保证主线的直行交通,无冲突点,占地较少。但次要道路的通行能力受到环道交织能力的限制,左转弯车辆绕行距离较长。

二、公路立体交叉的设计要求

(一)公路立体交叉的一般规定

(1)立体交叉的位置应根据公路网规划、相交公路状况、地形和地质条件、社会和环境因素等确定。

(2)设置互通式立体交叉,应根据交通量、远景规划及其在公路网中的作用,并结合地形地质、用地条件、投资等因素确定。

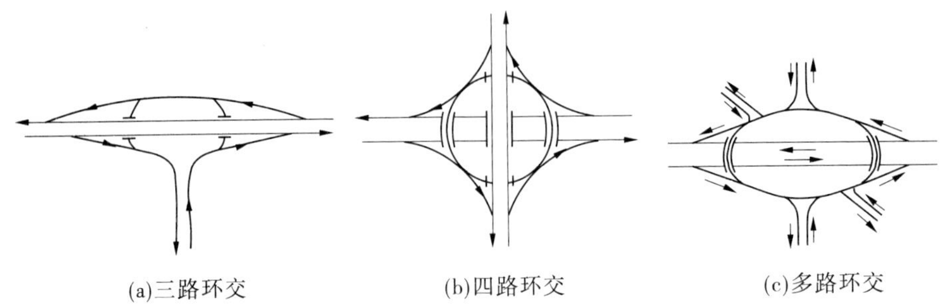
(a)三路环交　(b)四路环交　(c)多路环交

图 5-13　环形交叉

(3)互通式立交的形式应根据相交公路的功能、等级、交通量及其组成、收费制式等，并综合考虑用地条件、经济与环境条件等确定。

(4)高速公路与其他道路相交，必须采用立体交叉；一级公路与交通量大的其他道路相交，应采用立体交叉。二、三级公路间的交叉，在交通条件需要或有条件的地点，也可以采用立体交叉。除在控制出入的地点设置互通式立体交叉外，均采用分离式立体交叉。

(5)高速公路之间、高速公路与具有干线功能的一级公路之间、具有干线功能的一级公路之间的互通式立体交叉，应为枢纽互通式立体交叉。枢纽互通式立体交叉的匝道应具有良好的自由流线型，匝道上不设置收费站，匝道端部不出现超越冲突。高速公路、一级公路间及其与其他公路相交的互通式立体交叉应为一般互通式立体交叉，其匝道上可设置收费站，且高速公路出入口以外允许设置平面交叉。

(6)高速公路上相邻互通式立体交叉的间距不宜大于 30 km，最小间距不宜小于 4 km。若因路网结构或其他因素所限，则两互通立体交叉之间应保持 1 000 m 的极限最小净间距。

(7)互通式立体交叉区域应具有良好的通视条件，并满足建筑限界要求。

(8)互通式立体交叉范围内主线线形的主要技术指标见表 5-7。

表 5-7　互通式立体交叉范围内主线线形技术指标

设计速度(km/h)			120	100	80	60
最小平曲线半径(m)		一般值	2 000	1 500	1 100	500
		极限值	1 500	1 000	700	350
最小竖曲线半径(m)	凸型	一般值	45 000	25 000	12 000	6 000
		极限值	23 000	15 000	6 000	3 000
	凹型	一般值	16 000	12 000	8 000	4 000
		极限值	12 000	8 000	4 000	2 000
最大纵坡(%)		一般值	2	2	3	4.5(4)
		极限值	2	2	4(3.5)	5.5(4.5)

注：当主要公路以较大的下坡进入互通式立体交叉，且所接的减速车道为下坡，同时，后随的匝道线形指标较低时，主要公路的纵坡不得大于括号内的值。

(二)匝道设计

匝道是专供相交道路转弯车辆行驶的连接道,由出口、入口及其间的匝道路段三部分组成,是互通式立交必不可少的重要组成部分。匝道设计的合理与否,直接关系到立交的功能发挥、营运经济及行车安全等,因此匝道的合理布置及采用合适的线形非常重要。

1. 匝道的基本形式

匝道的形式很多,按其功能及与相交道路的关系可分为右转弯匝道和左转弯匝道两大类。

1)右转弯匝道

车辆从正线右侧驶出后直接右转约90°,到相交道路的右侧驶入,一般不设跨线构造物,如图5-14所示。根据立交的形式和用地条件,右转弯匝道可以布设为单(复)曲线、反向曲线、平行线或斜线四种。右转弯匝道属右出右进的直接式匝道,其特点是形式简单,车辆运行方便,直捷顺当,方向明确,行车安全。

2)左转弯匝道

车辆须转90°~270°越过对向车道,除环形左转弯匝道外,至少需要一座跨线构造物。按匝道与相交道路的关系,左转弯匝道又可分为直接式、半直接式和间接式三种基本形式。

(1)直接式。直接式又称定向式或左出左进式,如图5-15所示,左弯转车辆直接从正线左侧驶出,到相交道路的左侧驶入。直接式左转弯匝道的优点是匝道长度最短,可降低营运费用;没有反向迂回运行,自然顺畅;可适应较高车速,通行能力较大。缺点是跨线构造物较多,单行跨线桥二层式两座或三层式一座;相交道路的双向行车之间需有足够间距;对重型车和慢速车左侧高速驶出困难,左侧高速驶入困难且不安全。

因定向式左转弯匝道存在左出和左进的问题,且与我国右侧行驶规则不相适应,所以除左转弯交通量很大外,一般不采用。图5-15中两种形式可视经济性、线形指标及用地等比较选用。

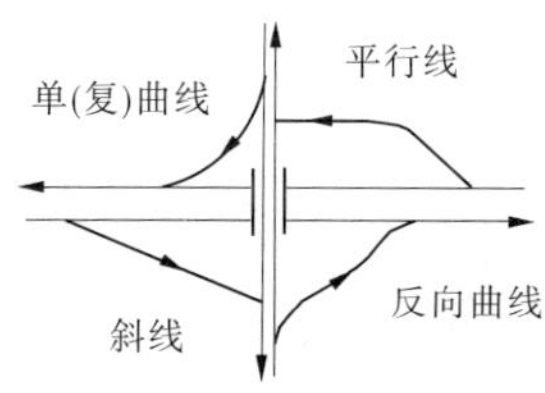

图5-14 右转弯匝道

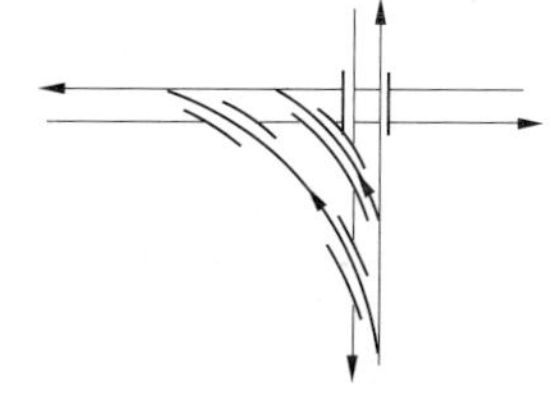

图5-15 左出左进式左转弯匝道

(2)半直接式。半直接式又称半定向式匝道,按车辆由相交道路的进出方式可分为三种基本形式。

第一种,左出右进式。如图5-16所示,左转弯车辆从正线左侧直接驶出后左转弯,到相交道路时由右侧驶入。与定向式匝道相比,右进改变了左进的缺点,车辆驶入方便,但仍然存在左出的问题;匝道上车辆略绕行,驶出道路双向车道间需有足够间距;对应图5-16所示三种情况,需设二层式单行桥和双向跨线桥各一座,或三层式双向桥一座,或二层式单行桥一座。

第二种,右出左进式。如图5-17所示,左转弯车辆从正线右侧右转驶出后左转弯,到相交道路后直接由左侧驶入。这种形式改善了左出的缺点,车辆驶出方便,但左进仍存在;驶入道路双向车道之间需有足够间距。其余特征与左出右进式相同。

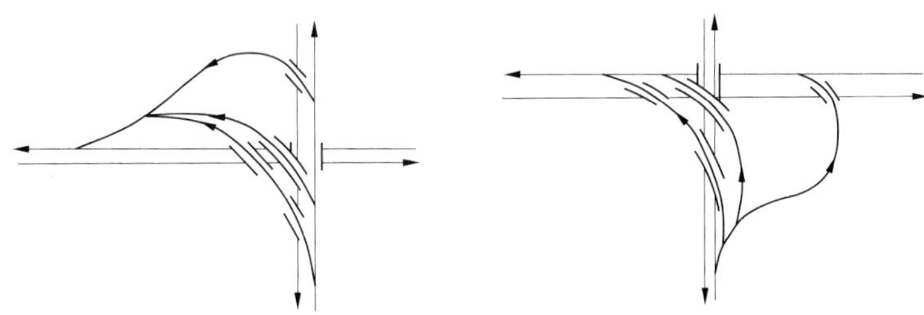

图 5-16　左出右进式左转弯匝道　　　图 5-17　右出左进式左转弯匝道

第三种,右出右进式。如图 5-18 所示,左转弯车辆都是从正线右侧右转弯驶出,在匝道上左转弯,在正线右侧驶入。右出右进式是常用的左转弯匝道形式,完全消除了左出左进的缺点,在匝道上行车安全,但匝道绕行最长,构造物最多。

(3)间接式。间接式又称环形式,左转弯车辆先驶过正线跨线构造物,然后向右回转约 270°达到左转的目的,在行车道的右侧驶入,如图 5-19 所示。这种形式的特点是右出右进,行车安全;不需设构造物;造价最低;但匝道平纵面线形指标差;占地较大;车速和通行能力低;左转绕行较长。

环形匝道为苜蓿叶和喇叭形立交的标准组成部分。图 5-19(a)为常用基本形式,当苜蓿叶形立交为了改善交织而设置集散道路时,可用其余三种形式。

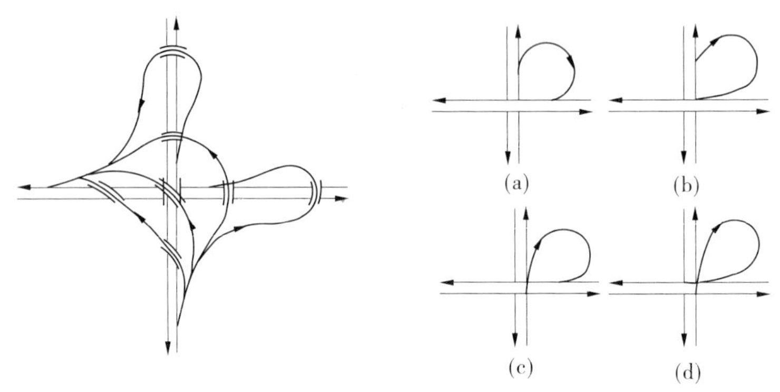

图 5-18　右出右进式左转弯匝道　　　图 5-19　环形式左转弯匝道

2. 匝道的线形标准

1)匝道设计速度

互通式立体交叉匝道的设计速度按匝道的布置形式及其交通功能确定,见表 5-8。

表 5-8　互通式立体交叉匝道设计速度

匝道形式		直接式	半直接式	环形匝道
匝道设计速度(km/h)	枢纽互通式立体交叉	80、60、50	80、60、50、40	40
	一般互通式立体交叉	60、50、40	60、50、40	40、35、30

2)匝道的平面

匝道的平面线形应根据匝道设计速度、交叉类型、交通量、地形、用地条件、造价等因素确定。

匝道平面线形设计中涉及的主要问题是匝道圆曲线半径和匝道回旋线参数的选用。为保证匝道上行车的安全与舒适,匝道圆曲线最小半径应符合表5-9的规定。匝道及其端部曲率变化较大处均应设置缓和曲线,缓和曲线应采用回旋线,其参数 A 以小于或等于 $1.5R$ 为宜,并不小于表5-10所列数值。反向曲线的两个回旋线参数宜相等或相近,差别较大时其比值应小于1.5。回旋线长度应同时满足超高过渡的需要。

表5-9　匝道圆曲线最小半径

匝道计算行车速度(km/h)		80	60	50	40	35	30
圆曲线最小半径(m)	一般值	280	150	100	60	40	30
	极限值	230	120	80	45	35	25

表5-10　匝道回旋线参数

匝道计算行车速度(km/h)	80	60	50	40	35	30
回旋线参数 A(m)	140	70	50	35	30	20

3)匝道的纵断面线形

匝道因受相交道路标高的限制,为节省用地和减少拆迁,并考虑匝道上的车速较低,故匝道纵坡一般比正线纵坡大。公路立交匝道的最大纵坡规定如表5-11所示。匝道最小纵坡应满足纵向排水要求,一般不应小于0.5%,特殊情况不应小于0.3%。各种计算行车速度对应的竖曲线最小半径及最小长度见表5-12。

表5-11　公路立交匝道的最大纵坡

匝道设计速度(km/h)			80、70	60、50	40、35、30
最大纵坡(%)	出口匝道	上坡	3	4	5
		下坡	3	3	4
	入口匝道	上坡	3	3	4
		下坡	3	4	5

4)匝道的横断面

匝道横断面由行车道、路缘带、硬路肩和土路肩组成,对向分离双车道匝道还包括中央分隔带。匝道横断面布置形式如图5-20所示。

表 5-12　匝道竖曲线的最小半径及最小长度

匝道设计速度(km/h)			80	70	60	50	40	35	30
竖曲线最小半径(m)	凸型	一般值	4 500	3 500	2 000	1 600	900	700	500
		最小值	3 000	2 000	1 400	800	450	350	250
	凹型	一般值	3 000	2 000	1 500	1 400	900	700	400
		最小值	2 000	1 500	1 000	700	450	350	300
竖曲线最小长度(m)		一般值	100	90	70	60	40	35	30
		最小值	75	60	50	40	35	30	25

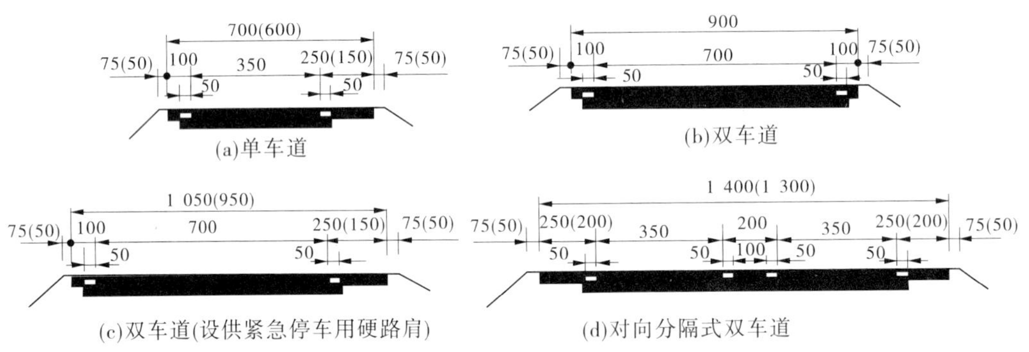

图 5-20　匝道横断面布置形式　(单位:cm)

匝道各组成部分的宽度:公路立交行车道宽度一般用 3.5 m,中央分隔带的宽度为 1.0 m(设刚性护栏时可为 0.6 m),路缘带宽度为 0.5 m。土路肩宽度为 0.75 m 或 0.5 m。匝道右侧应设硬路肩,供紧急停车用宽度包括路缘带为 2.5 m,特殊困难时取 1.5 m,左侧硬路肩宽为 1.0 m;双车道匝道当交通量较小,通行能力有较大富余时,右侧硬路肩宽度可采用 1.0 m。

3. 匝道出入口及变速车道

匝道两端分别与正线相连接的道口称为匝道的端部,包括入口、出口、变速车道和辅助车道等。为保证汽车安全行驶,使匝道与公路组成一个共同面,匝道设计原则应是出入顺适、安全,线形与正线一致,出入口的视距应尽可能保证正线间能相互通视。出入口设计的相关参数应符合规范规定。

在匝道与正线连接的路段应设置变速车道,以适应车辆变速行驶的需要。变速车道一般有直接式和平行式两种。

(三)立体交叉辅助设施

1. 排水设施

立体交叉范围内的排水应根据交叉处的地形条件、水文条件和排水现状等情况,结合相交道路的排水要求,统一进行设计,以构成完整的排水系统。对于上跨式立交,一般只考虑地面水和路面水的排除;对于下穿式立交,当地下水位较高时,除考虑地面水和路面水的排除外,还要考虑地下水的排除。

当桥上纵坡大于2%且桥长小于50 m时,雨水可流至桥头从引道上排出,桥上不必设专门的泄水管道。当桥上纵坡大于2%且桥长大于50 m时,宜在桥上每隔12~15 m设置一道泄水管,若桥上纵坡小于2%,间隔可适当减少。泄水管可沿行车道两侧对称或交错排列,并沿桥墩设置完善的落水管道,将雨水引至地面排水系统,防止漫流污染桥墩。对于桥下的地面水,宜采用自流排除。当不能自流排除时,可修蓄水池进行调蓄排水,或设泵站排水。立交桥下的路面应有一定的纵坡,一般最小纵坡为0.3%,以利于桥下地面水能流至最低点,集中排入设置的雨水口。

2. 照明设施

照明是立体交叉的重要设施之一,其主要作用是保证车辆和行人的通行方便与安全。照明方式可采用常规照明和高杆照明两种方式。要求照度均匀、视野清晰,照度标准应高于路段。照明应延伸到立交范围之外,并逐渐降低亮度,形成过渡照明,以适应驾驶员的视觉要求。

3. 防眩设施

防眩设施是为了保证夜间行车安全,防止驾驶员感受对面来车前灯眩目而设置的防护设施,多用于四车道以上的高等级道路,一般设置在中央分隔带上,尤其是在高架桥、填土路段。防眩设施一般采用防眩栅(网);中央分隔带的宽度满足植树需要时,可采用植树作为防眩设施。

三、立体交叉测设要点与设计成果

(一)立体交叉的测设要点

在立体交叉设计之前,应通过实地勘测、调查收集一系列外业资料,包括自然资料,即地形图测绘,用地发展规划、水文、地质、土壤、气候资料及国家水准点和控制点等资料;交通资料,即交通量、交通组成、交通流向及非机动车和行人等资料;道路资料,即相交道路的等级、平纵面线形、横断面形式和尺寸、相交角度、控制坐标和标高、路面类型及厚度等资料;其他资料,包括排水、文书等资料。

立体交叉勘测一般从以下几方面进行:

(1)除平面交叉所需收集的资料外,还应征求当地政府及有关部门的意见。

(2)初步拟定交叉位置,用相交公路的中线为基线布设控制网。

(3)除分离式立体交叉外,地形测量均需测绘交叉范围内的地形图,比例尺采用1:500~1:1 000。测绘的范围视实际需要而定,一般应测至交叉范围外至少100 m,测量要求与桥位地形测量相同。

(4)在地形图上定出不同方案的交叉位置和类型(包括匝道),并到实地核对,然后根据所收集的各种资料进行综合评定,拟订采用方案。为便于方案比选,必要时须做模型和绘制透视图。

(5)按采用方案在实地放样,并测得平、纵、横线形资料,以供内业设计。

(6)地质勘探,在跨线桥和其他构造物处,应进行地质钻探,其要求与桥梁相同。

（二）公路立体交叉设计成果

按实际需要，公路立体交叉设计在综合评定和精心设计的基础上，一般提供以下几方面成果：

（1）远景交通量计算表及交通量分布图。

（2）立体交叉线位图，包括立体交叉主线及匝道分布、各线的里程桩号及曲线要素、各匝道线位坐标表、直线、曲线及转角表。

（3）立体交叉纵、横断面设计图。

（4）跨线桥设计图。

（5）匝道连接部设计图及匝道连接部高程数据图。

（6）如遇有挡土墙、窨井、排水管、排水泵站等其他构造物，均须附设计图。

（7）有比较方案时，除绘制设计图外，还应提供经济技术比较表等资料。

（8）交叉口的工程量等资料。

（9）立体交叉透视图及景观设计图等。

第四节　公路与其他线路交叉

一、公路与铁路交叉

公路与铁路交叉有平面交叉和立体交叉两种。

选择交叉位置时应注意下列问题：

（1）交叉位置应选择在铁路轨线最少的地段。

（2）交叉路线应为直线，并尽量正交；当必须斜交时，交叉角不应小于45°。

（3）应尽量利用铁路的高路堤或深路堑作为立体交叉口。

（一）公路与铁路平面交叉

（1）交叉道口两侧的公路应各有不小于30 m的直线路段。

（2）根据交叉道口铁路等级，应保证汽车在公路上距离交叉道口相当于各该级公路停车视距并不小于50 m范围内，能看到两侧规定瞭望视距以外的火车，以确保安全。当不能保证上述要求时，应按有关规定设置看守。平交道口在任何情况下都应设置交通标志。

（3）公路在交叉道口钢轨的外侧，应有不小于16 m的水平路段，该水平路段不包括竖曲线在内。紧接水平路段的纵坡一般不大于3%，困难地段应不大于5%。

（4）平交道口的铺面宽度不应小于交叉公路的路基宽度。公路与铁路平交道口应设置易于翻修的铺砌层，如钢筋混凝土预制块、整齐条石等，其长度应延至钢轨以外2 m。

（5）公路与铁路相接近时两者的用地界之间宜保持一定的间隔，高速公路、一级公路不应小于10 m，二、三、四级公路不应小于5 m。必要时还应设置防眩设施。

（二）公路与铁路立体交叉

（1）公路与铁路立体交叉时，新建项目应首选立体交叉。高速公路、一级公路与铁路交叉时，必须设置立体交叉。其他各级公路与铁路交叉时，符合下列情况之一者，应设置立体交叉：Ⅰ级铁路与公路交叉时，列车设计速度大于或等于120 km/h的地段与公路交叉时，铁路与二级公路交叉时，由于铁路有大量调车作业对公路车辆造成严重延误时，受地形等条件限制采用平面交叉会危及道路行车安全时，确有特殊需要时。

（2）公路与铁路立体交叉有道路上跨和铁路上跨两种，应根据总体规划，并考虑瞭望条件、地形、地质、水文、施工等因素综合比较后确定。

（3）公路与铁路立体交叉范围内的平、纵面线形，应分别符合公路与铁路路线设计的有关要求。

（4）公路与铁路立体交叉时，应尽量采用正交，其行车视距和建筑限界应满足要求。当公路从桥下通过时，净宽应包括行车道、路肩、排水沟的宽度；当公路设有中间带、路缘带、加（减）速车道、慢行道或路上设施时，并应包括这些部分的宽度。路面上的净高一般为5 m，慢行道上的净高为2.5 m，有特殊车辆行驶的路线，根据具体情况予以确定；当公路从桥上通过时，桥下净空应符合铁路净空限界的要求。

（5）测设时，应与铁路部门联系并取得具体的协议。一般铁路上跨公路的立体交叉由铁路部门负责设计。

二、公路与乡村道路交叉

乡村道路泛指位于村镇之间供机动车、非机动车及行人通行的非等级道路。乡村道路分为机动车通行道路和非机动车与行人通行道路两类，其中前一类又可分为通行汽车道路和通行农机的机耕道路两种。

（1）各级公路与乡村道路交叉，其规模、间距应对地方道路现状和规划及经济发展进行认真调查后确定。设计时应充分考虑沿线土地开发、群众生产和生活需要，兼顾交叉对公路通行能力、服务水平和投资的影响，确定合适的标准和间距。

（2）高等级公路与乡村道路交叉时，其间距应根据路线总体设计而定。必要时合并相邻乡村道路，减少交叉数量。在乡村道路密集地区，当公路交通量较大时，可采取设置分隔带和辅道等必要措施，减少交叉的数量及隔离非机动车交通，提高公路的通行能力和服务水平。

（3）高等级公路与乡村道路交叉时，必须采用分离式立交；其余各级公路与乡村道路交叉时，可采用平面交叉。

（4）平面交叉宜垂直相交，并设在视距良好的地方，乡村道路应设置一段水平路段并加铺与交叉公路相同的路面。

（5）立体交叉方式应根据地形及公路纵断面设计等情况而定。平原地区一般以乡村道路下穿公路（又称通道）为宜；丘陵和山区则应利用有利地形，合理确定上跨或下穿方式。当条件适宜时，亦可利用平时无水或流量很小的桥涵作通道，并作相应的工程处理。

（6）乡村道路横断面宽度、组成和净空应根据通行种类与实际需要确定。当乡村道路通行汽车或农机时，通道或跨线桥净宽按4 m或6 m选用，且应考虑排水设施所需宽度。汽车通道的净高不得小于3.2 m，机耕通道不得小于2.7 m。当乡村道路仅通行非机动车和行人时，通道或跨线桥净宽不得小于4 m，通道净高不小于2.2 m。

（7）在下方穿越的公路或乡村道路，均应保证排水畅通，并在适当位置设置必要的标志。

三、公路与管线交叉

随着我国工农业生产的发展，公路建设遇到的管线将越来越多，因此在公路选线时应根据管线的性质、地形和地物条件，使公路和管线相隔必要的距离，以保证平时维修或发生事故时，不会相互干扰。

（一）公路与地面杆线交叉

地面上的杆线有电信线和电力线。电信线（包括电话线、电报线、广播线等）在公路上空越过时，其悬挂高度应不小于5.5 m。当电信线与公路平行时，电杆和公路边缘的最小间距（水平距离）为一根线杆的长度，以保证线杆倾倒时不影响交通。

电力线按电压大小，又可分为高压线（>500 V）和低压线（<500 V）两种。各种电力线与公路交叉时，必须满足技术上和安全上的要求。

公路与架空送电线路交叉宜采用正交，必须斜交时，交叉角不宜小于70°，受地形条件或其他特殊情况限制时，不应小于60°。

最小水平距离是指路面边缘到线杆中心的距离。配电线路与二、三、四级公路平行时，如考虑公路的照明线路与配电线路同杆架设，根据照明的需要，最小水平距离可采用0.75 m。

（二）公路与地下管线交叉

地下管线包括直埋电缆、天然气管、输油管、热力管、排水管等，这些管线的用途、性质、材料差异很大，与公路交叉时要求也不一样，因此在进行公路测设时，应和有关部门协调，依照有关规定办理。

（1）公路与地下管线交叉宜采用正交，必须斜交时，交叉角不宜小于45°，以免管道维修时，大量开挖路基。

（2）管线在路面下的埋设深度一般不小于0.7 m，但对一些输送高压、易燃、有毒、怕压、怕震、易爆炸的管道应作特殊处理。

（3）公路与直埋电力电缆交叉时，电缆应用管道保护，管顶到路面的深度应不小于1.0 m，距排水沟沟底应不小于0.5 m。一、二级公路与直埋电信电缆交叉时，应用管道保护，管顶到路面的深度一般为1.0 m，特殊情况下不得小于0.8 m；三、四级公路与直埋电信电缆交叉时，一般不需管道保护，缆顶至路面的深度为0.8 m，特殊情况下不得小于0.7 m；直埋电缆与公路平行时，电缆应离开路基边缘1.0 m以外。

（4）公路与天然气管、输油管交叉时，交角不小于60°，路面至管顶的深度不小于1.0 m；冰冻地区管道应埋在冰冻线以下；交叉口的管道应加大管道的深度，并加设套管或其他加固防护措施。

（5）公路与天然气管、输油管平行时，路基边缘与管道应保持不小于20 m的距离。在管道两侧5～10 m范围内不得取土、打桩、植树或埋置其他构造物。

（6）为保证公路交通安全，严禁原油、天然气输送管道通过公路隧道，严禁原油、天然气输送管道利用公路桥梁跨越河流。

思考题及习题

5-1 平面交叉口设计的基本要求和任务是什么?

5-2 冲突点的定义及消灭冲突点的方法有哪些?

5-3 平面交叉口的形式有哪些?

5-4 环形交叉口的优缺点有哪些?

5-5 平面交叉勘测设计要点及成果有哪些?

5-6 立体交叉的主要组成部分有哪些?

5-7 互通式立体交叉有几种形式?

5-8 立体交叉勘测要点有哪些?

5-9 匝道的作用是什么?其线形布置要求有哪些?

5-10 公路与乡村道路交叉需要注意哪些方面?

5-11 公路与铁路交叉需要注意哪些方面?

5-12 公路与地下管线交叉需要注意哪些方面?

第六章　公路沿线设施与环境保护

教学目标　了解公路服务设施、公路环境保护的内容；掌握公路交通安全与管理设施、公路绿化及景观设计的内容。

第一节　公路服务设施

一、公路服务设施的设置

公路服务设施指设置在高速公路、汽车专用公路上为使用者提供服务的服务区。服务项目少的称为停车区，总体也称服务区。

为确保高速公路行车的安全、舒适，消除驾乘人员在长途行驶过程中产生的生理上和心理上的疲劳，为驾乘人员提供休息、就餐的场所，为车辆提供加油维护和修理等服务，就必须在高速公路沿线按适当间距设置服务设施。

（一）公路服务设施的服务范围

高速公路服务设施按一定间距分布于公路沿线两侧，针对人员、车辆不同的服务需求，其功能不同，主要包括以下几类。

1. 服务区

服务区服务功能齐全，可供人员休息，有车辆加油、维修等设施，占地面积大，间距较大。

2. 停车区

停车区主要为车辆提供加油，具有简单的维修能力，并设有人员临时休息、方便的必备设施。

3. 维修区

维修区专供车辆服务，对路上故障车实施抢修。

（二）服务区的作用和意义

服务区提供的各项服务，对长途旅行的车辆和人员都具有十分重要的意义，是保证交通安全畅通的必备措施，其作用主要有以下几点：

（1）及时为交通参与人员（旅客、驾驶人、管理人）提供日常工作、生活服务。

（2）为行驶车辆及时提供加油、保养、维修服务。

（3）确保高速公路系统正常、安全运行。

（4）服务本身具有重大的经济价值。

二、服务区的组成与设计要求

除主线行车道部分外，从变速车道的三角段入口起至三角段出口的整个服务设施范围,称为公路交通服务设施的区域。

服务区是功能齐全的服务场所,常规设施有停车场、园地、建筑设施及广场、通道、贯穿车道、联络车道、维修管理和交通管理设施、变速车道、匝道等。

(一)公路服务设施的组成

根据功能划分,服务区的主要设施有旅客服务设施、车辆服务设施、员工服务设施等,各设施位置的确定主要考虑环境的地形特点和当地经济发展状况。

1. 旅客服务设施及功能

旅客服务设施包括休息室、旅馆、餐厅、小卖部、医疗急救站、公厕、绿化带、广场、景观等。

专门为旅客服务的项目、设施设计原则上要单独集中布置,避免车流与人流、顾客与工作人员的交叉和干扰,以便创造良好的休息环境和确保交通安全。

旅客服务各类设施的具体分布,主要取决于所在位置地形地貌、自然特征、土地利用、投资大小、管理有利等诸多因素。

1)休息室、旅馆、商店、餐厅

此类土建项目是现代高速公路服务的基础,参与交通活动的人员将从中得到必要的休息和一定档次的各类服务。

2)广场、通道、医疗、急救

由于我国高速公路发展的时间较短,建设阶段缺少足够的经验,目前多数服务区仅能满足旅客基本的生理需求。但此类设施是提高服务水平的基础,是服务区发展的趋势,应在条件允许的前提下尽量完善。

3)园林及绿化

园林及绿化包括人工构造物、自然景观、树木、灌木及花卉、草皮等。园林绿化可美化环境、防止污染、构建和谐。

2. 车辆服务设施及功能

车辆服务设施主要包括停车场、加油站、修理保养站等,为路上车辆提供安全行驶保障。

1)停车场

停车场的面积与停车位直接相关。

2)加油站

根据有关统计,目前我国高速公路在线车辆需要加油服务比例为60% ~80%,需要加油服务相对修理、保养服务的比例约为10:1。

3)修理、保养站

车辆是一种高科技、高速运行的复杂机械,任何环节的故障都能导致抛锚。由于土建结构上的完全封闭,高速公路沿途服务区修理站是唯一的车辆抢修部门。

正常情况下维修站使用率较低,因此应与加油站一体设计,以便于设备、工作人员、管理的合理配置和确保服务人员的正常生活条件。在维修站设计中,应注意与人员服务区域保留一定间距、提高设备利用率、保障车辆通道及消防设施等问题。

3. 员工服务设施及其他

1）服务区工作人员设施

服务区工作人员的精神状态是保证服务质量的基础，必须保证其正常休息、饮食和精神生活。

由于高速公路为线性分布，且与外界相对隔离，全天候服务工作会造成员工精神及生活上的巨大压力，因此必须配备工作人员基本的生活设施（物质、精神）和营造良好的工作环境（装备、工具）。

2）配电站

高速公路分布地域广阔，服务区电力来自区域电网，皆为高压受电。服务区设施运行、生活用电为低压电，必须按区域设计配电室。

3）供水系统

大部分服务区位置都远离城镇，难以借用公用自来水，一般情况供水问题必须独立解决。

二次供水应考虑的问题包括：供水容量（服务区停留人员用水需求、各类用水设备）；水源（城市自来水系统、地下水）；净化方式（符合各类用水水质标准，选择经济的处理方法）；供水方式（直接连接式、水槽式）。

4）污水处理

高速公路设计和土建施工时就应全面考虑，设置的下水设施应尽量与公共下水道相通，可直接利用公共处理设施，降低建造成本。

（二）服务区总体布局形式

1. 分离式外向型

所有服务设施都设计、建造两套，分别布置于高速公路两侧，休息餐饮大厅视野方向朝外。车辆可直接停车，无须立交穿越公路，匝道短，车辆、人员分散，需两侧有足够用地。

2. 分离式平行型

所有服务设施设计与分离外向型相同，仅仅平面布置存在差异。注意加油站应与休息厅分设停车场两边。

3. 分离式餐厅单侧集中型

考虑地形、投资状况、平均就餐人数等因素，我国分离式服务区常将餐厅集中于公路一侧，对面旅客能通过专门地下人行道进入集中休息、就餐点。

分离式服务区是目前国内最流行的一类，具体设施分布各具特色。

4. 集中布置式服务区（内向型）

停车场等所有服务设施集中于高速公路一侧，适用于公路一侧受到地理条件限制的场合。集中布置式服务区应修建立交通道和较长的匝道，同时考虑相关服务设施规模，减少人、车干扰加油站位置。除上述四种外，根据实际需要还有许多其他布局。

（三）服务区的布置

公路沿线服务设施的布置应统一规划，必须系统地研究路线上所有服务设施之间的位置关系、提供的服务内容及设施位置的选定条件。

1. 服务设施布置原则

(1)根据地形、征地状况因地制宜,灵活处理。

(2)为避免干扰,旅客服务设施、车辆服务设施、职工服务设施应尽量分离。

(3)处理好加油站、维修站的关系(相连与分离的矛盾)。

(4)餐厅、旅馆、小卖部、卫生所等集中布置,减少站内无效人流,避免与车流交叉。

(5)公厕安置于大型车停车场附近,方便过往客流。

(6)水电供给站,垃圾场等设施尽量隐蔽。

2. 设置间距

服务区间距取决于交通量、服务区设计容量、大众车辆型号、地域经济等因素。

(1)服务区设置间距为 50 km,最大不超过 100 km。

(2)当两相邻服务区的间距小于 50 km 时,一般可在其间设置一处停车区;当两相邻服务区的间距大于 50 km 时,一般可在其间设置两处或三处停车区。相邻两处服务设施(服务区与停车区或停车区与停车区之间)的间距为 15 ~25 km,最大不超过 30 km。

3. 服务设施的征地面积

服务设施的征地面积(单侧):大型综合性服务区不得大于 10.0 hm^2,一般性服务区为 4.0 ~6.7 hm^2;停车区为 1.0 ~2.4 hm^2,最大不超过 3.4 hm^2。停车场及区内公路的面积不应小于整个场区用地面积的 60%。

国家及省干线公路应设置加油站,并配置厕所及一定的停车场等设施。加油站的间距宜为 40 ~50 km,征地面积一般为 0.4 ~1.0 hm^2,最大不得超过 2.0 hm^2。

服务设施的设计规模应充分考虑地域社会经济环境、远景交通量、用地条件等因素分析确定。

第二节　公路交通安全与管理设施

一、公路交通安全设施

(一)公路护栏

护栏是沿着路基边缘或中央隔离带设置的交通安全设施,有隔离、保护、导向及美化作用。护栏的类型主要有波形梁护栏、混凝土护栏、缆索护栏等几种。

路侧护栏应位于公路土路肩内,中央分隔带护栏宜以公路中心线为轴对称设置。护栏的任何部分不得侵入公路建筑限界以内。

1. 路侧护栏

路侧护栏是指设置在公路路侧建筑限界以外的护栏,以防止失控车辆越出路外或碰撞路侧构造物和其他设施。

凡符合下列情况之一者,必须设置路侧护栏:

(1)车辆驶出路外有可能造成二次特大事故的路段。

(2)二级及以上等级公路路堤高度大于或等于 4 m,公路边坡坡度大于或等于 1∶1的路段。

(3)路侧有江、河、湖、海、沼泽、航道等水域,车辆掉入会有极大危险的路段。

其他情况应根据公路等级、交叉情况、道路条件等因素按规范要求设置。

2. 中央分隔带护栏

中央分隔带护栏是指设置在公路中央分隔带内的护栏,以防止失控车辆穿越中央分隔带闯入对向车道,并保护中央分隔带内的构造物。

(1)当整体式断面中间带宽度小于或等于 12 m 时,必须设置中央分隔带护栏。

(2)公路采用分离式断面时,行车方向左侧应按路侧护栏设置;上、下行路基高差大于 2 m 时,可只在路基较高一侧按路侧护栏设置。

(3)高速公路和禁止车辆掉头的一级公路中央分隔带开口处,必须设置活动护栏。

3. 公路护栏设置要求

(1)公路护栏的防撞等级应符合规范要求。

(2)选择护栏形式时,应综合考虑护栏的防撞性能、设置位置、材料成本、养护、美观及环境等因素。

(3)从路面到护栏顶部的高度宜为 70 ~ 100 cm,护栏的最小设置长度应考虑公路等级和护栏类型,并满足规范要求。

(4)护栏在设置的起讫点、交通分流处三角地带、中央分隔带开口以及隧道出、入口处等位置,应进行便于失控车辆安全导向的端头处理。不同形式的路基护栏之间或路基护栏与桥梁护栏之间应进行过渡处理。

(二)隔离栅和桥梁护网

1. 隔离栅

隔离栅是用于阻止人、畜进入公路或沿线其他禁入区域,防止非法侵占公路用地的设施。隔离栅按其使用材料的不同,可分为电焊网、编织网、钢板网、刺铁丝和常青绿篱等几类。

(1)除特殊路段外,高速公路、需要控制出入的一级公路沿线两侧必须连续设置隔离栅,其他公路可以根据需要设置。

(2)隔离设施的中心线,一般沿公路用地界线以内 20 ~ 50 cm 处设置。

(3)当受地形限制,隔离设施前后不能连续设置时,应以该处作为隔离设施的端部,并处理好端头的围封。

(4)当沿公路用地边界地形起伏较大时,隔离设施可设计成阶梯式。

(5)选择隔离栅形式时应考虑路段位置、地形条件、美观及使用要求。

(6)隔离栅的高度不宜低于 1.5 m。

2. 桥梁护网

桥梁护网是安装于公路上跨桥梁两侧、用于阻止向公路内抛扔物品、杂物,或防止运输散落物等落到公路上的防护设施。桥梁护网的结构形式主要采用编织网或电焊网,网孔尺寸一般不宜大于 50 mm × 50 mm,以防止危及车辆安全的较大东西落到桥下。

(1)上跨高速公路、需要控制出入的一级公路的车行或人行构筑物两侧均应设置桥梁护网。

(2)公路跨越铁路、通航河流、交通量较大的其他公路时,应根据需要设置桥梁护网。

（3）桥梁护网应与桥梁结构作为一个整体统一考虑，注意与周围环境的协调，设置高度为1.8～2.1 m。

（三）防眩设施

防眩设施是指防止夜间行车受对向车辆前照灯炫目影响的设施。

（1）凡符合以下条件之一者，应设置防眩设施：中央分隔带宽度小于9 m的路段；夜间交通量较大、服务水平达到二级以上的路段；圆曲线或凹型竖曲线半径小于一般值的路段；公路路基横断面为分离式，上下行车道高差小于或等于2 m时；与相邻公路或交叉公路有严重眩光影响的路段；连拱隧道进出口附近。

（2）防眩设施应设置在公路的中央分隔带上，最好与护栏、隔离封闭设施配合使用。

（3）防眩设施应按部分遮光原理设计，直线路段遮光角不应小于8°，平、竖曲线路段遮光角应为8°～15°。

（4）防眩设施连续设置时，应避免在两段防眩设施中间留有短距离间隙；各结构段应相对独立，每一结构段的长度不宜大于12 m；结构型式、设置高度、设置位置发生变化时应设置过渡段，过渡段长度以50 m为宜。

（四）视线诱导设施

视线诱导设施是指车道两侧设置的，用以指示公路方向、行车道边界以及危险路段位置的设施总称。视线诱导设施按功能可分为轮廓标、分流或合流诱导标、线形诱导标，其中线形诱导标又可分为指示性线形诱导标和警告性线形诱导标。视线诱导设施按其设置方式可分为直埋式和附着式两种。

（1）高速公路、一级公路的主线及其互通式立体交叉、服务区、停车场等处的进出匝道应全线连续设置轮廓标。轮廓标在公路前进方向左右侧对称设置。直线路段设置间距不应超过50 m，曲线路段及其他特殊路段应加密设置。

（2）安装公路轮廓标时，反射体应面向交通流，轮廓标表面法线应与公路中心线成0°～25°的角度。各种类型的轮廓标设置高度宜保持一致。

（3）分、合流诱导标原则上应在互通立交的进、出口匝道附近有交通分、合流的地方设置。分流诱导标设在分流端部，合流诱导标设在合流端部前方适当地点。

（4）指示性线形诱导标应设在一般较小半径或通视较差、对行车安全不利的曲线外侧。警告性线形诱导标应设置在局部施工或维修作业等需临时改变行车方向的路段。

二、公路交通管理设施

公路交通管理设施除交通信号灯外，主要有交通标志、交通标线等设施，对保证行车安全、提高公路通行效率有着决定性的作用。

（一）交通标志

交通标志是用图形符号、颜色和文字向交通参与者传递特定信息，用于管理交通的设施，它在现代公路交通管理中起着重要的作用。实践证明，合理设置公路交通标志，可以提高公路通行能力，减少交通事故。

1. 交通标志种类

按照国标《道路交通标志和标线》（GB 5768—2009），交通标志分为主标志和辅助标志两大类。

1)主标志

按其作用不同,主标志可分为警告标志、禁令标志、指示标志、指路标志、旅游区标志、作业区标志及告示标志。

(1)警告标志。警告标志是警告车辆、行人注意危险地点及应采取措施的标志。形状为等边三角形,顶角朝上,颜色为黄底、黑边、黑图案。

(2)禁令标志。禁令标志是根据道路和交通情况,为保障交通安全而对车辆和行人的交通行为加以禁止或限制的标志。形状为圆形或顶角朝下的等边三角形,颜色主要为白底、红圈、红斜杠、黑图案、图案压杠。

(3)指示标志。指示标志是指示车辆和行人按规定方向、地点行进的标志。形状为圆形和矩形,颜色为蓝底、白图案。

(4)指路标志。指路标志是传递道路方向、地点、距离信息的标志。形状为矩形或方形,颜色一般为蓝底、白图案;高速公路为绿底、白图案。

(5)旅游区标志。旅游区标志是指示人们从高速公路或其他公路上前往邻近的旅游区,在通往旅游景点的叉路口设置一系列旅游标志,使旅游者能方便地识别通往旅游区的方向和距离,了解旅游项目类别的标志。旅游区标志又分为指引标志和旅游符号标志两类,形状为矩形,颜色为棕底、白图案。

(6)作业区标志。是通告道路作业区通行的标志。

(7)告示标志。是告知路外设施、安全行驶信息以及其他信息的标志。

2)辅助标志

辅助标志是附设在主标志下,对其进行辅助说明的标志。凡主标志无法完整表达或指示其规定时,为维护行车安全与畅通的需要,应设置辅助标志。辅助标志不能单独设立。形状为矩形,颜色为白底、黑字、黑边框。

2.公路交通标志的设置要求

(1)确保行驶安全、快捷、通畅。

(2)设在车辆行进方向最容易看见的地方,给使用者提供正确、及时的信息。

(3)同一地点需设置两种以上标志时,可安装在一根标志柱上,但不应超过四种。

(4)设置位置根据标志的类别分别确定,交通标志的任何部分不得侵占建筑限界。

(5)交通标志安装时,标志板面的法线应与公路中心线平行或成一定角度。交通标志版面应清晰、美观,反光材料应满足规范要求。

(6)交通标志的结构应考虑承载能力极限状态,并满足构造和工艺方面的要求。

(二)交通标线

公路交通标线是由标划或安装于路面上的各种线条、箭头、文字、立面标记、突起路标和轮廓标等所构成的交通安全设施。它的作用是管制和引导交通,可以与交通标志配合使用,也可以单独使用。

1.交通标线的种类

按设置方式可分为纵向标线、横向标线、其他标线等。

按形态交通标线可分为线条、字符标记、突起路标、路边线轮廓标等。

按交通标线的功能可分为指示标线(指示车行道、行车方向、路面边缘、人行道、停车位、停靠站等的标线)、禁止标线(告示公路交通的遵行、禁止、限制等特殊规定的标线)、警告标线(促使车辆驾驶人及行人了解公路上的特殊情况,提高警觉准备防范应变措施的标线)等几种。

2. 交通标线的标划

(1)白色虚线。画于路段中时,用以分隔同向行驶的交通流;画于路口时,用以引导车辆行进。

(2)白色实线。画于路段中时,用以分隔同向行驶的机动车和非机动车,或指示车行道的边缘;设于路口时,可用作导向车道线或停止线。

(3)黄色虚线。画于路段中时,用以分隔对向行驶的交通流;画于路侧或路边缘石上时,用以禁止车辆长时在路边停放。

(4)黄色实线。画于路段中时,用以分隔对向行驶的交通流;画于路侧或缘石上时,用以禁止车辆长时间或临时在路边停放。

(5)双白虚线。画于路口时,作为减速让行线。

(6)双白实线。画于路口时,作为停车让行线。

(7)黄色虚实线。画于路段中时,用以分隔对向行驶的交通流。黄色实线一侧禁止车辆超车、跨越或回转,黄色虚线一侧在保证安全的情况下准许车辆超车、跨越或回转。

(8)双黄实线。画于路段中时,用以分隔对向行驶的交通流。

(三)其他交通管理设施

1. 交通信号灯

交通信号灯是指用灯光颜色向交通参与者发出特定的指示、禁止、警示等作用的专用灯具。交通信号灯由红、黄、绿灯组成。目前,交通信号灯在公路交通管理中发挥着非常重要的作用。

信号灯可分为机动车、非机动车、人行横道、方向指示、闪光警告、公路与铁路平面交叉道口信号灯等。

2. 物理隔离设施

物理隔离设施是指用一种物体设置在公路上,用来实行交通分隔、交通渠化以及对车辆和行人进行安全保护的各种构筑物。物理隔离设施主要有护栏、隔离带、交通岛、隔离墩和隔离栅。此外,还有防护网、防眩设施、视线诱导设施、减速带和反光镜等。

第三节　公路绿化

一、公路绿化的作用与设计原则

(一)公路绿化的作用

公路绿化是公路建设的一项重要内容。成功的公路绿化不仅可以美化路容、改善景观,更重要的是可以降低噪声干扰和防止环境污染。

绿色植物在进行光合作用过程中,吸收二氧化碳,释放氧气。同时,公路两旁的树木对汽车排放的一氧化碳(CO)、氮氧化物(NO_x)、碳氢化合物(HC)等有害物质有强烈的吸收和净化作用。因此,科学的选择具有较强吸收能力的树种进行公路绿化,对降低车辆的排放污染,净化空气是很有意义的。另外,树木也能够降低噪声,由于树木能够将投射到树叶上的噪声反射到各个方向上,树叶的轻微震动使得噪声能量消耗而减弱。

公路绿化还可以对公路起到保护作用,树木或草坪通过树冠、根系、地被覆盖等可以固着土壤、涵养水源、阻止或减少地表径流、降低雨水冲刷路基的危害,在高填方路段,这种作用更加明显。树木茸密的茎和叶通过蒸腾作用,能使周围空气中的水分增加20%左右。因此,绿化还可以调节路面温度与湿度,对防止路面老化起到一定的作用。

另外,公路绿化还可以改善交通条件,为高速行车提供保障。主要表现如下:

(1)可以通过视线诱导来指示驾驶员公路前进的方向。尤其是在竖曲线顶部等路线走向不明的地段,可以使路线走向变得十分明显,有利于驾驶员的安全行车。

(2)防眩作用。白天,树荫可以遮挡阳光,减少阳光对司机产生的眩光,而最重要的是位于中央分隔带上的树木、矮篱等,可以有效地防止夜间对向来车所产生的眩光,防止由于眩目所产生的交通危险。

(3)调节明暗变化。在车辆驶入光线很差的隧道中时,由于人的眼睛不能立即适应明暗变化,往往会产生短暂的视觉障碍,因此在隧道两侧种植一些树木,利用树荫来调节隧道内外的明暗强度,对行车安全起了很大作用。

(4)可以对车辆及驾驶员产生保护。车辆与路外物体发生碰撞时,公路两侧的树木可以有效地降低车辆及驾驶员受损害的程度,尤其是在山区等地形险要地段,行道树更成为保护生命财产的重要手段之一。

(二)公路绿化设计原则

公路绿化设计不等同于其他单一的绿化设计,如荒山绿化、平原绿化、城市道路和广场绿化等,它是在公路用地范围内种植和管护乔木、灌木、地被植物、攀援植物等绿色植物,从而保护和改善环境,稳固路基,保护路面,诱导交通,保障安全,美化和丰富沿线景观。它是以种植为中心,涉及防护、地形、灌溉、景观等基础或配套工程的一项综合性工程设计。由于公路里程较长,沿线地形地貌、土壤立地条件、气候条件、空气质量等复杂多样,因此在设计过程中就树种选择而言,不仅要考虑造林成活率的高低,还要考虑树木抗污染能力及其花期、果期、色彩、造型等因素。公路绿化设计的水平高低将直接影响绿化工程质量、效果。

公路绿化的基本方针是"因地制宜、功能高效、经济稳定、景观优美",并应积极采用和推广新技术,做到与主体工程同步设计、同步施工、同步验收。在规划设计中应遵循以下原则:

(1)坚持公路绿化规模、标准与社会经济条件相适应并长远规划的原则。

(2)坚持以生态效益为主,兼顾经济效益和社会效益,绿色通道与改善当地环境相结合。

(3)多树种立体配置,植物材料多样性平面布局,以生态经济学为基础,优化结构,形成稳定高效的植物群落。

(4)坚持因地制宜,适地适树,大力发展当地名特优新品种。

(5)坚持绿化、美化相一致,乔、灌、花、草、景相融,带、网、片、点、块相匹配,自然景观与人工景点相协调,普通绿化与重点美化相结合。

二、公路绿化类型与设计

(一)公路绿化类型

按公路等级,公路绿化划分为高速公路绿化、普通等级公路绿化、等外公路绿化。

按绿地类型及工程建设目的,公路绿化划分为主林带绿化、路肩绿化、边坡绿化、中央隔离带绿化、栏网绿化、景点绿化。

按地形地貌公路绿化划分为山区、丘陵区、平川盆地等绿化。

(二)公路绿化设计

1. 外业调查

充分了解并掌握规划设计的指导思想、基本原则、建设目标及绿化要求。认真对实地进行调查记录,并广泛听取、征集当地林业技术人员和交通部门有关人士的意见,结合当地实际情况和该路段的具体条件,初步确立其适栽树种(或草种)、配植及景点的布局、立意。

(1)以县域为单位,收集路段的气象、自然条件、人文历史、社会、经济等有关资料。

(2)以里程为单位,详细记录公路两侧特别是主林带范围的地貌、地类、土壤和植被情况。

(3)该路段的绿化现状,包括所用树种及其保存、生长状况和配置方法。

(4)利用1:10 000的地形图,调绘出公路两侧已绿化或初步确定准备规划绿化的荒山、主林带、景点、村镇建筑设施(特别是临路建筑)的位置和面积,并注明原有或规划树种。

2. 内业工作

(1)根据地形地势、行政分区和气候物种区域性,对公路全线进行区域划分。

(2)结合各区县的实际情况确定出相应的绿化类型。

(3)进行公路绿化典型设计。

(4)计算与制表。需填的表格有基本情况统计表、公路绿化两侧各类土地面积统计表、公路绿化需苗量统计表、公路绿化工程植物材料统计表、绿化建设工程量统计表、公路绿化建设栽植用工统计表、公路绿化建设投资概算表、村镇绿化一览表等。

(5)编写文字材料。主要包括绿化工程概况、指导思想和遵循原则、建设内容(分述各种绿化类型)、苗木栽植或播种、养护管理、资金概算、实施措施。

(6)绘图。包括公路绿化施工设计图(要求能反映绿化类型、典型设计、位置、面积、树种及配植),每种绿化类型的典型设计图、景点平面图、剖面图、种植图。

3. 公路绿化典型设计

根据公路绿化的特点,典型设计按工程建设内容,主要包括中央分隔带绿化、防护带绿化、路肩绿化、边坡绿化、立体交叉绿化、其他绿化。

1)中央分隔带绿化

中央分隔带绿化的主要目的是遮光,以防止对向车灯眩光,预示线型、引导视线和改善景观，是公路绿化的重点。

应选择耐受废气、发芽强壮、耐修剪的种类，宜以常绿灌木为主进行绿化。乔、灌木以外的地表面，要用草本植物等地被植物覆盖。

中央分隔带宽5 m以下时，应以常绿灌木的规则式整形设计为主，配合其间花灌木的自由式设计，两组主要植物间宜设计花灌木。中央分隔带宽度大于5 m时，宜采用自然式布置，不可侵占路面空间。绿化种类应有变化，树丛、树群的规模宜大些，配植花灌木和草地，靠行车道一侧选用低矮植物，靠中间种植较高的植物。

在半径小的凹型竖曲线部分，为了防止眩光，引导视线，应种植1.5 m以上的中型灌木。要满足视距要求，每隔一段距离应有植物种类或种植形式的较明显变化。

2）防护带绿化

在公路外侧常有防护带，其主要作用为防风、防雪、固土护坡、引导视线、协调景观。防护带树种应选用抗风性强的树种和乡土树种，采用外高内低，即远乔木、中灌木、近草片的三层绿化体系，形成一个连续、密集的林带。也可栽植经济林作为防护带，即起到绿色屏障的作用，又发展了地方经济。

3）路肩绿化

路肩绿化主要满足景观功能，兼顾视线诱导功能。以草皮绿化为主，也可点缀低矮花灌木。平川区可用常绿针叶树和花灌木以3～5 m的株距混交配置，有条件的地区地面上建造草坪或栽植绿篱段，每段长10～20 m，高≤0.7 m。丘陵区由于受土壤、气候、立地条件的影响，故以栽植低矮花灌木为佳，株距也可增大到4～6 m。

4）边坡绿化

边坡绿化也称为坡面绿化或坡地绿化，是在边坡上为保持边坡和路基稳定而进行的功能栽植。主要目的是保持水土、稳固边坡、改善道路景观等。

一般土质边坡，提倡用灌木，以及混播抗逆性强的牧草型草种，以后通过管护，逐渐稳定或演替成以乡土草为主的边坡生态系统。

混凝土和喷射砂浆的边坡，路堤或路堑边坡的护坡道、平台、碎落台，宜选择设计攀援或悬垂的绿化植物。

在高路堤、较陡的边坡和峡谷底部种植乔木或在路堤平台上种植小型乔、灌木，可以掩饰路堤高度，提高司乘人员心理安全感。

5）立体交叉绿化

在互通式立体交叉处进行绿化，可美化环境，还可诱导交通、提高行车安全性。主要有指示栽植、缓冲栽植、诱导栽植等。立体交叉绿化应服从交通功能，在保证交通安全的前提下，构图以简洁、明快、开阔为主，适当点缀树丛、花草，注重层次感和整体感。

6）其他绿化

在道路的服务区、停车区、收费区进行绿化，采用动态景观与静态景观相结合的手法，与路域绿化风格统一，同时又有所变化，巧借自然山水、地形、地貌，以大面积草坪为底色，通过花草、树木、曲桥、亭廊等造景手法进行布局，为工作人员和驾乘人员提供一个舒适、优美、贴近自然的工作、生活环境，赋予一定的文化特色与地方特色。

三、公路景观设计

公路交通对自然景观产生影响，而自然景观也对公路交通起作用。公路景观是指道路的立体线形、构造物形式和色调，以及与沿线自然景观相协调所构成的风景。公路景观设计的目的是使道路与自然景观融为一体，并将对视觉、环境和社会的不利影响降低到最小程度。

（一）公路景观组成

公路景观分为内部景观和外部景观。

内部景观是指行驶在道路上的驾驶员看到的景观及在停车场、服务区等休息设施散步时看到的景观，它是动景观，不注重构造物的细部，而注重运动状态下道路线形及其与周围环境协调的程度，注重线形对视觉的诱导作用。线形设计是内部景观设计的主体，直接影响公路景观设计的结果。此外，沿线绿化、标志标线、边坡处置、道路色彩、景点造型等对公路景观设计也有很大影响。

外部景观是指从道路外侧看到的道路景观，它是静景观，强调道路的整体印象，是从道路外部审视道路与环境的一致性。外部景观要求道路及沿线构造物与环境协调一致、融为一体，成为环境的一部分。

（二）公路景观设计要求

公路景观设计的基本要求如下：

（1）公路景观设计需考虑沿线行车的美学感受，景观设计应与道路线形设计、各构造物设计、绿化设计相结合。

（2）根据工程特点和沿线区域环境特征或区域规划等，宜将公路划分为若干景观设计路段，各景观设计路段宜选择大型构造物和沿线有特色的景物为设计景点。

（3）公路沿线各构造物的造型与色彩应考虑视觉效果和景观效果，并尽可能减少对自然景观的不利影响。

（4）应充分利用各人工构造物和绿化补偿，改善道路沿线景观，结合不同路段的自然地形及地物特征形成特有的风格。

（5）合理组合路线平、纵、横断面，保持线形流畅、视野开阔。尽量避免较大的切割自然地形与生态景观，注意环境保护，尤其在路线穿山越谷、高填深挖、桥梁隧道、大型挡土墙等特殊路段，应进行重点设计与修饰。

（6）公路景观设计应系统考虑公路本身景观及沿线既有景观，使其相互协调并形成和谐的景观带。

第四节　公路环境保护

环境保护是我国的一项基本国策。伴随着公路的高速发展，公路污染、公路对周边环境影响等问题也大量凸现出来。如何面对公路建设产生的环境问题，如何按照现阶段我国实际情况，分析评价公路建设各阶段对环境的作用与影响，采取何种措施减少或杜绝公路环境污染、恢复路域生态损失，是摆在广大公路工作者面前的一项长期而艰巨的任务。

公路环境保护是基于生态可持续发展原则调节与控制“公路工程与路域环境”对立统一关系的发生与发展。公路环境保护由两项基本工作组成：一是分析因修建公路而对环境产生的各种影响及其影响的程度和范围，根据需要采取专门的环境保护措施，积极开展环境保护的有关工作；二是在公路的设计、施工及运营管理过程中，注意凸显公路各组成部分的环保功能，使公路在发挥运输功能的同时，对沿线环境的负影响最小。

一、公路环境保护的意义

近几年来，我国的公路交通事业得到快速发展，特别是高速公路的建设，速度更是惊人。截至2010年年底，全国公路网总里程达到398.4万km，其中高速公路7.4万km，但在公路交通快速发展的同时也带来了日益严重的环境问题。其中水土流失、生物多样性减少等公路建设过程的生态环境问题以及公路交通噪声、汽车废气、水质污染等环境质量问题已为人们日益关注。

公路环境保护的意义归纳如下：

(1)路基工程在施工及竣工后，结合造地还田与疏导排水，各部分相互协调配套，可使工程稳定坚固，外观顺适优美，能起到防止水土流失的作用。

(2)路面工程对路基起保护作用，同时也起着防尘、防水，保护公路沿线环境不被污染的作用。

(3)桥梁涵洞工程设计与施工中重视对公路路域景观环境的影响，可起到美化环境的作用。

(4)排水工程对公路工程的整体性和稳固性有特殊的作用，可以防止路基路面水及水中含有的油污、有害元素直接进入农田，避免耕地淹没、土壤污染。

(5)防护工程确保了路基稳定，减少了水土流失，直接起到了环境保护作用。该工程与环境保护的关系最为密切。

(6)公路绿化是国土绿化的重要组成部分，不仅可以有效地改善行车环境，还可以起到美化路容、优化环境的作用。

(7)对公路建设项目活动可能带来的各种环境影响进行定性定量分析，检测并评价其未来影响范围和程度，为合理选线提供依据；通过损益分析，提出可行的环境保护措施并反馈于设计，可减轻和补偿公路建设项目活动所带来的不利影响；为公路建设项目的生产管理和环境管理提供依据，为路域地区经济发展规划、环境保护规划提供依据，为决策者提供协调环境与发展关系的科学依据。

二、公路环境保护设计

(一)公路环境保护的基本要求

(1)经济建设与环境保护协调发展。经济建设、城乡建设与环境建设必须同步规划、同步实施、同步发展，以实现经济效益、社会效益和环境效益的统一。

(2)坚持“以防为主、以治为辅、防治结合”的原则。以防为主是设计阶段前瞻性的活动过程，因此在公路设计中应从环境保护的角度，站在总体设计的高度上提出环境保护设计所考虑的对象。

(3)实行“三同时”原则,严格坚持环境影响评价制度。

(4)公路环境保护设计不是一个独立的专业设计问题,它与公路各专业勘测设计密不可分,环境保护设计的许多具体措施不可能脱离主体工程设计对环境保护观念的落实,同时对主体工程的设计又要求从环境保护角度考虑方案与对策。

(5)公路环境保护应合理利用土地资源,保护农田水利设施,尽量减少拆迁,保护沿线生态环境。

(6)公路两侧景观与绿化工程设计必须在正常用地范围以外占用土地时,所占用土地应计入公路用地。特别是高速公路选线及设计时,应有意识地将公路用地范围外既有自然或人文景观纳入视觉范围而加以利用,使公路同自然景观、人文景观融为一体。

(二)公路环境保护设计

公路建设同其他建设项目一样,在建设和营运阶段会对环境产生一定的影响。国际通行的公路环境影响内容包括社会经济环境影响、生态环境影响、大气环境影响、噪声环境影响、交通环境影响、文物和珍稀动植物保护及公众参与等。

公路工程项目的各个阶段必须做好环境保护设计。在可行性研究阶段应进行环境影响评价;在初步设计阶段应针对环境影响评价报告书中的环境保护评价意见,拟订环境保护总体设计方案并进行论证;在施工图设计阶段应根据审定意见作出环境保护工程设计。公路环境保护设施的设计年限应同公路远景设计年限一致。

公路环境保护设计要点如下。

1.路线环境保护设计要点

公路选线要综合考虑地形、地质与环境保护因素,合理利用地形以减少工程量,减轻对环境的破坏,绕避不良地质,以避免地质灾害的发生。选线时要地形选线、地质选线与环境保护选线相结合,保护自然环境,创建优美的道路运营环境。

线形设计应合理采用技术标准及其指标,平、纵线形组合设计应能使汽车匀速行驶;互通立交、匝道及其各类出、入口的线形设计应能使车流顺畅运行;设置平面交叉时应采用较高平、纵指标并做好渠化设计,以使车流顺畅,避免堵塞;环境敏感点附近的路段,宜采用较高平、纵指标,避免设置急弯、陡坡、爬坡车道等。

2.路基环境保护设计要点

路基设计应视地形、地质情况合理选取断面形式,避免大填大挖。在山坡陡峭的坡面尽可能采用半路半桥或分离式路基,以减少路基土石方量;路基深挖地段根据边坡稳定情况采取不同的防护形式,把工程防护与生物防护结合起来,并尽可能减少工程防护;路堑边坡根据具体情况采用不同坡度,开挖边坡地段为荒山荒地时,尽可能采用较缓边坡,以利于生物防护,最大限度地恢复原始地貌。

路基取土、弃土及排水设计应结合工程地质条件,贯彻因地制宜、就地取材的原则做好环境保护设计。对取土、石、砂砾料的料场,考虑其位置、开采方式、数量等对坡面植被、河道流向等的影响。路基综合排水系统应与当地排灌系统相协调。

3.互通式立交环境保护设计要点

互通式立交设计应针对地形、地质条件,以及周围自然环境、社会环境等特点,考虑立交区环境设计方案。在满足互通式立交使用功能的同时,应使立交形式布局美观。综合立交区周围自然环境，进行上跨主线与下穿主线的方案比较，合理确定桥上纵坡及桥头路基高度。立交桥结构形式、跨径、桥长应成比例，与立交区周围环境相协调。立交区绿化设计要与路线总体景观设计方案相一致。立交区综合排水系统应与路线综合排水系统统一考虑。

4. 桥梁环境保护设计要点

桥梁要视地质条件选取合理桥型、基层及施工工艺，避免地质灾害的发生。当基础位于山体完整性、稳定性差的斜坡时，应对斜坡的稳定性进行分析研究，选择对坡面扰动小的基础形式，基础的开挖或钻孔选用对坡面振动小的施工工艺。

5. 隧道环境保护设计要点

隧道设计结合地质、水文、气象、地震等情况，考虑施工和营运环境进行多方案论证。隧址的选择应综合考虑接线设计、洞内外排水系统、弃渣处理、施工和营运管理等，并提出必要的环境保护措施。隧址通过含有害气体的地层时，需预测对施工、营运的影响，并提出防治措施。隧址应避开或保护储水结构层和蓄水层，保护地下水径流和地表植被。隧道洞口设置遵循“早进晚出”的原则，尽可能与自然保持一致，减少对山体的切割。

6. 服务区及管理设施环境保护设计要点

服务区及管理设施设计应结合自然景观选择适宜的位置，对生活废水、废弃物等进行综合治理。污染防治措施应进行多方案比选，拟分期实施的防污染设施需经论证并确定实施年限，有条件时应结合周围环境进行景观设计。

思考题及习题

6-1　公路服务设施的定义是什么？它主要包括哪几个部分？

6-2　公路服务区总体布局形式分为哪几类？

6-3　公路交通安全设施包括哪些？

6-4　中央分隔带需要设置哪些安全设施？

6-5　交通管理设施包括哪些？

6-6　公路绿化的类型及设计要点是什么？

6-7　公路景观设计的基本要求是什么？

6-8　公路环境保护设计要点是什么？

第七章　公路选线

教学目标　熟悉公路选线的原则与步骤，路线方案比较的方法，不同地区选线的特点；掌握平原区、山岭区、丘陵区选线的方法及注意事项。

第一节　概　述

选线包括路线方案选择、路线布局和具体确定路中线位置的全过程。选线是整个道路设计的关键，它对道路使用质量、工程造价、环境保护及运输效率都有很大的影响。

选线是在公路规划路线起终点之间选定一条技术上可行、经济上合理，又能符合使用要求的道路中心线的工作，它面对的是一个十分复杂的自然环境和社会经济条件，需要综合考虑多方面因素。为达此目的，选线必须由粗到细、由轮廓到具体、逐步深入，分阶段、分步骤地加以分析比较。

一、自然条件对公路选线的影响

自然条件对公路选线具有较大的影响。影响公路选线的自然因素主要有地形、气候、水文、地质、土质、土壤及植被覆盖等。

（一）地形

地形决定了选线条件，并在很大程度上影响公路的技术标准。按公路布线范围内地形形态、相对高差、倾斜度及平整度对各类地形特征描述如下。

1. 平原、微丘地形

（1）平原地形平坦，无明显起伏，地面自然坡度一般在3°以内。

（2）微丘地形指起伏较大的丘陵，地面自然坡度在20°以下，相对高差在100 m以下，选线一般不受地形限制。

（3）河弯顺适，地形开阔，且有连续的宽缓台地的河谷地形。河床坡度大部分在5°以下，地面自然坡度在20°以下。沿河设线一般不受限制，路线纵坡平缓或略有起伏。

2. 山岭、重丘地形

（1）重丘地形指连绵起伏的山丘，具有深谷和较高的分水岭，地面自然坡度一般在20°以上，路线平、纵面大部分受地形限制。

（2）山岭地形指山脊、陡峻山坡、悬崖、峭壁、峡谷、深沟等。地形变化复杂，地面自然坡度大部分在20°以上。路线平、纵、横面大部分受地形限制。

（3）高原地带的深侵蚀沟，以及有明显分水线的绵延较长的高地。地面自然坡度多在20°以上。路线平、纵、横面大部分受地形限制。

（二）气候

气候情况直接或间接地影响着地面水的数量、地下水位高度、大气降水量及其强度和形态、路基水温状况、泥泞期、冬季积雪和冰冻延续期，并在一定程度上限制施工期限和条件。

（三）水文

水文情况决定排水结构物的数量和大小，水文地质情况决定了含水层的厚度和位置、地基或路基岩层滑坍的可能性。

（四）地质

地质构造决定地基及路基附近岩层的稳定性，确定有无滑坍、碎落和崩坍的可能；同时也决定土石方工程施工难易和筑路材料的质量。

（五）土质

土是路基与路面基层的材料，它影响路基形状和尺寸，也影响着路面形式和结构。

（六）植被覆盖

地面的植被覆盖影响暴雨径流、水土流失程度，有些经济种植物还会对路线的走向有影响。

所有上述的一些自然情况，它们都是密切联系与相互制约着的，并且处于经常相互作用和不断变化的过程中。因此，公路选线时要细致调查、实地考察，充分考虑自然条件，并注意到今后的自然变化和道路建成后的影响，保证道路在复杂的自然条件下的坚固稳定与交通运输的畅通无阻。

二、公路选线原则

选线是公路设计的重要环节，选线的质量直接关系到工程数量和工程费用以及公路使用的适用性、安全性、可靠性和耐久性。

在选线时应综合考虑各种因素，妥善处理好各方面的关系，其基本原则如下。

（一）处理好近期与远期的关系

选线应根据公路的性质和任务，综合考虑沿线国民经济发展情况和远景规划，正确处理好远期与近期的关系，使路线在路网中发挥较好的作用。

（二）采用多方案比选

在路线设计的各个阶段，应运用各种先进手段对路线方案做深入、细致的研究，在多方案论证、比选的基础上，选定最优路线方案。

（三）正确掌握和运用技术标准

路线设计应在保证行车安全、舒适、快速的前提下，使工程数量小、造价低、营运费用省、效益好，并有利于公路施工和养护。公路路线设计是一项立体线形设计，应注意立体线形设计中平、纵、横面顺适、合理的配合。在工程量增加不大时，平、纵线形应尽量采用较高的技术指标，不应轻易采用最小值或极限值，也不应不顾工程量的大幅增加，而片面追求高指标。

（四）注意与农业的配合

选线应同农业基本建设相配合，做到少占田地，并应尽量不占高产田、经济作物田或经济林园等。

(五)与路线周围景观的协调

通过名胜古迹、风景区的公路，应与周围环境、景观相协调，桥梁、隧道、沿线设施应与该地区自然景观相适应，与环境融为一体。

(六)重视水文、地质问题

选线时应对工程地质和水文地质进行深入勘测，查清其对公路工程的影响。

对于滑坡、崩塌、岩堆、泥石流、岩溶、软土、泥沼等严重不良地质地段和沙漠、多年冻土等特殊地区，应慎重对待。一般情况下，路线应设法绕避。当必须穿过时，应选择合适的位置，缩小穿越范围，并采取必要的工程措施。

对于高填、深挖路基地段，应做好路基边坡岩土情况的勘测工作，查清边坡及基底情况，据以进行填(挖)边坡的稳定性计算，必要时采取切实可行及安全可靠的边坡防护措施。

(七)重视环境保护工作

由于公路选线及设计的抉择对邻近地区的发展有一定的影响，公路修建及汽车运行也会造成环境污染等问题，所以公路选线必须重视环境保护。

一条公路除对公路使用者提供交通服务外，还必须具有广泛的作用，必须把公路看作整个环境的一个组成部分。这里所说的环境，是指人们周围环境的总体，即社会的、物质的、自然的和人为的。它包括人类、植物和动物三类群体以及对这三类群体起作用的各种力量。公路的选线及设计应该使沿线环境更加完美并作为改善环境的促进因素。

对于上述原则的应用，不同等级的道路选线时，应根据道路的使用任务和功能，有不同的侧重。

三、公路选线步骤

一条路线的起、终点确定以后，在起、终点间有许多种路线方案，选线的任务就是在众多的方案中选出一条符合设计要求、经济合理的最优方案。选线的范围是一个由面到带、再由带到线的过程，选线一般按以下三个步骤进行。

(一)全面布局

全面布局主要解决路线的基本走向问题，即在路线总方向(路线的起、终点和任务书规定经过的中间控制点)之间，寻找出最合理的“通过点”作为大的控制点。这就是在路线的起、终点之间进行“面”的搜索，一般会有几个有比较价值的路线方案。此项工作通常是在工程可行性研究阶段进行的，先在小比例尺(1∶10 000 ~ 1∶50 000)地形图上从“面”上找出各种可能的方案，然后进行现场勘察确定控制点，收集各可能方案的有关资料。将多个有比较价值的方案列入工程可行性研究报告，供评审使用。

(二)路线带选择

路线带选择是解决局部性路线方案。在路线基本走向确定的前提下，根据沿线的地形、地质、水文等自然条件，结合技术标准进一步加密控制点，然后连接这些控制点，即构成路线带。在工程可行性报告评审批复后，路线的基本走向问题，即路线“面”的问题已解决。路线基本走向选定后需要进一步加密细部控制点，解决局部路线方案问题，此项工程通常在初步设计阶段进行。先在1∶1 000 ~ 1∶5 000 比例尺地形图上研究，然后到现场进行初测工作,逐段结合地形、地质、水文等自然条件选定一些细部控制点,将一些具有比较价值的细部方案列入初步设计文件。

(三)具体定线

具体定线是确定道路中线具体位置的过程。经过上述两个步骤的工作后,路线的基本雏形已勾绘出来,定线就是根据技术标准和路线方案,结合有关条件在有利的定线带内进行平、纵、横综合设计,具体定出道路的中线。

由此可见,选线是一个调查范围由大到小,工作深度由粗到细的工作过程,是一项涉及面广、影响因素多、政策性及技术性都很强的工作。

选定公路中线位置按具体做法不同有实地选线、纸上选线和自动化选线等。

(1)实地选线。实地选线就是由选线人员根据设计任务书或合同书的要求,在现场实地进行勘察测量,经过反复比较,直接选定路线的方法。这是我国传统的选线方法。其特点是方法简便,切合实际,实地容易掌握地质、地形、地物的情况,做出的方案比较可靠。但这种方法野外的工作量很大,体力劳动强度大,野外工作时受季节、气候的影响也大。同时,由于实地视野的局限性,使路线的整体布局有一定的片面性和局限性。实地选线一般适用于等级比较低、方案比较明确的公路。

(2)纸上选线。纸上选线是在地形图上确定路线,然后将此路线放到实地的选线方法。其特点是野外工作量小,工作时受季节、气候的影响小,能在图纸上纵观中线全局,结合地形、地物等条件,综合平、纵、横三方面的因素,所选定的路线比较合理。但纸上定线需要大比例尺地形图。纸上定线随着测设技术的进步,应用越来越广泛。特别是对于高等级公路和地形、地物、路线方案十分复杂的公路更为适用。

(3)自动化选线。自动化选线是将航测或数字化地形图按选线的设计要求转化为数学模型,通过计算机按一定的要求进行自动选线、分析比较、优化,最后通过输出设备将设计成果输出。自动化选线用计算机代替人工进行大量的计算、绘图工作,能省工省时,是今后公路选线的发展方向。

第二节 路线方案比较

一、方案比较的意义

方案比较是选线中确定路线总体布局的有效方法,在可能布局的多种方案中,通过方案比较和取舍,选择技术合理、费用经济、切实可行的最优方案。路线方案的取舍是路线设计中的重要问题,方案是否合理,不仅关系到公路本身的工程投资大小和运输效率高低,更重要的是,影响到路线在公路网中的作用,直接关系到是否满足国家政治、经济及国防的要求和长远利益。

根据方案比较的深度,可分为原则性方案比较和详细的方案比较两种。

(一)原则性方案比较

从形式上看,方案比较可分为质的比较和量的比较。对于原则性方案比较,主要是质的比较,多采用综合评价的方法,这种方法不是通过详细计算经济和技术指标进行的比

较,而是综合各方面因素进行评比。主要综合的因素有:

(1)路线在政治、经济、国防上的意义,国家或地方建设对路线使用任务、性质的要求,以及战备、支农、综合利用等重要方针的贯彻和体现程度。

(2)路线在铁路、公路、航道等网络系统中的作用,与沿线工矿、城镇等规划的关系以及与沿线农田水利建设的配合及用地情况。

(3)沿线地形、地质、水文、气象、地震等自然条件对公路的影响,要求的路线等级与实际可能达到的技术标准及其对路线的使用任务、性质的影响;路线的长度、筑路材料的来源、施工条件以及工程量“三材”(钢材、木材、水泥)用量、造价、工期、劳动力等情况及其运营、施工、养护的影响,以及施工期限长短等。

(4)路线与沿线历史文物、革命史迹、旅游风景区等的联系。

影响路线方案选择的因素是多方面的,而各种因素又多是相互联系、相互影响的。路线在满足使用任务和性质要求的前提下,应综合考虑自然条件、技术标准和技术指标、工程投资、施工期限和施工设备等因素,精心选择、反复比较,才能提出合理的推荐方案。

(二)详细的方案比较

对于局部方案的比较,则属于量的比较,主要是通过详细计算投资与工程量等技术指标、经济指标的比较。详细的方案比较一般在原则性方案评价之后进行,一般计算的指标如下。

1. 技术指标的计算

(1)路线长度及延长系数。路线延长系数为路线方案的实际长度与路线方案起、终点间的直线距离之比,可分为路线总延长系数和路线技术延长系数。

路线总延长系数 λ_0 为

$$\lambda_0 = \frac{L}{L_0} \tag{7-1}$$

式中 L——路线方案的实际长度,m;

L_0——路线起、终点间的直线距离,m。

路线技术延长系数 λ_1 为

$$\lambda_1 = \frac{L}{L_1} \tag{7-2}$$

式中 L_1——路线方案中各大控制点间的直线距离,m。

有时在进行方案比选时,可计算路线技术延长系数,其值一般为1.05~1.20,视地形条件而异。

(2)转角数。包括全线的转角数 n(个)和每千米的转角数(个/km)。

(3)转角平均度数。这是体现路线顺直的一种技术指标,转角平均度数按下式计算

$$\alpha = \frac{\sum_{i=1}^{n} \alpha_i}{n} \tag{7-3}$$

式中 α——转角平均度数,(°);

α_i——任一转角的度数,(°);

n——全线的总转角数。

(4)最大与最小平曲线半径,m。

(5)回头曲线的数目,个。

(6)最大与最小纵坡。

(7)最大与最小竖曲线半径,m。

(8)与既有公路及铁路的交叉数目(包括平面交叉和立体交叉)。

(9)限制车速的路段长度(指居住区、小半径转弯处、交叉点、陡坡路段等)。

2. 经济指标的计算

(1)路基土石方工程数量。

(2)桥涵工程数量(大桥、中桥、小桥涵的座数、类型及其长度)。

(3)隧道工程数量。

(4)挡土墙工程数量。

(5)征占土地数量及费用。

(6)拆迁建筑物及管线设施的数量。

(7)主要材料数量。

(8)主要机械、劳动力数量。

(9)工程总造价。

(10)投资成本—效益比。

(11)投资内利润率。

(12)投资回收期。

以上各项技术经济指标,在进行路线方案比选时并不是每项都可能算出的,而是根据工程项目的具体情况,抓住可比的关键问题和各方案的重点指标加以对比分析,得出正确的结论。

二、路线方案比较的步骤与示例

(一)路线方案选择的方法和步骤

路线方案是通过许多方案的比较淘汰而确定的。路线起、终点之间的自然情况越复杂,距离越长,可能的比较方案就越多,需要淘汰的方案也就越多。实践中,不可能每条路线都通过实地查勘进行,因而要尽可能的收集已有资料,先在室内进行研究筛选,然后就最佳的,而且优劣难辨的有限方案进行调查或踏勘。

路线方案选择的一般步骤如下。

1. 收集有关资料

收集与路线方案有关的规划、计划、统计资料及各种比例尺的地形图、航测图、水文、地质、气象等资料。

2. 确定初步方案

根据确定的路线总方向和公路等级,先在小比例尺(1∶50 000 或 1∶100 000)的地形图上,结合收集的资料,初步研究各种可能的路线走向。研究重点应放在地形、地质、地物复杂,外界干扰多、牵涉面大的路段。比如可能沿哪些溪沟、越哪些垭口,路线经城镇或工矿区时，是穿过、靠近，还是避开而以支线连接等，要进行多种方案的比选，提出哪些方案应进行实地踏勘。

3. 野外实地勘察

按室内初步研究提出的方案进行实地调查，连同野外调查中发现的新方案，都必须坚持跑到、看到、调查到，不遗漏任何一个可能的方案。

野外调查要求做到以下几点：

(1)初步落实各控制点的具体位置，路网规划所指定的控制点如确因干扰或技术上有很大困难或发现不合理必须变动时，应及时反映，并经过分析论证提出变动的理由，报有关部门审定。

(2)对路线、大桥、隧道均应提出推荐方案，对于确因限于调查条件不能肯定取舍的比较方案，应提出进一步勘测比较的范围和方法。

(3)根据地形情况，分段提出采用的技术标准和主要技术指标。

(4)在深入调查的基础上，通过比较，选定路线必经的控制点，如越岭的垭口、跨较大河流的桥位、与铁路或其他公路交叉地点，以及应绕避的城镇及大型的不良地质地段等。对于地形、地质、地物情况复杂的地区，应提出路线具体布局的意见。

(5)分段估算各种工程量，如路基土石方数量，路面工程量，桥梁、涵洞、隧道、挡土墙等的长度、类型、式样和工程数量等。

(6)社会经济方面调查。调查道路沿线地区的资源情况及工矿、农、林、牧、副、渔业以及其他大宗物资的年产量、年输出量、年输入量、货运流向以及运输季节和运输工具，路线联系地区的交通网系规划，预计对路线运量发展的影响，沿线人口、劳动力、运输力、工资标准等资料，供估算交通量、论证路线走向及控制点的合理性和拟订施工安排的原则意见时参考。

(7)其他调查。如沿线民族习惯、居住、生活供应、水源、运输条件、气候特征、沿线林木覆盖、地形险阻、有无地方病疫和毒虫害兽等情况也应进行调查，为下一步勘测提供资料。

4. 确定推荐方案

分项整理汇总调查成果，确定推荐选线方案，编写工程可行性研究报告，为上级编制或补充修改设计任务书提供依据。

(二)路线方案比较示例

某省级公路干线，根据公路网规划要求，按二、三级路线标准进行调查，共调查了四个方案供路线基本走向的选择(见图7-1)。各方案的主要技术经济指标汇总如表7-1所示。

比选结果：第三、四方案路线过于偏离总方向，较第一、二方案长100～150 km，虽然多联系两三个县(市)，但对发展地区经济所起的作用不大。而且，第三方案线形指标较低，将来改造难以提高；第四方案又与现有高压电缆线连续干扰，不易解决。因而第三、四方案采用的可能性很小。第二方案虽路线最短，但与铁路严重干扰，于战备不利，且用地较多，最后选择推荐了路线基本走向合理、线形标准较高、用地省、投资也较经济的第一方案。

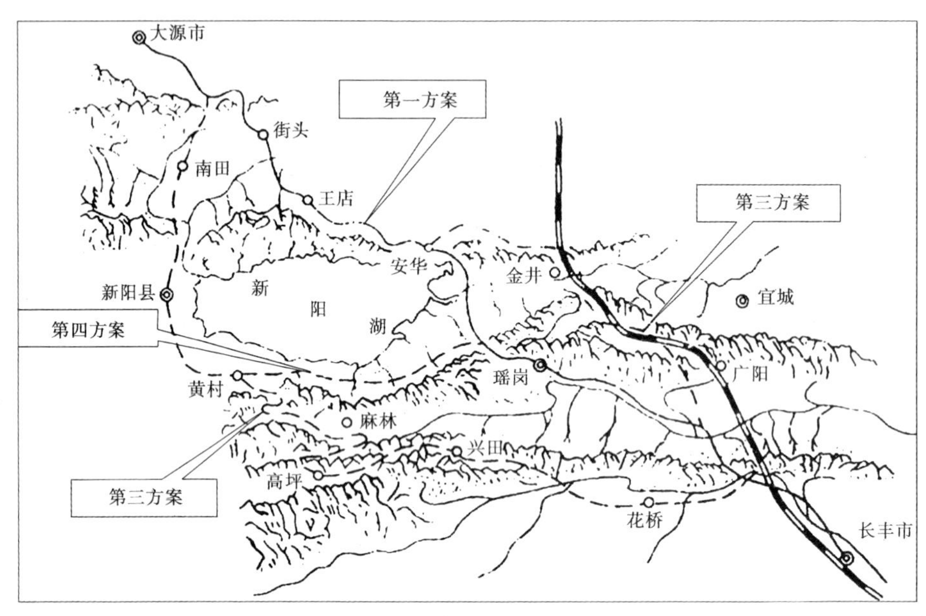

图 7-1　路线方案比较示例

表 7-1　某路线各方案主要指标比较表

指标		单位	第一方案	第二方案	第三方案	第四方案
通过县(市)		个	29	29	32	31
路线长度		km	1 360	1 374	1 510	1 476
其中:新建		km	133	200	187	193
改建		km	1 227	1 147	1 323	1 283
地形:平原、微丘		km	567	677	512	615
山岭、重丘		km	793	670	998	861
用地		市亩	2 287	2 869	3 136	2 890
工程数量	土方	万 m^3	382	492	528	547
	石方	万 m^3	123	75	82	121
	次高级路面	km^2	5 303	5 582	4 440	5 645
	大、中桥	m/座	1 524/16	1 802/20	1 057/13	1 207/15
	小桥	m/座	1 084/57	846/54	980/52	1 566/82
	涵洞	道	977	959	1 091	1 278
	挡墙	m^3	73 530	53 330	99 770	111 960
	隧道	m/处	300/1		290/1	
三材	钢材	t	1 539	1 963	1 341	1 469
	木材	m^3	18 237	19 052	18 226	19 710
	水泥	t	30 609	39 159	31 288	33 638
劳动力		万工日	1 617	173	1 750	1 920
总造价		万元	5 401	5 674	5 189	5 966
比较结果			推荐			

第三节 平原地区选线

一、平原区路线特点

(一)自然特征

平原区是地面高度变化微小的地区,地形平坦,有时有轻微的波状起伏或倾斜。平原地区除泥沼、盐渍土、河谷漫滩、草原、戈壁、沙漠等外,一般多为耕地,且分布有各种建筑设施,居民点较密;在天然河网湖区,还具有湖泊多、水塘多、河滩多等特点。从地质水文条件来看,平原区一般不良地质相对较少,但有时会遇到软土和沼泽地段。平原区地势平坦,往往排水比较困难,地下水位一般较高。平原区河流较宽阔,河床较浅,洪水泛滥较宽。

(二)路线特征

平原区地势比较平坦,地形对路线的约束不大,路线布线容易,路线纵坡及曲线半径等几何要素比较容易达到较高的技术指标,但在选线时需解决平面线形与地物障碍的矛盾。其路线平面特征是:平面线形顺直,以直线为主体线形,弯道转角一般较小,平曲线半径较大;在纵断面上,坡度平缓,以低路堤为主。路线布设除考虑地物障碍外,一般没有太大困难。

平原区路线往往由于受当地自然条件和地物的影响,选线时应综合考虑多方面的因素。

平原区地形对路线的限制不大,路线的基本线形应是短捷顺直。两控制点之间,如无地物、地质等障碍和应协调的风景名胜、文物及居民点等,则与两点直接连线相吻合的路线是最理想的。但这只有在戈壁滩里和大草原上,才有此可能。而在一般地区,农田密布,灌溉渠道网纵横交错,城镇、工业区较多,居民点也较稠密。由于这些原因,按照公路的使用任务和性质,有的需要靠近它,有的需要绕避,从而产生了路线的转折,虽增加了距离,但这是必要的。因此,平原区选线,先是把路线总方向内所规定经过的地点如城镇、工厂、农场以及文物风景地点作为大控制点;然后在大控制点之间进行实地勘察,了解农田优劣及地物分布情况,确定哪些可穿,哪些该绕以及怎样绕避,从而建立起一系列中间控制点。路线一般应由一个控制点直达另一个控制点,不作任意的扭曲。为了增进路容的美观,需要把路线的平、纵面配合好。在坡度转折处设置适当的竖曲线也是必要的。

平原区路线要充分考虑近期和远期相结合,在线形上要尽量采用较高标准,以便将来提高公路等级时能充分利用原路基、桥涵等工程。

二、平原区路线布设

平原区路线因受地形限制不大,布线应在基本符合路线走向的前提下,着重考虑政治、经济因素,正确处理对地物、地质的避让与趋就,找出一条理想的路线来。

综合平原地区的自然和路线特点,布线应注意如下要点。

(一)以平面为主安排路线

平面线形应尽可能采用较高的技术指标,不片面追求直线,也不应无故转弯,在避让局部障碍物时,要注意线形的舒顺和过渡,穿越时应有合理可靠的技术措施。深入调查研究沿线自然环境,正确处理好地物、地质的避让与趋就,选择一条短捷顺直的路线方案。一般来讲,该方案应在符合路线总方向的前提下,在各必须避让的障碍物之间穿行。选线时,首先在路线起、讫点间把经过的城镇、厂矿、农场及风景文物点作为大的控制点,在控制点间通过实地视察,进一步考虑地形条件和水文条件选择中间控制点,除一般较大的建筑群、水电设施、跨河桥位、洪水泛滥线范围以外以及其他必须绕过的障碍物外,均可作为中间控制点。在中间控制点之间,无充分理由一般不设交点。在安排平面线形时,既要使路线短捷顺直,又要注意避免过长的直线,可能条件下多采用转角小、半径大的长缓平曲线线形。纵面线形应综合考虑桥涵、通道、交叉等构造物,合理确定路基设计高度,以避免纵坡起伏频繁,但也不应过于平缓,造成排水不畅且增大工程量。

平原区路线在具体指标应用时应注意以下几点:

(1)合理选用直线长度。平原区路线应以直线为主,当必须采用长直线时,应做好平、纵组合设计,以消除长直线的弊端。

(2)直线与半径的关系。长直线的尽头不得连接急弯,有时尽管所接的曲线并不小,但不一定与其前面所接的直线相适应。

(3)保证路基稳定。平原区路线纵坡设计时应注意路基的最小填土高度;做好路基的排水设计;横向排水不利时,应保障最小排水纵坡度的要求。最小排水纵坡度一般为0.5%,最小不小于0.3%。

(二)正确处理路线与农业的关系

平原区农田成片,渠道纵横交错,处理好公路与农田规划、农业灌溉、水利设施等的关系,是平原区选线的重要问题。

(1)尽可能少占农田。平原区新建公路要占用一些农田,这是不可避免的,但要尽量做到少占和不占高产田。布线要从路线对国民经济的作用、对支农运输的效果、地形条件、工程数量、交通运输费用等方面全面分析比较,既不能片面追求直线占用大片良田,也不能片面强调不占某块田,使路线弯弯曲曲,造成行车条件恶化。如图7-2所示路线,如按虚线布设,直穿田间,路线短,线形好,但多占良田,填筑路基取土困难;如走实线(将路线移向坡脚),里程略长,但避开了大片高产田,而沿山脚布线,路基可半填半挖,既节省土石方,又避免了填方借土及远运。

(2)应与农田水利建设相配合。路线与农田水利建设相配合,有利农田灌溉,尽可能少和灌溉渠道相交,把路线布置在渠道上方非灌溉的一侧或渠道尾部。当路渠方向基本一致时,可沿渠(河)堤布线,堤路结合,桥闸结合,以减少占田和便利灌溉。路线必须跨水塘时,可考虑设在水塘的一侧,并拓宽水塘取土填筑路堤,使水塘面积不致缩小。图7-3为某公路的一段,利用人工运河河堤与路堤相结合,减少了桥涵数量,节省了占地,且路线平顺。

(3)在可能的情况下,布线要有利于造田、护田。当路线靠近河边低洼的村庄或田地时,应争取靠河岸布线,利用公路的防护措施,兼作保村护田之用。

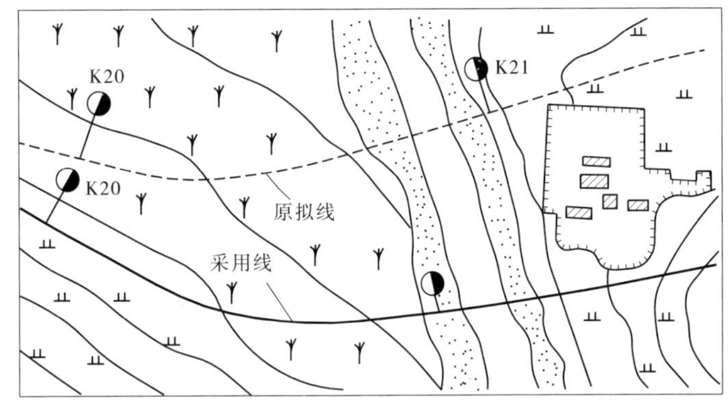

图 7-2　路线位置选择

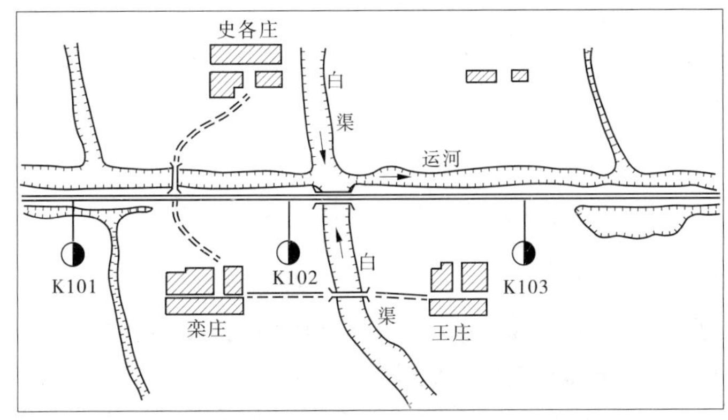

图 7-3　河堤与路堤结合

(4)布线时要注意考虑为农业服务。对于一般公路,应较多地靠近居民点,考虑地方交通工具的行驶,并要注意与农村公路和机耕道的连接及与土地规划利用相结合,方便地方群众。

(三)合理考虑路线与村镇的联系

平原区有较多的城镇村庄、工业及其他设施,布线应根据公路的功能、等级、交通量,并结合城镇发展规划等情况,正确处理穿越和绕避问题。

(1)国防公路和新建的高等级公路,应尽量避免穿越城镇、工矿区及较密集的居民点。但又要考虑到便利支农运输,便利群众,便利与工矿的联系,路线不宜离开太远,必要时还可修建支线联系,做到"靠村不进村,利民不扰民",既方便运输,又保证安全。

(2)一般沟通县、乡、村直接为农业运输服务的公路,经地方同意也可穿越村镇,但应有足够的行车视距,以保证行人、行车的安全。

(3)路线应尽量避开重要的电力、电信设施。当必须靠近或穿越时,应保持足够的距离和净空,尽量不拆或少拆各种电力、电信设施。

（四）处理好路线与桥位的关系

大、中桥桥位常常是路线的控制点，但原则上应服从路线总方向并满足桥头引线的要求，桥路综合考虑。一般情况下，桥位中线应尽可能与洪水的主流流向正交，桥梁和引道最好都在直线上。位于直线上的桥梁，当两端引道必须设置曲线时，应在桥两端以外保持一定的直线段，并尽量采用较大平曲线半径。当条件受限制时，也可设置斜桥或曲线桥。要注意防止两种偏向：一种是单纯强调桥位，造成路线过多地迂绕，或过分强调正交桥位，出现桥头急弯影响行车安全；另一种是只顾线形顺直，不顾桥位，造成桥位不合适或斜交过大，增加建桥困难。如图 7-4 所示，路线跨河有三个方案，就桥梁而言，乙线较好，但路线较长；就路线而言，甲线里程最短，但桥梁多，且都为斜交；丙线则各桥都近于正交，但线形颇多曲折。三个方案均有可取之处，但考虑该路线交通量较大，故采用甲方案。

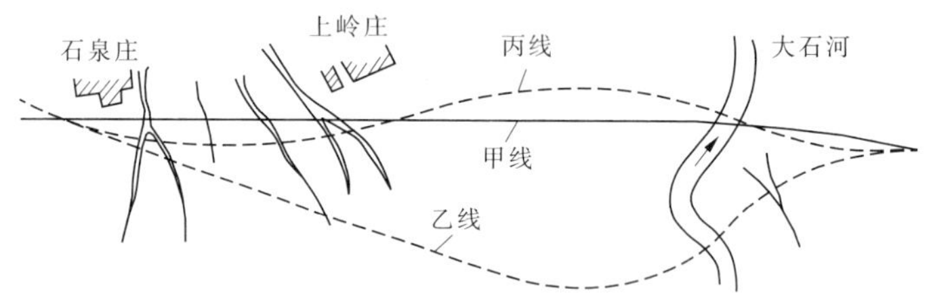

图 7-4　路线与桥位的关系

中、小桥和涵洞位置应服从路线走向，但遇到斜交过大（夹角小于 45° 时）或河沟过于弯曲的情况，可采取改河措施或改移路线，调整桥轴线与流向的夹角，以免过分增加施工困难和加大工程投资，选线时应全面比较后确定。

路线跨河修建渡口时，应在路线走向基本确定后选择渡口位置。渡口要避开浅滩、暗礁等不良地段，两岸地形应适宜修建码头。

（五）注意土壤水文条件

平原地区的土壤水文条件较差，特别是河网湖区，地势低平，地下水位高，使路基稳定性差，因此应尽可能沿接近分水岭的地势较高处布线。当路线遇到面积较大的湖塘、泥沼和洼地时，一般应绕避；当需要穿越时，应选择在最窄最浅和基底坡面较平缓的地方通过，并采取有效措施，保证路基的稳定。

（六）正确处理新旧路的关系

平原地区通常有较宽的人行大路或等级不高的公路，当设计交通量很大，需要新建公路时，应尽可能予以利用。但要注意从公路长远发展考虑，根据该路在路网中的地位与作用，严格按技术标准的要求对老路进行改造，不能利用的可以恢复为耕地，或改造成农用道路。

（七）尽量靠近建筑材料产地

平原地区一般缺乏砂石等建筑材料，特别是平原区高等级公路的填方工程量一般都很大，除设法尽可能降低设计高度以减少土方工程外，路线应尽可能靠近建筑材料产地，以减少施工、养护材料的运输费用。

第四节 山岭区选线

一、山岭区路线特点

（一）自然特征

山岭区包括分水岭、起伏较大的山、陡峻的山坡，一般地面自然坡度在20°以上，其主要自然特征如下：

（1）山高谷深，地形复杂，山脉水系分明。一方面，由于山区高差大，加之陡峻的山坡和曲折幽深的河谷，形成了错综复杂的地形，这就使得公路路线弯急、坡陡、线形很差，给工程带来困难。但另一方面，清晰的山脉水系也给山区公路走向提供了依据。因此，在选线中摸清山脉水系的走向和变化规律，对于正确确定路线的基本走向，选择大的控制点是十分重要的。

（2）石多、土薄、地质复杂。由于山区的地质层理和地壳性质在短距离内变化很大，地质构造复杂，加之气候、水文及其他大气候因素变化急剧，引起强烈的风化、侵蚀和分割作用，不良地质现象（如岩堆、滑坡、碎落、泥石流等）较多，这些直接影响着路线的位置和路基的稳定。因此，在山区选线工作中，认真作好地质调查，掌握区域地貌和地质情况，摸清不良地质现象的规律，处理好路线与地质的关系，并在选线设计中采取必要的防护措施，对于确保路线质量和路基稳定具有十分重要的意义。另外，山区石多、土薄，给公路建设提供了丰富的石料料场。

（3）水文条件复杂。山区河流曲折迂回，河岸陡峻，比降大、水流急，一般多处于河流的发源地和上游河段。雨季暴雨集中，洪水历时短暂，猛涨猛落，流速快，流量大，冲刷和破坏力很强，这样复杂的水文条件，要求在选线中正确处理好路线和河流的关系，选择好桥位，并对路基和排水构造物采取必要的加固措施，确保路基稳定。

（4）变化的山区地形和地貌，引起多变的气候。一般山区气温较低，冬季多冰雪（特别是海拔较高的山区），一年四季及昼夜温差很大，山高雾大，空气较稀薄，气压较低。这些气象特征对于汽车行驶的效率、安全和通行性能都有很大的影响，这些在选线时应充分考虑。

（二）路线特征

由于自然条件复杂，地形变化很大，使得路线在平、纵、横三方面受到很大限制，因而技术指标一般多采用低限。在所有自然因素中，高差变化是选线的主导因素，因此在路线布设时，一般多以纵面线形为主安排路线；其次是考虑横断面和平面，在选线时要注意分析平、纵、横三方面因素，结合影响路线的主要自然因素综合考虑，求得协调合理。

山岭地区，山高谷深，坡陡流急，地形复杂，但山脉水系清晰，这就给山区选线指明了方向，不是顺山沿水，就是横越山岭。顺山沿水的路线按路线经过地带的部位不同又可分为沿溪（河）、山腰、山脊等，通过不同部位的路线分别称为沿溪线、山腰线及山脊线；横越山岭的路线称为越岭线。由于各种线形所处的部位不同，地形特征、地质条件决定了选线过程中要解决的主要问题也不一样，本节重点叙述沿溪（河）线、越岭线、山脊线三种路线的选线布局。至于山腰线，由于沿溪（河）的高线和越岭线、山脊线的大部分路线都处于山腰，已涉及山腰线的内容，为避免重复，不再单独论述。

二、沿溪（河）线

沿溪（河）线是指沿着溪（河）岸布置的路线，如图 7-5 所示，它是山区选线中常被优先考虑的方案。

图 7-5　沿溪（河）线

山区的河谷一般具有如下特点：山区河流河床、谷底一般不宽，两岸台地较窄，谷坡时缓时陡，间或为浅滩和悬崖峭壁。河流多具有弯曲的特点，凹岸较陡而凸岸较缓，如沿一侧而行，常常是陡岸缓岸相间出现。两岸均为陡崖处即为峡谷，开阔处常有较宽台地，多是山区仅有的良好耕地；河谷地质情况复杂，常有滑坍、岩堆、泥石流等病害存在，寒冷地区的峡谷因日照少，常有积雪、雪崩和涎流冰等现象；山区河流，平时流量不大，但一遇暴雨，山洪暴发，洪流常挟带泥沙、砾石、树木等急速下泄，冲刷河岸，毁坏田园，危害甚大。

上述自然条件会给选线工作造成一些困难，但和山区其他线形相比较，沿溪（河）线平、纵线形标准，一般较山岭区其他线形好，而且便于为分布在溪河两岸的居民点及工农业生产服务，有丰富的砾石、石料以及充足的水源，可供施工、养护使用，沿河设线只要善于利用有利地形，克服不良的地质、水文等不利因素，在路线标准、工程造价等方面都有可能胜于其他线形。因此，当有与路线顺向的河谷时，沿溪（河）是首选方案，但其防护工程量一般较大，占地矛盾突出。

(一)沿溪(河)线布局要点

适于布线的河谷一般要符合下列条件:河谷走向接近路线基本走向;河岸地形比较连续;河岸横向坡度比较平缓;支流较少;地质条件较好;居民点较多。在研究了上述条件而确定选用沿溪(河)线时,要进一步处理好路线选择走河流的哪一岸、线位放在什么高度和在什么地点跨河这三个问题。

1. 河岸选择

由于河谷两岸情况各有利弊,选线时应比较两岸地形、地质、水文等条件以及农田水利、不良地质地带,或为了争取缩短里程,提高线形标准,可考虑跨河换岸设线;但河流越大,建桥工程也越大,跨河换岸就越要慎重考虑。河岸的选择一般应结合下列主要因素经过技术经济比较决定。

(1)地形、地质、水文条件。路线应选在地形宽坦,有台地可利用,支沟较少、较小,水文及地质条件良好的一岸。这些有利的条件常交错出现在河流的两岸,选线时应深入调查,综合比较,全面权衡,决定取舍。图 7-6 为沿响水河一段路线,左岸地形陡峻,有断续悬崖。乙方案跨河利用了右岸一段较好的地形,但夏村前方遇到更陡峻的悬崖,崖前为深潭,不宜占河设线,只好再跨回左岸,在 3 km 内跨河两次,需建造中桥两座。如路线不跨河(甲方案),虽需集中开挖一段石方,但较建桥经济得多,因此不宜跨河换岸。

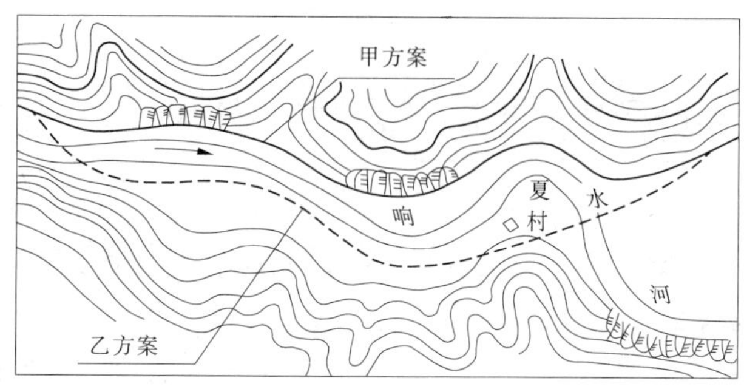

图 7-6　跨河换岸的比较

(2)积雪和冰冻地区的河岸选择。积雪和冰冻地区的阳坡和阴坡、迎风面和背风面的气候差异很大,在不影响路线整体布局的前提下,尽可能选择阳坡和迎风的一岸,以减少积雪、涎流冰等病害。有时即使阳坡工程量大些,也应当从增长通车时间和保证行车安全着眼,选择阳坡方案。

(3)考虑城镇及居民点的分布。除国防公路外,一般路线应尽可能选择村镇较多、人口较密的一岸,并为名胜古迹、风景区等创造便于联系的条件。

(4)考虑施工、养护以及路线等级、投资等情况。任何一条沿溪线公路,除起、终两点在同一岸,且相距又很近,工程又不大,不考虑跨河的特殊情况外,一般情况下都涉及是否跨河及两岸设线的问题。对于较大的河流,如果不是中间控制点的需要,一般因跨河桥梁工程过大而不宜跨河。但是,对于中小河谷,由于跨河较易,为充分利用两岸有利地形,往返跨河时有发生。当路线起讫点在河岸两侧,至少必须跨河一次。有时,起、讫点虽在河流同一岸,但控制点在对岸(见图 7-7),这时可有两种布线方式:一种是两次跨河方案,如图 7-7中虚线;另一种是一次跨河方案,如图 7-7 中实线,用支线与中间控制点连接。一般情况，后一种方案可省一座桥梁，且干线直达，是应优先考虑的方案。

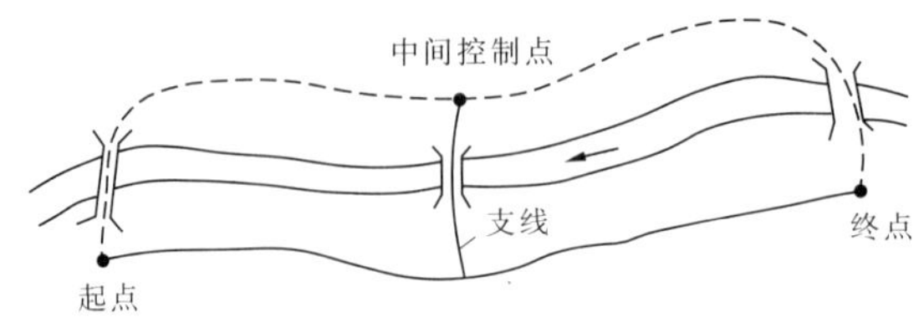

图 7-7　连接中间控制点的跨河方案

2. 线位高低

沿溪(河)线的线位高低，是根据两岸地形、地质条件以及水流情况，结合路线等级标准和工程经济来选定的，当然最好是将路线设在地质、水文条件良好，不受洪水影响的平整台地上。但在谷坡陡峻的河谷中，往往缺乏这种有利地形，而必须傍山临河布线。因此，路线的高低必须慎重考虑。

低线一般是指高出设计水位(包括浪高加安全高度)不多，路基临水一侧边坡常受洪水威胁的路线。低线的优点是平、纵面线形比较顺直、平缓，易争取到较高标准，路基土石方工程也较省，边坡低，易稳定；路线活动范围较大，便于利用有利地形和避让不良的地形、地质；便于在沟口直跨支流，必须跨越主流时也较易处理，施工时用水、取材比较方便。最大的缺点是受洪水威胁，防护工程较多。

高线是指高出设计水位较多，基本上不受洪水威胁的路线。一般多用在利用大段较高台地，或傍山临河低线易被积雪掩埋以及为避让艰巨工程而提高线位等情况，它的优点是不受洪水侵袭，废方较易处理。但由于高线一般位于山坡上，路线必然随山势曲折弯曲，线形差，工程量大；遇缺口时，常需设置较高的挡土墙或其他构造物；此外，如避让不良地质和路线跨河，都较低线困难。

两种线形，一般来讲，低线优点较多，在满足规定频率的设计水位的前提下，路线越低，工程越经济，线形标准也越高，各地有不少采用低线的成功经验，但也有不少水毁的教训，因此采用低线方案时，要特别注意洪水调查，把路线放在安全高度上，同时要采取切实的防洪措施，以保证路基稳定和安全。如图 7-8 所示，原线为了避让沿河约 1.7 km 断续的陡崖，崖顶线位提得过高，由沿河低线位提高到崖顶，升坡路段很长，且弯急坡陡，行车不安全。经局部放线，坡度有所改善，但增加了小半径曲线，线形更加弯曲，最后改为低线位，直穿陡崖，路线平、纵指标显著提高，还缩短里程 760 m，行车顺畅，说明采用低线位优于高线位。

3. 桥位选择

按路线与河流的关系，有跨支流和跨主河两类桥位。跨支流的桥位选择，一般属于局部方案问题，而跨主河的桥位选择多属于路线布局的问题。跨主河的桥位往往是确定路线走向的控制点，它与河岸选择相互依存，互相影响，当路线由于地形、地质原因需要换岸布线时，如果桥位选择不好，勉强跨河，不是造成桥头线形差，就是增大桥梁工程。因此，在选择河岸的同时，要研究处理好桥位及桥头路线的布设问题。

路线跨越主河，由于路线与河流接近平行，桥头布线一般比较困难，因此在选择桥位

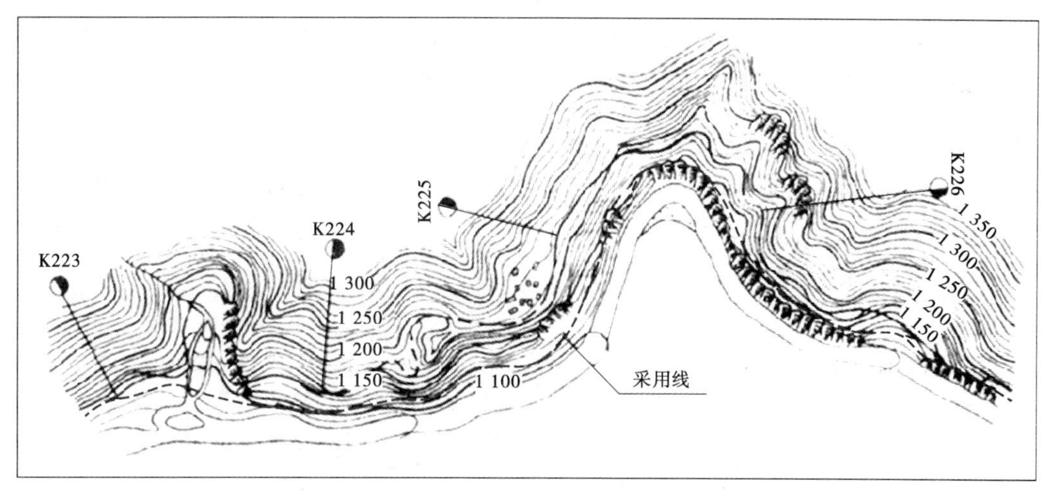

图 7-8　高低线位的比较

时除应考虑桥位本身水文、地质条件外，还要注意桥头路线的舒顺，处理好桥位与路线的关系。

（1）在"S"形河段腰部跨河，以争取桥轴线与河流成较大交角，如图 7-9 所示。本例是个中小桥，采用斜桥方案更有利于路桥配合。

（2）在河弯附近选择有利位置跨越，如图 7-10 所示，但应注意河弯水流对桥的影响，采取防护措施。

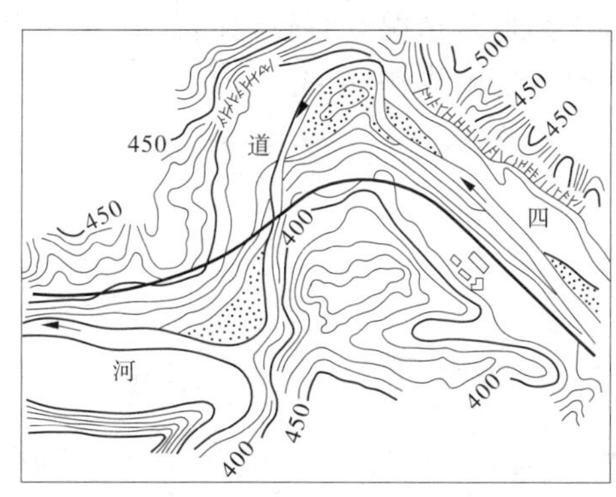

图 7-9　在"S"形河段腰部跨河

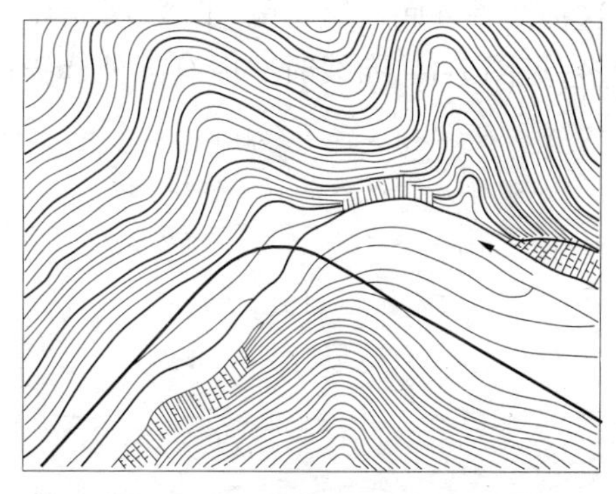

图 7-10　在河弯附近选择有利位置跨河

（3）在与路线接近平行的顺直河段上跨河，桥头引道难以舒顺，设计中应尽量避免，如图 7-11 所示。当必须在这种河段跨越时，中、小桥可考虑设置斜桥以改善桥头线形；如为大桥，当不宜设斜桥时，宜把桥头路线做成勺形或布置一段弯引桥，如图 7-12 所示，或两者兼用。总之，桥头曲线要争取较大半径，以利行车。

路线跨支流的桥位，有从支河（沟）口直跨和绕进支沟上游跨越两种方案，如图 7-13 所示。采用何者为宜，要根据路线等级和桥位处的地质、地形条件，经过技术经济比较确定，不可不加比较而轻率决定。

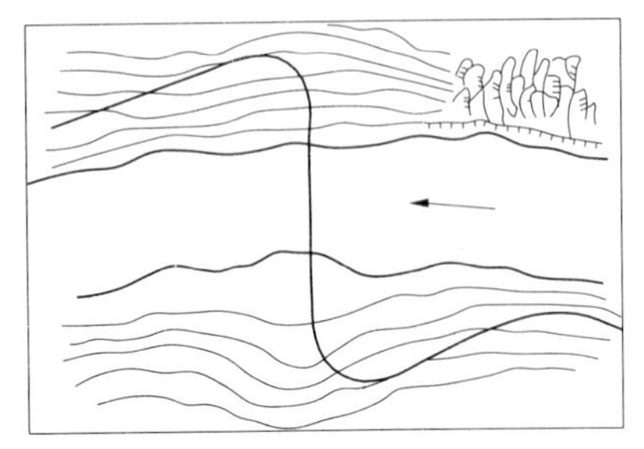

图 7-11　应避免的桥头线形

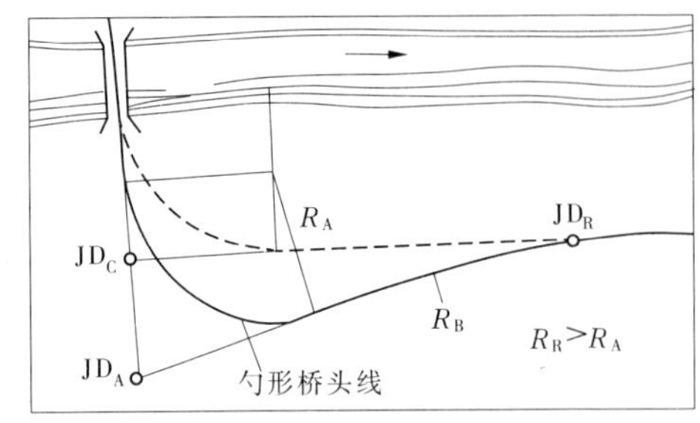

图 7-12　桥头线形的处理

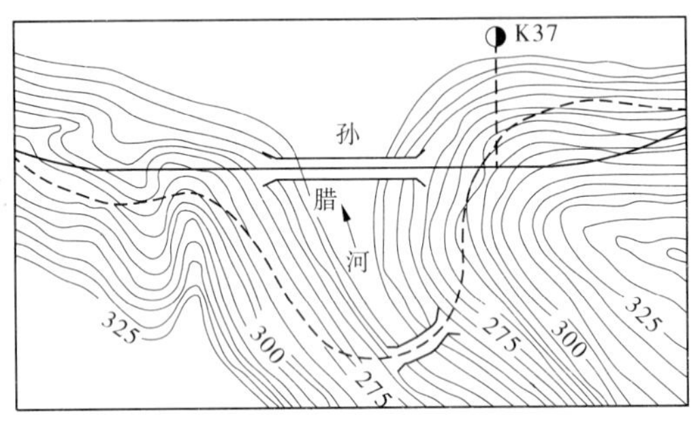

图 7-13　跨支流的桥位

(二)几种河谷地形的选线

1. 开阔河谷

这种河谷谷底地形简单、平缓,河流与山坡之间通常情况下有较宽的台地,且农田村镇较多,见图 7-14,布线时一般有三种选法:沿河线、傍山线、中穿线。

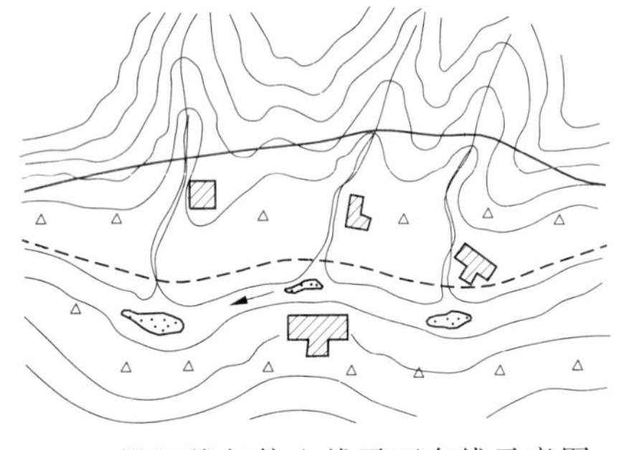

(a)沿河线与傍山线平面布线示意图

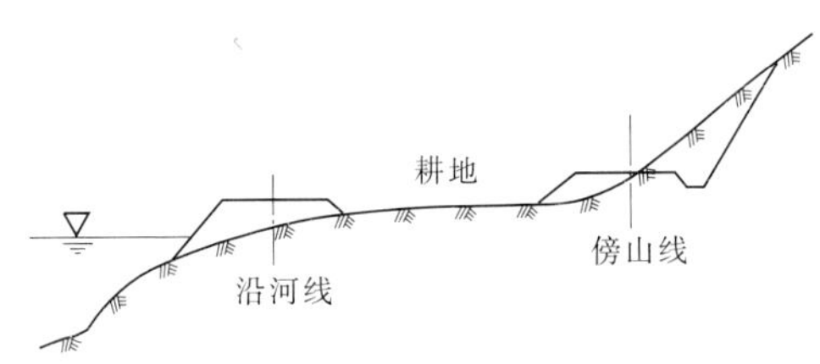

(b)沿河线与傍山线横断面布置示意图

图 7-14　开阔河谷路线方案

(1)沿河线。如图 7-14(a)中虚线所示,坡度均匀平缓,线形好,临河一侧受洪水威胁,须做防护工程,如果将公路路堤和河堤相结合,有利于防洪和保护农田。

(2)傍山线。如图 7-14(a)中实线所示,路线略有增长,纵面会有起伏,似可不占或少占良田,不受洪水威胁,路基稳定,是常采用的一种布线方案。

(3)中穿线。线形标准高,但占田最多,在稻田区,路基稳定性差。有时还需换土,一般不宜采用。

2. 河道弯曲、狭窄的河谷

这种河谷一般凹岸多陡峭，而凸岸则多有一定的浅滩，有时也有突出的山嘴，有时出现迂回的深切河曲。河曲段主要布线方式有：

（1）沿河岸自然地形，绕山嘴、河弯布线。

（2）取直路线。遇河弯，则需两次跨河。

（3）改移河道。为了减小桥梁的工程量，可以考虑改移河道，如图 7-15 所示。

对于个别突出的山嘴，可通过切嘴填湾、高架桥、隧道或深路堑处理。最终采用哪种方案，应通过技术经济比较决定。一般来讲，技术等级高、交通量大的路线宜取直，等级较低的道路，则采用工程量较小的方案为宜。

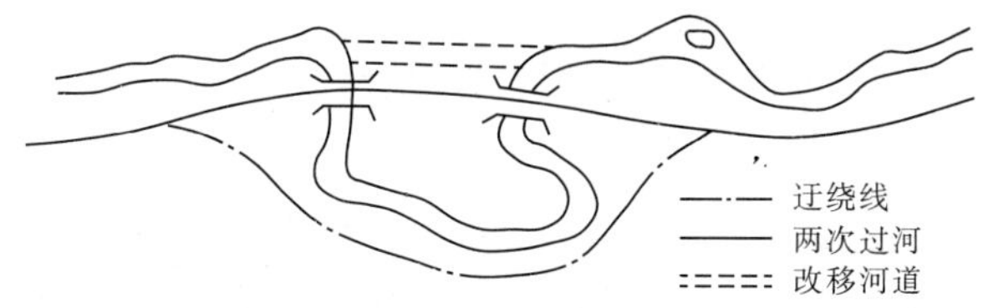

图 7-15　河弯布线示意图

3. 陡崖峭壁河段

山区河谷常有陡崖峭壁交替出现，两岸都是陡崖峭壁的河段，即为峡谷。峡谷一般河床狭窄，水流湍急。路线通过这种地段不外乎绕避和直穿两种方案。应根据峡谷的水文、地质条件和路线性质、任务、路线标准、工程大小、施工条件等因素通过比较确定。

绕避的方法有两种：一是翻上峡谷陡岸顶部选择有利地带通过，二是另找越岭路线。前者需要崖顶有可供布线的良好地形，后者需要附近有基本符合路线走向的垭口。两种绕避方法的共同点是纵断面上而复下，都需要适合过渡段的地形。

直穿陡崖峭壁河段和峡谷的路线，其平、纵面受岸壁形状和洪水位的限制，活动余地不大。路线的线位主要根据河床宣泄洪水情况而拟定的合理的横断面而定。路线一般以低线为宜。如洪水位过高或有严重积雪情况，则不宜采用这种方案。直穿峡谷的路线，可根据河床宽窄、水文状况、岸壁陡缓等不同因素采用以下方法通过：

（1）与河争路，侵占部分河床。当河床较宽，水流不因压缩部分河床而引起洪水位抬高过多时，路线可在崖脚下按低线设计通过。根据河床可能压缩的程度，有以下两种情况：①河床宽阔，压缩后洪水抬高不多，路基可全面或大部分设在紧靠崖脚的水中或滩地上，借石或少开石崖填筑，路基临水侧应做防护工程。②河床狭窄，压缩后，将使洪水位有较大的抬高时，采用筑路与治河相结合的办法，路基也可部分占用河床，“开”、“砌”结合，以砌为主。开的是对岸突出的山嘴，砌的材料主要取自清理河床的漂石及对岸山嘴的石料，使路基占用河床的泄水面积能从清理河床中得到补偿，见图 7-16。

（2）硬开石壁。当两岸峭壁逼近，河床很窄，不能容纳并行的河与路时，可硬开石壁通过，见图 7-17(a)。应用时需注意：在石壁上硬开路基，造成大量废方，必须妥善处理，尽可能将大部分废方利用到附近路段，同时要考虑废方对水位的影响，适当提高线位，见图 7-17(b)；石质良好，可开凿半隧道，以减少石方和废方，见图 7-17(c)。硬开石壁的路基，对个别缺口或短段不够宽的路段，可用半边桥或悬出路台处理；当两岸石壁十分逼近

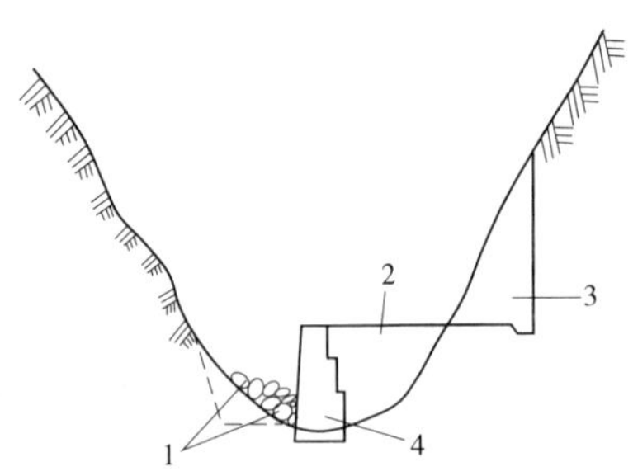

1—开挖清理河床;2—填筑路基压占河道;3—开挖石崖;4—支挡构造物

图7-16 路基部分占用河床

(有时仅几米宽),不宜硬开路基时,可建顺水桥通过。

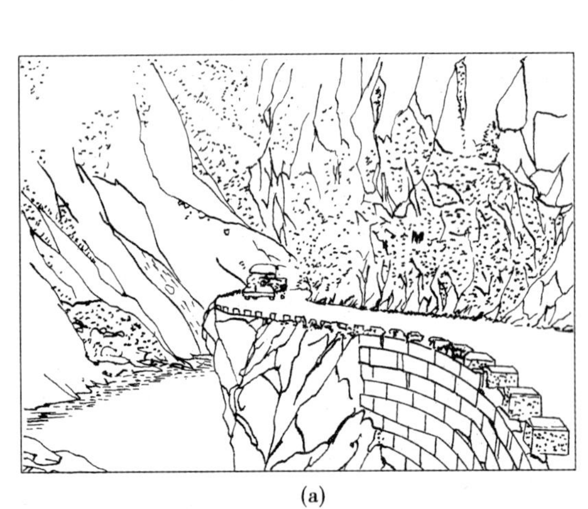

(a)

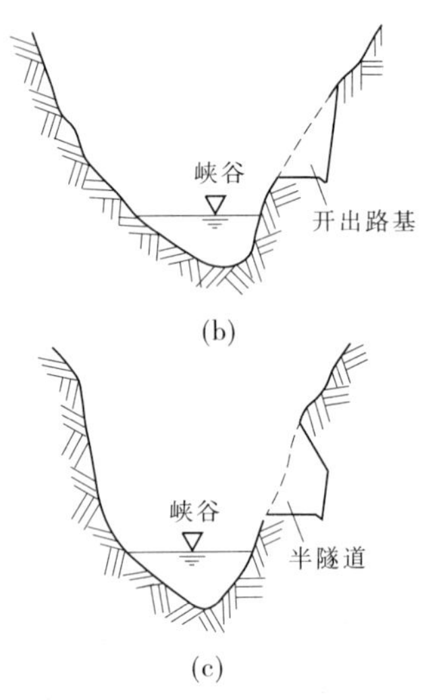

图7-17 石壁上硬开路基

4. 河床纵坡陡峭的河段

急流、跌水河段河床纵断面在短距离内突然下落几米以至几十米,形成急流或跌水。路线由急流、跌水的上游延伸到其下游时,线位就高出谷底很多,为了尽快降低线位,避免继续走陡峻的山腰线,可利用急流、跌水下游支沟或平缓的山坡展线下降,见图7-18。这类河段多出现在山区河流的上游,是沿溪线和越岭线之间的过渡段。

三、越岭线

沿分水岭一侧山坡爬上山脊,在适当地点穿过垭口,再沿另一侧山坡下降的路线,称为越岭线。它的特点是:路线需要克服很大的高差;路线的长度和平面位置主要取决于路线纵坡的安排。因此,在越岭线的选线中,须以路线纵断面为主导,结合平面和路基的横断面来安排路线。

越岭线的纵坡应力求均匀,平均纵坡及纵坡长度应严格遵守《公路工程技术标准》(JTG B01—2003)的规定,一般不应设置反坡,特殊情况下设置反坡时,应予以比较论证。

越岭线布局主要应解决的问题是:垭口选择、过岭高程选择和垭口两侧路线展线的拟

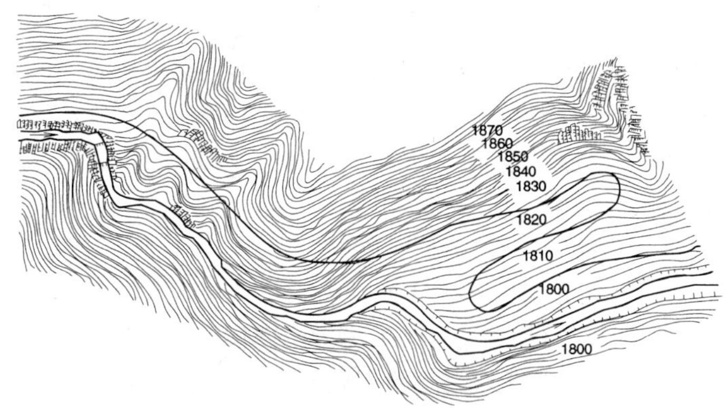

图 7-18　急流河段展线

定。它们是相互联系、相互影响的,布局时应综合考虑,处理好三者的关系。

(一)垭口选择

垭口是在分水岭山脊上的凹形地带(又叫鞍部)。由于它是山脊上高程较低的地带,所以低垭口一般是越岭线方案的重要控制点,应在基本符合路线走向的较大范围内选择可能通过的垭口。选择垭口时要全面考虑垭口的位置、高程、地形、地质和展线条件。

1. 垭口位置选择

垭口位置在基本符合路线走向的前提下,与两侧山坡展线方案结合在一起考虑,首先考虑高差较小,而且展线降坡后能与山下控制点顺直地衔接,不需无效延长路线的垭口。其次考虑稍微偏离路线方向,但接线较顺,且不致过于增长里程的其他垭口。如图 7-19 所示,*A*、*B* 控制点间有 *C*、*D* 两个垭口,从平面位置看,*C* 垭口在直线上,*D* 垭口偏离直线较远,但从符合路线基本走向来看,穿 *D* 垭口比穿 *C* 垭口反而展线短些,平面线形还要好些,因此 *D* 垭口比 *C* 垭口更合乎路线走向。

2. 垭口高程选择

垭口海拔高低及其与山下控制点的高差,对路线长短、工程量大小和运营条件有直接的影响,一般应选择高程较低的垭口。在高寒地区,特别是积雪、结冰地区,海拔高的路线对行车很不利。有时为了走低垭口,即使方向有些偏离,距离有些绕远,也应注意比较。但如积雪、结冰不是太严重,对于基本符合路线走向,展线条件较好,接线方向较顺,地质条件较好的垭口即使线位稍高,也不应轻易放弃。

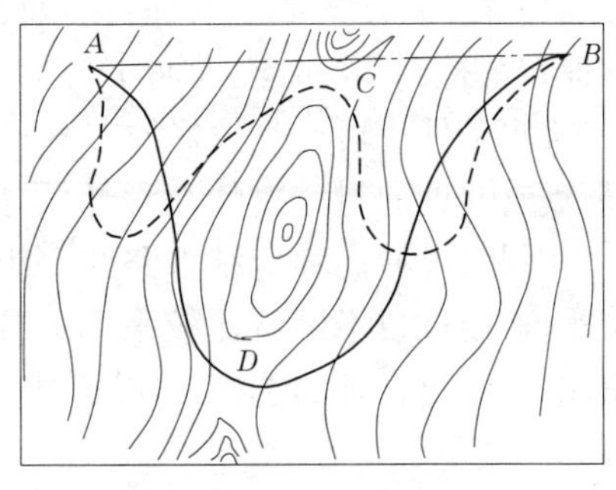

图 7-19　垭口的选择

3. 垭口展线条件选择

山坡线是越岭线的主要组成部分。而山坡坡面的曲折程度、横坡陡缓、地质好坏等情况，直接关系到路线的线形标准和工程量大小。因此，选择垭口必须结合山坡展线条件一起考虑。如有地质较好、地形平缓、利于展线降坡的山坡，即使垭口位置略偏或较高，也应进行比较，不要轻易放弃。

4. 垭口的地质条件选择

垭口一般地质构造薄弱，常有不良地质存在，应深入调查研究其地层构造（见图 7-20），摸清其性质及其对公路的影响。对软弱层型、构造型和松软层型的垭口，只要注意到岩层产状及水的影响，路线通过一般问题不大。对断层破碎带型及断层陷落型垭口，一般应尽量避开；必须通过时，应查清破碎带的大小及程度，选择有利部位通过，并采取可靠的工程措施（如设置挡土墙、明洞）来保证路基稳定。对地质条件恶劣的垭口，局部移动路线或采取工程措施亦不能解决问题时，应予放弃。

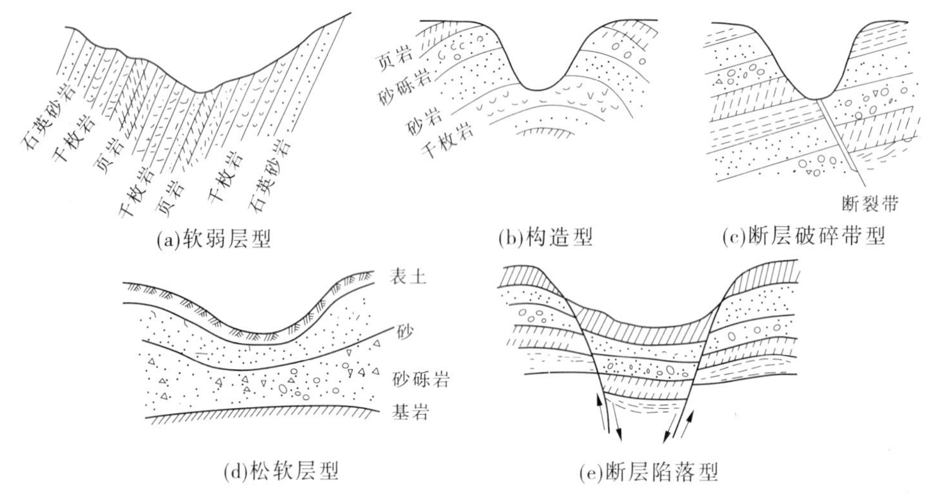

(a)软弱层型　(b)构造型　(c)断层破碎带型

(d)松软层型　(e)断层陷落型

图 7-20　垭口的地质条件选择

（二）过岭高程的选择

过岭高程是越岭线布局的重要控制因素。不同的控制高程，不仅影响工程大小、路线长短、线形标准，而且直接关系到垭口两端的展线布局。如图 7-21 所示，由于选用了不同的控制标高，出现了三个展线方案：Ⅰ方案浅挖 9 m，需设两个回头弯道；Ⅱ方案挖深 13 m，只需设一个回头弯道；Ⅲ方案挖深 20 m，不设回头弯道，顺山势展线。Ⅲ方案线形好，路线最短，有利于行车，在地质条件许可时是较好的方案。

路线过岭，不外乎采用路堑或隧道通过。过岭高程越低，路线就越短，但路堑或隧道就越深、越长，工程量也越大。因此，过岭高程应结合路线等级、越岭地段的地形、地质以及两侧展线方案、过岭方式等因素经过技术经济比较来选定，这些因素互相影响，必须全面分析研究各种可能的比较方案，作出合理的选择，过岭方式主要有如下几种。

1. 浅挖低填

遇到过岭地段山坡平缓，垭口宽而厚（有的达到 1 ~ 2 km，有时还有沼泽出现）的地形，展线容易，只宜采用浅挖低填的方式过岭，过岭高程基本上就是垭口高程。

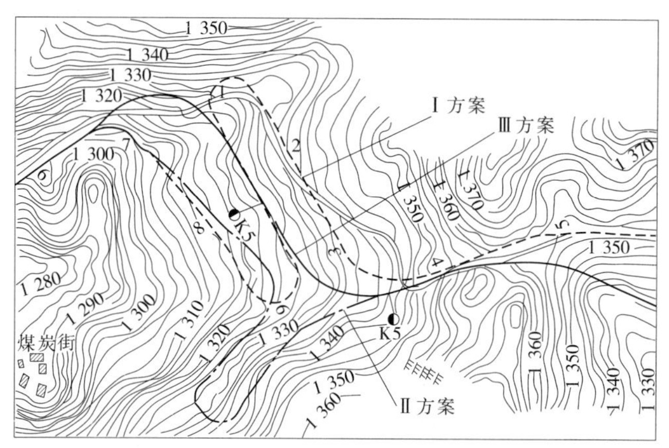

图 7-21　垭口采用不同挖深的展线布局方案

2. 深挖垭口

当垭口比较瘦削时,常用深挖的方式过岭。深挖垭口,虽土石方工程较集中,但由于降低了过岭高程,相应缩短了展线长度,总工程量并不一定增加。即使有所增加,也可从改善行车条件、节约运营费中得到补偿。至于深挖程度,应视地形、地质、气象条件以及展线对垭口高程的要求等因素而定。地质情况良好时,一般挖深在 20 m 以内。垭口越瘦,越宜深挖。但垭口通常地质条件较差,挖深应以不致危及路基稳定为度,否则应采取有效措施,以防止遗留病害。有条件时,可采用隧道通过。

深挖垭口,工程量集中,往往要处理大量废方,施工条件差,影响施工期限,这些都应在选定过岭高程时充分考虑。

3. 隧道穿越

当垭口挖深在 20 ~25 m 以上,采用隧道往往比明堑经济,特别是垭口瘦薄时,采用不长的隧道能大大降低路线爬升高度,缩短里程,提高路线线形指标,在经济上非常合算。另外,为了避让严重不良地质以及减轻或消除高山严重积雪、结冰对公路的不良影响,也应结合施工条件及施工期限,考虑采用隧道通过的方案。

一般情况下,隧道高程越低,路线越短,技术指标也越易提高,对运营也越有利。但高程低,隧道就长,造价就高,工期也长。因此,隧道高程的选定通常根据越岭地段的地质条件,并以临界高程作为研究的基础。临界高程就是隧道造价和路线造价总和最小的过岭高程。设计高程如高于临界高程,则路线展长费用将多于隧道缩短的费用;设计高程如低于临界高程,则隧道加长费用将多于路线缩短费用。如设计高程降低,可节约运营费用,这对交通量大的路线意义尤大,应作为其方案比选重点考虑的因素。

隧道高程的选定不能单纯着眼于经济一方面,还应考虑以下因素:

(1)地质和水文地质条件是选择高程有决定意义的因素,要尽可能把隧道放在较好的地层中。

(2)隧道高程应设在常年冰冻线和常年积雪线以下,以保证施工和行车安全。

(3)隧道长度要考虑施工期限和施工技术条件等。

(4)在不过多增加工程造价的情况下,要适当考虑远景的发展,尽可能把隧道高程降低一些。

(三)垭口两侧路线的展线

展线是为使山岭区路线纵坡能符合技术标准,利用地形延伸路线长度用以克服高差的布线方法。

1.展线布局

越岭线的高程主要是通过垭口两侧山坡上的展线来克服的,虽然山坡地形千差万别,线形多种多样,但路线的布局都应以纵坡为主导。

越岭线利用有利地形、地质,避让不良地形、地质,是通过合理调整坡度和设置必要的回头线来实现的,而回头线的布置,也要根据纵坡来选定,只有符合纵坡标准的路线方案,才能成立。因此,展线布局必须从纵坡的安排开始,其工作步骤如下:

(1)拟定路线大致走法。在调查或踏勘阶段确定的主要控制点间,进行广泛勘察,调查周围地形及地质情况,以带角度的手水准粗略勘定坡度作为指引,注意利用有利地形、地质,拟定路线可能的大致走法。

(2)试坡布线。试坡的目的是进一步落实初步拟定的路线走法的可能性,发现和加密中间控制点,发现局部比较方案,拟定路线布局。

试坡选用固定坡度(一般以平均坡度),由已定的控制点开始,越岭线通常先固定垭口,由上而下,视野开阔,便于争取有利地形。因此,一般多由垭口向下试坡。试坡选用的平均坡度,应符合相关标准的规定,地形曲折、小半径曲线多的地段,可略低于规定值,在试坡过程中,遇到必须避让的地物、工程艰巨及地质不良地段,以及拟用作回头的地点,要把路线最适宜通过的位置,暂时作为一个中间控制点,如果它和试坡线接近,并与前面一个暂定控制点之间的坡度不致超过最大坡度或过于平缓,就把这个点大致的里程、高程以及可活动的范围记录下来,供以后调整落实时参考。如果这个点和试坡线的高差较大,则应返回重新试坡,或修改前面的暂定控制点,认为合适后再向前试坡。如经过修改后的路线纵断面或路线行经地带不够理想,应另寻比较线。这就是通过试坡发现控制点和局部比较线的大致过程,当一系列中间控制点暂定下来后,路线布局大体就有个轮廓了。

主要控制点间,可能有几个方案,要经过比选,剩下一两个较好的方案,据以进行下一步工作。

(3)分析、落实控制点,决定布局方案。控制点有固定和活动之分。一种是位置和高程都不能改变,加上工程特别艰巨地点的路线和某些受限制很严的回头地点,必须利用的桥梁,必须通过的街道等;另一种是位置固定,高程可以活动的,如垭口、重要桥位等;第三种是位置、高程都有活动余地的,如侧沟展线的跨沟地点,宽阔平缓山坡的回头地点等。

第一种情况较少,第二、三种情况居多。也就是说,控制点大多是有活动余地的,但活动范围有大有小。对活动范围小的控制点,可视为固定控制点,把位置、高程确定下来。然后去研究固定控制点之间的、活动范围较大的那些控制点,以便通过适当调整,达到既不增大工程量而又能使线形更加合理的目的。

活动控制点的调整落实,有下面两种情况和做法:对于活动性较大的回头地点,可从前后两个固定控制点以适当的坡度分头放坡交会得出。对于两固定控制点间的非回头的活控制点,应在其可活动的范围内调整,以使固定控制点间的坡度尽量均匀些。

2. 展线方式

越岭线的展线方式主要有自然展线、回头展线和螺旋展线三种，见图7-22。

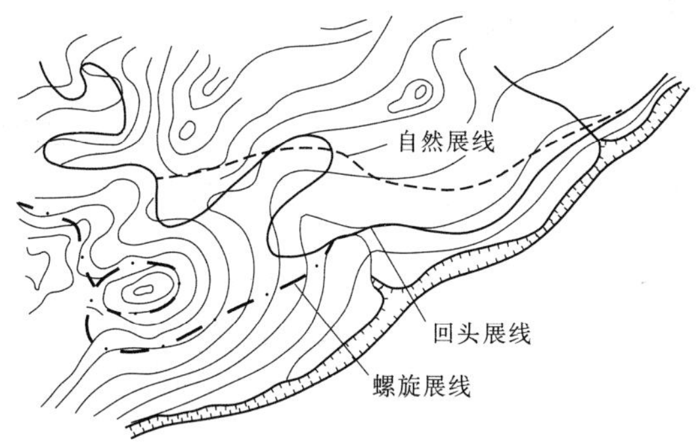

图7-22 越岭线展线方式

1) 自然展线

自然展线是以适当的坡度，顺着自然地形，绕山嘴、侧沟来延展距离，克服高差。自然展线的优点是走向符合路线基本方向，行程与升降统一，路线最短。与回头展线相比，线形简单，技术指标一般也较高，特别是路线不重叠，对行车、施工、养护均有利。如路线所经地带地质稳定、无割裂地形阻碍，布线应尽可能采用这种方案。缺点是避让艰巨工程或不良地质的自由度不大，只有调整坡度这一途径。如遇到高崖、深谷或大面积地质病害很难避开，而不得不采取其他展线方式。

2) 回头展线

当控制点间的高差大，靠自然展线无法取得需要的距离以克服高差，或因地形、地质条件限制，不宜采用自然展线时，路线可利用有利地形设置回头曲线进行展线，见图7-23。回头展线的缺点是在同一坡面上，上、下线重叠，尤其是靠近回头曲线前后的上、下线相距很近，对于行车、施工、养护都不利。优点是便于利用有利地形，避让不良地形、地质和难点工程。

图7-23 回头展线

回头地点与回头曲线工程量大小和使用质量关系很大，应慎重选择。回头曲线的形状取决于回头地点的地形，一般利用以下三种地形设置：

(1)直径较大，横坡较缓，相邻有较低鞍部的山包或平坦的山脊。

(2)地质、水文条件良好的平缓山坡。

(3)地形开阔、横坡较缓的山沟或山坳。

一般适宜布置回头曲线的地形见图 7-24。

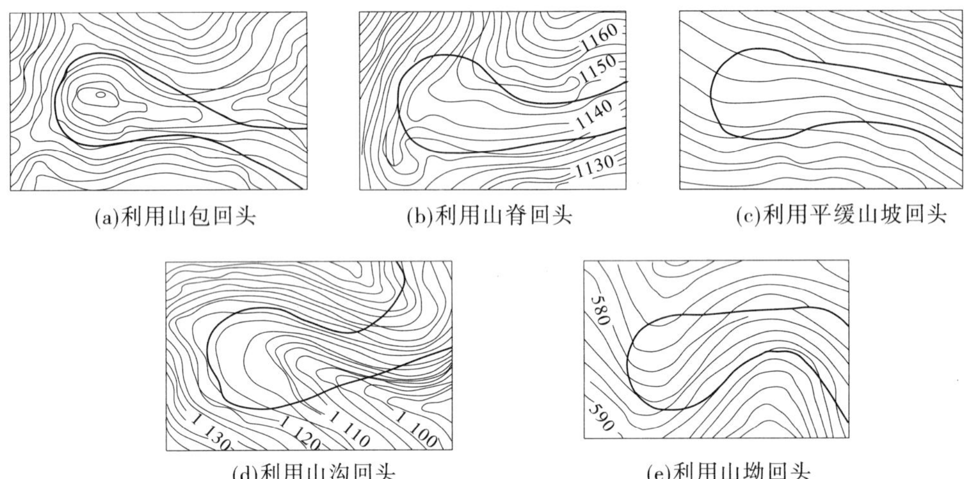

(a)利用山包回头　(b)利用山脊回头　(c)利用平缓山坡回头

(d)利用山沟回头　(e)利用山坳回头

图 7-24　适宜布置回头曲线的地形

为了尽可能消除或减轻回头展线对行车、施工、养护的不利影响，要尽量把回头曲线间的距离拉长，以分散回头曲线、减少回头个数。回头展线对不良地形、地质的避让有较大的自由度，但不要遇见难点工程，不分困难大小和能否克服就轻易回头，致使路线在小范围内重叠盘绕。对障碍要进行具体分析，当突破一点而有利于全局时，就要做些工程突破它。

3)螺旋展线

当路线受到限制，需要在某处集中地提高或降低某高度才能充分利用前后有利地形时，可考虑采用螺旋展线。螺旋展线一般多在山脊利用山包盘旋，以旱桥或隧道跨线，如图 7-25 所示。也有的在峡谷内，路线就地迂回，利用建桥跨沟跨线，如图 7-26 所示。这种展线实际上就是一种路线转角大于 360°的回头展线形式，在某种地形条件下用以代替一组回头线。螺旋展线有上线桥跨和下线隧道两种方式。它虽比回头线具有线形较好、避免路线重叠的优点，但因需建隧道或高桥、长桥，造价相对很高，因而较少采用。必须采用时，应根据路线性质和任务，与回头展线的方案作详细比较。

四、山脊线

(一)山脊线的特点及布线条件

大体上沿分水岭布设的路线称为山脊线。分水线顺直平缓，起伏不大，岭脊肥厚的分水岭是布设山脊线的理想地形，路线可大部或全部设在分水岭上。但高山地区的分水岭常常是峰峦、垭口相间排列，有时相对高差很大，这种地形的山脊线，则为一些较低垭口所控制，路线须沿分水岭的侧坡在垭口之间穿行，线位大部分设在山腰上。山脊线的线形大多起伏、曲折，其起伏和曲折程度则视分水岭的形状、控制垭口间的高差和具体地形而异。

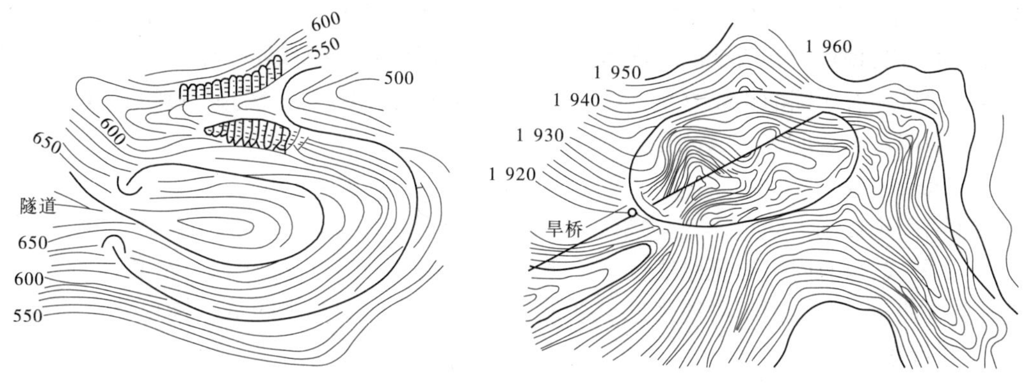

图 7-25　利用山包螺旋展线　　　　**图 7-26　利用山谷螺旋展线**

山脊线一般具有土石方工程量小，水文和地质情况好，桥涵构造物较少等优点。但是否采用山脊线方案主要应考虑以下条件：

（1）分水岭的方向不能偏离路线总方向过远。

（2）分水岭平面不能过于迂回曲折，纵面上各垭口间的高差不能过于悬殊。

（3）控制垭口间山坡的地质情况较好，地形不过于陡峻零乱。

（4）上下山脊的引线要有合适的地形可以利用，这是能否采用山脊线的主要条件之一，往往山脊本身条件很好，但上下引线条件差而不得不放弃。

由于完全具备上述条件的分水岭不多，所以很长的山脊线比较少见，而往往是作为沿河线或山腰线的局部比较线及越岭线的两侧路线的连接段而出现。

山脊线线位较高，一般远离居民点，不便于为沿线工农业生产服务；有时筑路材料及水源缺乏，增加了施工困难；另外，地势较高，空气稀薄，有云雾、积雪、结冰等现象，对行车和养护不利，这些都应在与其他路线方案作比较时予以充分考虑。

（二）山脊线布局

当决定采用山脊线方案以后，剩下要解决的是山脊线的布设问题。由于山脊线基本沿分水岭而行，大的走向已经明确，布线主要解决以下三个问题，即选定控制垭口；在控制垭口间，决定路线走分水岭的哪一侧；决定路线的具体布设（包括控制点）。三者是互相依存、互为条件、紧密联系的。

1. 控制垭口选择

每一组控制垭口代表着一个山脊线的方案。因此，选择控制垭口是山脊线选线的关键。当分水岭方向顺直，起伏不大时，几乎每个垭口都可暂定为控制点。如地形复杂，起伏较大，且较频繁，各垭口高低悬殊，则高垭口之间的低垭口一般即为路线的控制点，突出的高垭口可舍去；在有支脉横隔的情况下，相距不远的、并排的几个垭口，则只选择其中一个与前后联系条件较好的垭口。

控制垭口的选择还必须联系分水岭两侧山坡的布线条件综合考虑，而在侧坡选择和试坡布线的过程中，对初步选定的控制点加以取舍、修正、最后落实。

2. 侧坡选择

分水岭的侧坡是山脊线的主要布线地带。要选择布线条件较好的那一侧，以取得平、纵线形好，工程量小和路基稳定的效果，坡面整齐、横坡平缓、地质情况好、无支脉横隔的向阳山坡较为理想。除两个侧坡优劣十分明显的情况外，两侧都要作比较以定取舍。同一侧坡还可能有不同的路线方案，可通过试坡布线决定。多数初选的控制垭口，在侧坡选择过程中即可决定取舍，少数则需在试坡布线中予以落实。

3. 试坡布线

在两固定控制点间布线，应力求距离短捷、坡度平缓。山脊线有时因控制点间高差很大，需要展线，也有时为避免路线过于迂绕，要采用起伏坡，以缩短距离。从总体看，山脊线难免有曲折、起伏，但不可使其过于急促、频繁，平、竖曲线和视距等指标也要掌握得高些，以利行车。

山脊布线常见有三种情况。

1）控制垭口间平均坡度不超过规定

如两控制垭口间地形、地质方面没有太大障碍，应以均匀坡度沿侧坡布线。如控制垭口间平均坡度较缓，而其间遇有障碍或难点工程时，可加设中间控制点，调整坡度来避让，中间控制点和各垭口之间仍应以均匀坡度布线。如图 7-27 所示的甲线，*AB*、*BD* 两段，地面自然坡度一上一下已经很陡，当适当挖深垭口 *B* 后，才分别获得 +5.5% 和 −5% 较合理的坡度；*BD* 段两次跨冲沟，需要防治，工程量稍大。如欲减小防治工程量，要在冲沟头上方加设中间控制点，这将使 *B* 到 *D* 的一段纵坡过陡，不宜采用。

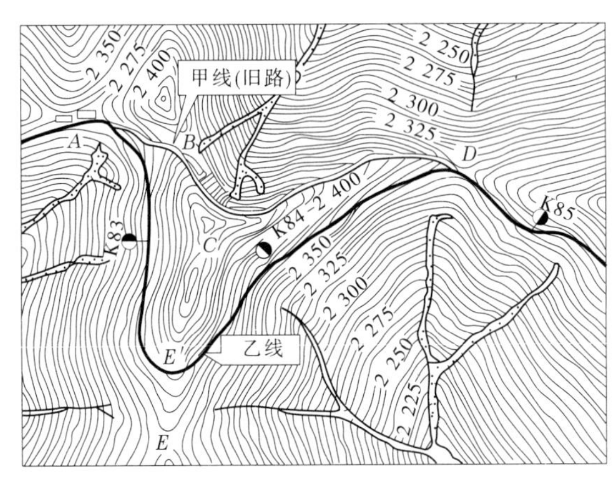

图 7-27　山脊线布局比较示意

2）控制垭口间有支脉横隔

路线穿过支脉，要在支脉上选择合适垭口作为中间控制点。该垭口应不致使路线过于迂绕，合理深挖后两翼路线坡度都不超过规定，并使路线能在较好的地形、地质地带通过。有时在支脉上选择的控制垭口虽能满足纵坡要求，但线形过于迂绕，为了缩短距离，控制点就不一定恰好设在垭口上。

如图 7-27 中的乙线是穿支脉的路线，支脉上有 *C*、*E* 两个垭口，选中间控制点时，首先考虑 *C*，因其位置过高，合理深挖后两翼路线坡度仍超过规定，只好放弃而选择垭口 *E*。*E* 的两翼自然纵坡均低于规定值，为了确保坡度符合要求，又能尽量缩短距离，从低垭口 *D* 以 5% ~5.5% 的坡度沿山坡向垭口 *E* 试坡，定出控制点具体位置 *E*′，使乙线得到合理的最短长度。AE'之间则按均匀坡度（约3%）布线，乙线虽较甲线长740 m，但工程量小，施工较易，当交通量小时，宜予采用。

3）控制垭口间平均坡度超过规定

根据具体地形、地质条件，采取填挖、旱桥、隧道等工程措施来提高低垭口、降低高垭口，也可利用侧坡、山脊有利地形设置回头展线或螺旋展线，如图7-28所示。

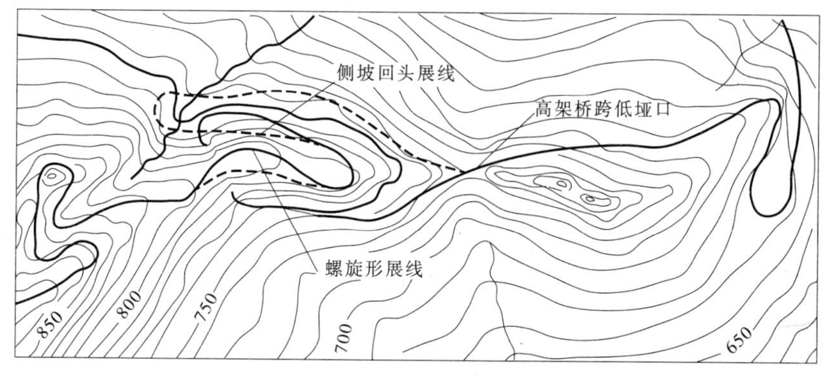

图7-28　山脊线展线示意图

第五节　丘陵区选线

一、丘陵区路线特点

丘陵地形是介于平原和山岭之间的地形，它具有平缓的外形和连绵不断的丘岗，地面起伏，但高差不大，不致引起较大的气候变化，其主要特征是脉络和水系都不如山岭区那样明显。路线线形和平原区比较，平面上迂回转折，有较小半径的弯道，纵面上起伏和偶尔有较陡的坡道。由于受地形限制小，所以路线的可能方案较多，其中微丘地形近似于平原，重丘则近似山岭。

丘陵区的地形决定了通过丘陵区的路线特点。丘陵区路线局部方案多，且为了充分适应地形，路线纵断面将会有起伏，路线平面也必是以曲线为主。

在丘陵区布线要因地制宜，掌握好线形技术指标。一般是微丘地形按平原区掌握，而重丘区则按山岭区方式处理。等级高的路要强调线形的平顺，路线只和地形大致相适应，不应就微小地形的变化而变化；等级低的则较多考虑微小地形，以节省工程投资。各级路线都要避免不顾纵坡起伏，片面追求平面高标准或为追求平缓纵坡而使路线过于弯曲，应注意平、纵、横三方面协调，考虑驾驶员和乘客的视觉与心理反应。丘陵区路线的布设还要考虑横断面设计的经济合理，在一般横坡平缓地段，可采用半填半挖或填多于挖的路基，横坡较陡的地段，则宜采用全挖或挖多于填的路基，并要注意纵向土石方平衡，以减少废方和借方，尽量少破坏自然景观。

丘陵区农林业均比较发达，土地种植面积很广，低地多为水稻田，坡地多为旱作物和经济林，小型水利设施多，布线时要注意支援农业，尽可能和当地的整田造地及水利规划密切配合。

二、丘陵区路线布设

根据丘陵区选线实践经验，可概括为三类地形地带和相应的三种布线方式。

（一）平坦地带——走直线

两个已知控制点间，地势平坦，应按平原区以方向为主导的原则办理。如其间无地物、地质障碍或应趋就的风景、文物以及居民点，路线应走直线；如有障碍或应趋就的地点，则加设中间控制点，相邻控制点间仍以直线相连，路线转折处设长而缓的曲线。这样的路线是平坦地形上平、纵、横三面最好的统一体，如果无故拐弯，就成为不合理的了。

（二）斜坡地带——走匀坡线

匀坡线是两点之间，顺自然地形，以均匀坡度定的地面点的连线，如图7-29所示。这种坡线常需多次试放才能求得。

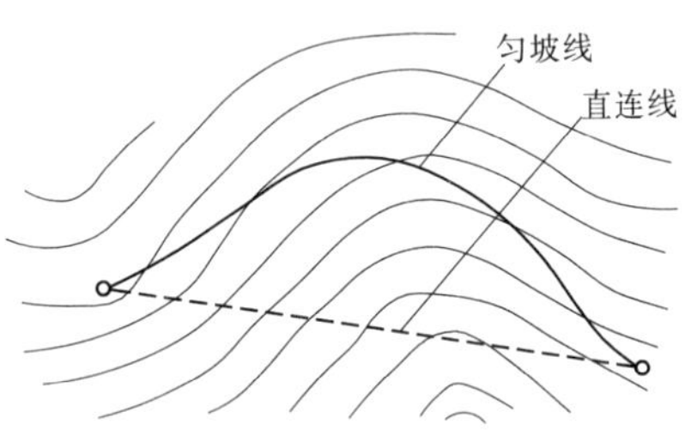

图7-29　匀坡线示意图

在具有较陡横坡的地带，两个已定控制点间，如无地物、地形、地质上的障碍，路线应沿匀坡线布线；如有障碍，则在障碍处加设控制点，相邻控制点间仍沿匀坡线布线。

（三）起伏地带——走直连线和匀坡线之间

起伏地带也属于具有横坡的地带，特点是地面横坡较缓，匀坡线很迂回。其布线原则和方法按起伏多少分述如下。

1. 两已定控制点间包括一组起伏

两已定控制点间包括一组起伏，就是说路线要交替跨越丘梁和坳谷，在两个相邻的梁顶（或谷底）之间，即出现一组起伏，在这种地形上布设路线，如沿直连线走，路线最短，但起伏很大，为减缓起伏，势将出现高填深挖，增大工程；如沿匀坡线走，坡度最好，但路线长，工程一般也大，这种硬拉直线和弯曲求平的做法，都是不可取的。

如果路线走在直连线和匀坡线之间，如图7-30中Ⅰ方案和Ⅱ方案，比直连线的起伏小，比匀坡线的距离短，而工程一般将是省的。总的来说，使用上质量有所提高，工程造价有所降低，故在起伏地带应在直连线与匀坡线之间寻找最合理的路线方案。至于路线在平面上的具体位置，应根据路线等级结合地形作具体分析，做到路线平、纵、横三面最恰当的结合。

对于较小的起伏，首先要坡度和缓，在这个前提下，再考虑平面与横断面之间的关系。大体说，低等级路工程宜小，平面上稍多迂回增长些距离是可以的，即路线可离直连线远些；高级路则宁可多做些工程，尽可能减短一些距离，把路线定得离直连线近些。

较大的起伏，两侧的高差常不相同，高差大的一侧的坡度常常成为决定因素，要根据应采用的合理坡度并结合梁顶的挖深和谷底的填高来确定路线的平面位置。

直线和匀坡线给起伏地带指出一个布线范围，但不需实地放出。因为确知梁顶处匀坡线是在直连线下方，谷底处匀坡线则在直连线上方；而且在梁顶应是暗弯和凸曲线，在谷底应是明弯和凹曲线；否则，路线就是越出了直连线和匀坡线范围，明显不合理。

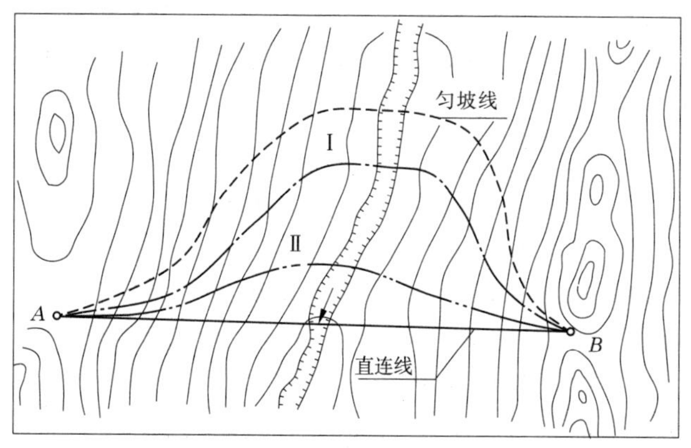

图 7-30　起伏地带路线方案

2. 两已定控制点间有多组起伏

两个已定控制点间有多组起伏时，需要在每个梁顶（或谷底）都定出控制点，然后按上述方法处理各组起伏。如何选定这些控制点要考虑许多因素，上述“起伏地带路线走直连线和匀坡线之间”的原则，可以为寻找这些控制点提供一个线索。

已定控制点间包括的起伏组数越多，直连线和匀坡线所包范围越大，路线的方案也越多。布线可分头从两个已定控制点向中间进行，逐步减少包括的起伏组数，因而也缩小了直连线和匀坡线所包范围，直到最后合拢。

两个已定控制点间，有时因地形、地质、地物上的障碍，路线会突破直连线与匀坡线的范围。这种为避让障碍所定的中间控制点，应视为又增加一个已定控制点，即这一控制点定下来后，实际上是把原来两定点间的路线分割成两段，上述“走直连线和匀坡线中间”的原则分别适用于两段内。

三、平、纵线形及其配合

丘陵区具体定线时还应注意平、纵线形及其配合。总结丘陵区选线的实践经验，应注意以下几点：

（1）平面线形。平面上不强拉长直线，而要尽量利用与地形协调的长缓平曲线，路线转折不要过于零碎频繁，相距不远的同向曲线尽可能并为一个单曲线或复曲线，反向曲线间应有一定长度的直线段；否则，可设计成“S”形。

（2）纵断面线形。起伏地区路线采用起伏坡形是缩短里程或节省工程的有效方法。但起伏切忌太频繁、太急剧，坡长要放长些，坡度要用得缓些，避免形成锯齿坡形和短距离的“驼峰”和“凹陷”；陡而长的坡道中间要利用地形插设缓坡段。竖曲线也应像平曲线那样，要长而缓，相离不远的同向曲线尽量连接起来，反向曲线间最好有一段匀坡。

（3）平、纵面的配合。长陡下坡尽头避免设小半径平曲线。平、竖曲线的位置，在两者半径很大的情况下，各设在什么地方对行车并无太大影响，但在起伏地形如梁顶、沟底等处，使暗弯与凸竖曲线、明弯与凹竖曲线结合起来，则能增进行车安全感和路容的美观。但要注意两者的半径都应尽可能大些，特别是明弯与凹竖曲线重合处，车速一般比较高，半径太小会增加驾驶困难。最不好的情况是凸竖曲线与一个小半径平曲线相隔很近，因为凸竖曲线阻碍视线,驾驶者不能预先看到前方的平曲线以早做转弯准备,可能措手不及,发生事故。为避免这种情况,要把平、竖曲线重合起来,即使多费些工程量,也是应该的。

思考题及习题

7-1 公路路线方案比选通常采用的方法有哪些?

7-2 公路选线的要求是什么?

7-3 方案比选时主要考虑哪些因素?

7-4 哪些主要的自然因素影响公路路线的选择?关系如何?

7-5 选线主要经过哪几个步骤?每步需解决的主要问题是什么?

7-6 平原区公路选线的特点是什么?选线时要处理好路线和哪几个方面的关系?

7-7 选定沿溪(河)线时,应注意哪些主要问题?

7-8 沿溪线高、低线位的特点是什么?

7-9 越岭线选线的要点有哪些?如何选择垭口?

7-10 什么是山脊线选线的关键?

7-11 对丘陵区公路选线应掌握哪些要点?

第八章　公路定线

教学目标　熟悉纸上定线与实地定线的具体内容；掌握实地放线的几种常用方法。

公路定线是公路选线的第三个步骤，就是具体落实公路中线确切位置的工作，其任务是：在路线总体布局和逐段安排的基础上，按照已定的技术标准，结合地形、地质及其他沿线条件，综合考虑平、纵、横三方面因素，合理安排、定出路线中线位置。其内容包括确定交点和曲线定线两项工作。

在具体做法上，主要有纸上定线和实地定线两种方法。纸上定线是在实测的大比例尺地形图上或在通过航测得到的大比例尺地形图上确定公路中线的具体位置，再将纸上路线通过实地放线敷设到地面上。实地定线是设计人员直接到现场定出公路中线的具体位置。当实地定线需要局部修正时，可直接在纸上进行，而不必在实地修改，这种在纸上作局部修改定线的工作叫纸上移线。

第一节　纸上定线

一、纸上确定路线

（一）定导向线

（1）在大比例尺地形图上研究路线布局，拟订路线可能方案，并详细比较，选定合适方案。

（2）纸上放坡。根据相邻等高线高差 h 及平均纵坡 i_p（5% ~5.5%），按 $a = h/i_p$ 计算相邻等高线间距，使卡规开度放到 a，进行纸上放坡，如图 8-1 所示。

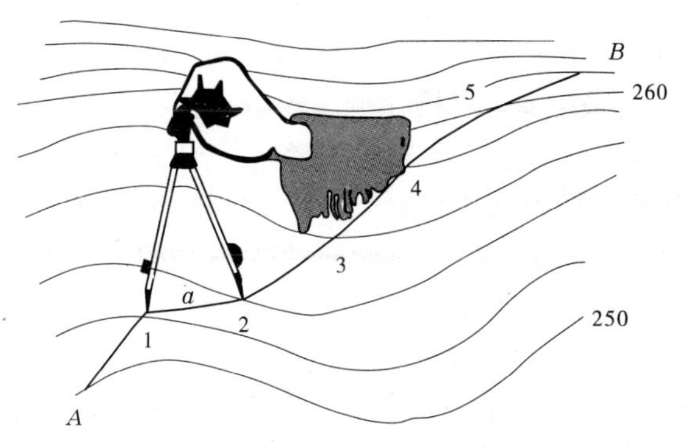

图 8-1　纸上放坡示意图

图 8-2 为某回头曲线纸上定线实例，A、B、C 为控制点，按上述方法放出坡度线 A，a，

$b,c,d,\cdots,D$。当放坡自 A 点开始，不能到达控制点 B 附近时，说明路线方案不能成立，应修改方案改动控制点，重新放坡，至放坡后能到达 D 点附近为止。

(3)定导向线。分析研究 $A,a,b,c,d,\cdots,D$ 各点坡度线，检查其利用地形和避越障碍的情况，进一步移动线位确定中间的控制点。如图 8-2 所示，C 处从陡岩中间穿过，B 处有利的回头地点也没有利用上(偏低)，如将两处位置向上方移动，定 B、C 为中间控制点，既可分为 AB、BC、CD 三段，分别调整坡度重新放坡，得出 $A,a',b',c',d',\cdots,D$ 各点连接的折线，称"导向线"(或"调整后坡度线")。

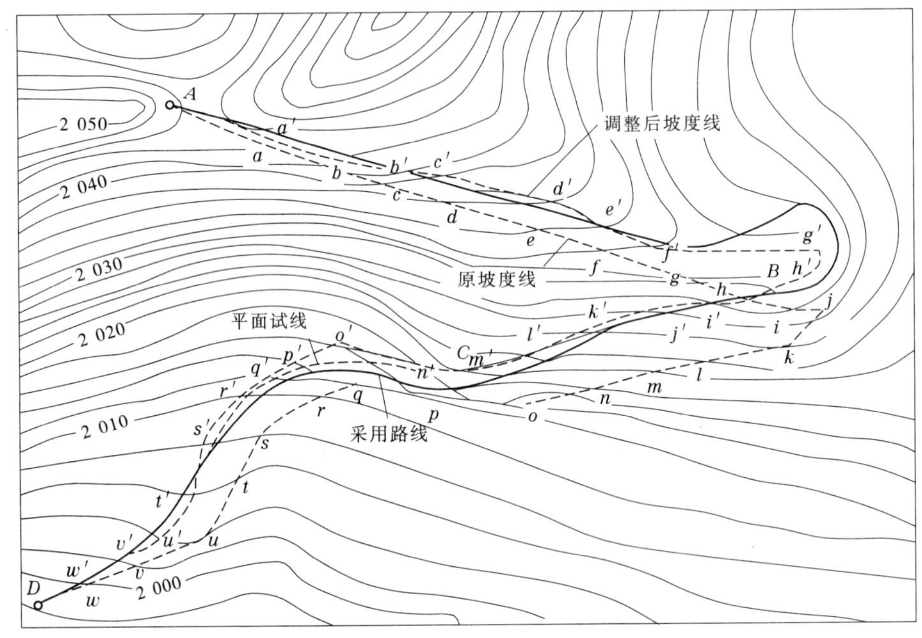

图 8-2　纸上放坡定线

(二)修正导向线，确定路线

导向线仍是条折线，还应根据技术标准的要求，结合横坡变化情况，确定必须通过的点作修正导向线，然后用"以点连线，以线交点"的办法定出平面试线，反复试线最后确定出交点。如地形变化不大，采用的地形图比例又较小，则纸上定线即可结束，如图 8-2 中平面试线所示。

为了使路线更为经济合理，当地形较复杂，又有大比例尺地形图时，可在平面试线的基础上敷设曲线，确定中桩，作出纵断面、横断面，然后在横断面上用透明模板确定路中线的最佳位置(经济点位置或控制点位置)，分别按不同性质用不同符号绘于平面图上，这些点的连线则是一条具有理想纵坡、横断面位置最佳的平面折线，称为二次导向线。再进一步根据二次导向线对路线线位局部进行修改，按照技术标准适当取直或选用平曲线连接，最后定出中线的确切位置，如图 8-2 中的采用路线。

纸上定线的过程是一个反复试线、逐步趋于完善的过程。定线时要在满足标准的前提下结合自然条件，平、纵、横综合考虑，反复进行，直到满足。

二、实地放线

根据纸上确定的路中线与导线(或地物特征点)的关系,即可将路线位置敷设到实地,以供详测和施工之用。

实地放线方法很多,常用的有穿线交点法、拨角法、直接定交点法和坐标法。

(一)穿线交点法

穿线交点法是根据平面图上路线与导线的关系,将纸上路线的各条边独立地放到实地,延长直线即可在实地放出交点,具体做法有支距法和解析法两种。

1. 支距法

如图 8-3 所示,欲放出 JD,可按以下步骤进行:

(1)在图 8-3 上量取支距,如图中导 1—A、导 2—B,导 3—D 等,量取时每条边至少应取三点,以便核对,并且尽可能使这些点在实地能相互通视。

(2)在实地放支距。用皮尺和方向架(或经纬仪)即可按所量支距定出路线上各点,如图 8-3 中 $A,B,D,\cdots$各点,插上花杆。

(3)穿线交点。一般用花杆穿线的方法延长各直线即可交出交点 JD,路线直线很长时,可用经纬仪延长交会。最后现场检查线位是否合适,再适当修改,确定路线位置。

支距法简便易行,较常用,多适用于地形不太复杂,地物障碍少,路线与导线相离不远的情况。

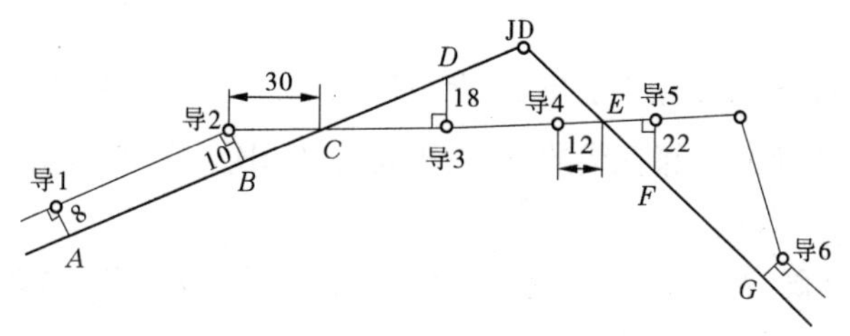

图 8-3　支距法放线

2. 解析法

解析法是用坐标计算图上路线与控制导线的关系,再按极坐标原理在实地放出各路线点的方法,如图 8-4 所示。其步骤如下:

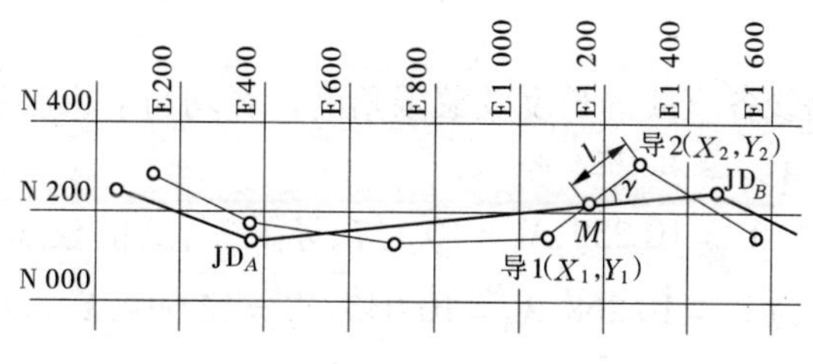

图 8-4　解析法放线

1)计算路线与导线的夹角

如图 8-4 所示,欲确定 JD_A—JD_B 的方向,必须计算其夹角 γ 和距离 l。从平面图上可

量得交点 JD_A、JD_B 的坐标 (X_A, Y_A)、(X_B, Y_B)，则 JD_A—JD_B 象限角为

$$\tan\alpha = \frac{Y_B - Y_A}{X_B - X_A} = \frac{\Delta Y}{\Delta X}$$

导 1—导 2 的象限角 β 已知，则 JD_A—JD_B 与导 1—导 2 的夹角为

$$\gamma = \alpha - \beta$$

计算时要注意坐标的正负号，横坐标东正西负，纵坐标北正南负。

2）计算距离 l

先计算 M 点的坐标 (X_M, Y_M)，由以下联立方程求得

$$\begin{cases} \dfrac{Y_B - Y_M}{X_B - X_M} = \dfrac{Y_B - Y_A}{X_B - X_A} \\ \dfrac{Y_2 - Y_M}{X_2 - X_M} = \dfrac{Y_2 - Y_1}{X_2 - X_1} \end{cases}$$

式中　(Y_1, X_1)、(Y_2, X_2)——导 1、导 2 的坐标；

(Y_A, X_A)、(Y_B, X_B)——JD_A、JD_B 的坐标（可由平面图上量得）。

由此，即可计算导 2 至 M 点的距离，即

$$l = \frac{X_2 - X_M}{\cos\beta} = \frac{Y_2 - Y_M}{\sin\beta}$$

或

$$l = \sqrt{(X_2 - X_M)^2 + (Y_2 - Y_M)^2}$$

3）放线

置镜于导 1，后视导 2，量距 l 定出 M 点，移经纬仪于 M，后视导 2，拨角 γ 定出 JD_A、JD_B 的方向，同样方法确定相邻直线的方向，即可交出 JD_A。当地形图比例较大时，亦可从图上直接按比例量取 l 长度。

解析法计算较准确，精度较高，但较复杂，适用于地形较复杂、直线较长、线位控制要求较高的情况。

（二）拨角法

拨角法是根据纸上路线在平面图上的位置与导线的关系，用坐标计算每条线的距离、方向、转角和各控制桩的里程，按此资料直接拨角量距定出交点，不必再穿线定点。现举例说明方法步骤如下。

1. 内业计算

如图 8-5 所示，路线各直线的长度及象限角的计算均与解析法相同。

1）计算路线起点 A 与导线的关系

已知导 1 的坐标为 $Y_1 = 10\ 259$，$X_1 = 10\ 117$，导 1—导 2 的象限角 N72°14′07″；从平面图上量得 A、B 的坐标为 $Y_A = 10\ 268$，$X_A = 10\ 045$，$Y_B = 12\ 094$，$X_B = 11\ 186$，导 1—A 的象限角为

$$\tan\alpha_A = \frac{Y_A - Y_1}{X_A - X_1}, \quad \alpha_A = \arctan\frac{10\ 268 - 10\ 259}{10\ 045 - 10\ 117} = \text{S}7°07'30''\text{E}$$

A—B 象限角为

$$\alpha_B = \arctan\frac{12\ 094 - 10\ 268}{11\ 186 - 10\ 045} = \text{N}58°00'00''\text{E}$$

$$\alpha = 180° - (7°07'30'' + 72°14'07'') = 100°38'23''$$

$$\beta = 58°00'00'' + 7°07'30'' = 65°07'30''$$

$$\text{导 1—}A\text{ 的距离} = \frac{X_A - X_1}{\cos\alpha_A} = \frac{10\ 045 - 10\ 117}{\cos 7°07'30''} = 72.56(\text{m})$$

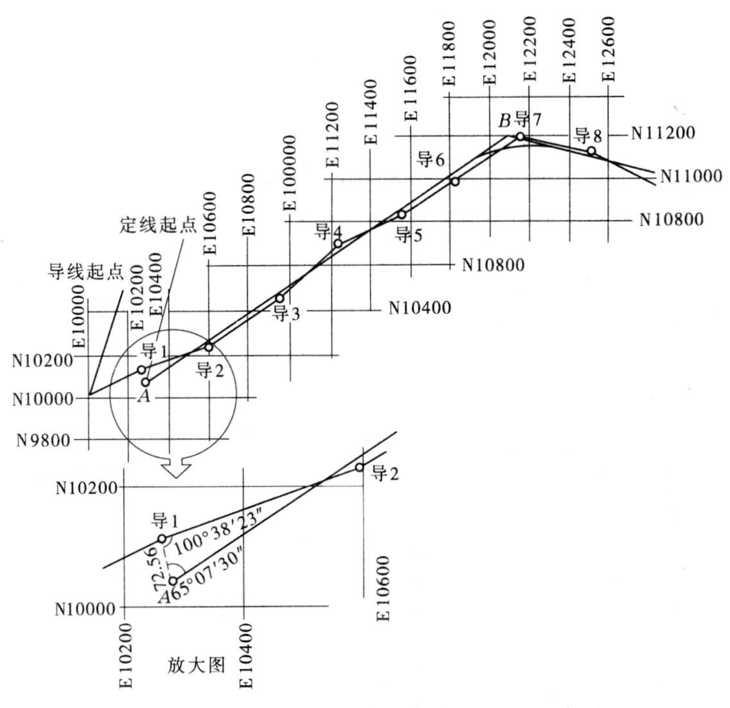

图 8-5　拨角法放线

2）计算路线各边的转向角和距离

按上述方法依次计算各边的象限角、转向角、距离，列表以供放线之用。

2. 外业放线

先由导 1，按夹角 α 和距离 l 定出路线起点 A，在 A 点置镜拨角即可定出 AB 方向，以后各边可按转向角及距离直接定出。

拨角法计算较繁，但外业工作不需穿线，速度较快，其放线精度受原始资料的可靠程度和放线累计误差影响大。为了减小累计误差，可与穿线交点法配合使用。

（三）直接定交点法

在地形平坦、视线开阔、路线受限不很严，路线位置可直接根据地物明显目标确定的地区，可依据纸上路线和地貌地物的关系，现场直接将交点定出。如图 8-6 所示，从图 8-6 上得知交点 JD 离河岸约 200 m，位于原有公路曲线内侧，一端切线距公路桥头 50 m，另一端切线距房屋 25 m，根据这些关系，可直接在现场定出交点 JD。

（四）坐标法

通过坐标计算，可编制成逐桩坐标表，根据实地的控制导线就可以将路线敷设在地面

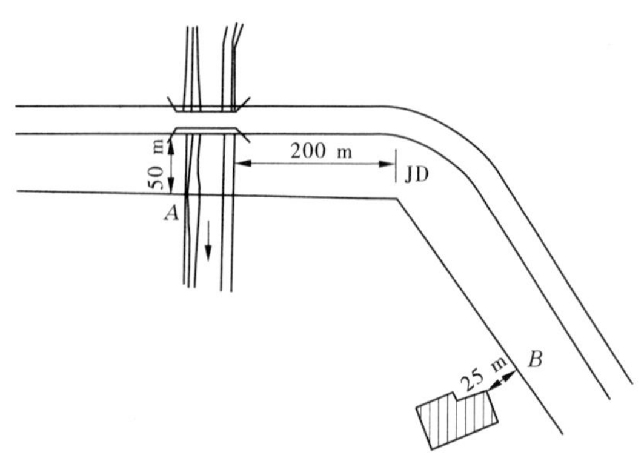

图 8-6　直接定交点示意图

上。按各级公路对放线精度的要求和测设仪具条件选用不同的放线方法。一般来讲,坐标放线法使用常规测设仪具(指普通经纬仪、钢卷尺等)十分困难,且效率低、质量差,难以达到精度要求。这里只介绍以全站仪为测设手段的两种方法。

1. 极坐标放线法

极坐标放线的基本原理是以控制导线为依据,以角度和距离来定点。如图 8-7 所示,在控制导线点 T_i 置仪具,后视 T_{i-1}(或 T_{i+1}),待放点为 P。图 8-7(a)为采用夹角 J 的放点,图 8-7(b)为采用方位角 A 的放点。只要算出 J 或 A 和置仪点 T_i 到待放点 P 的距离 D,就可在实地放出 P 点。

设置仪点的坐标为 $T_i(x_0,y_0)$,后视点的坐标为 $T_{i-1}(x_h,y_h)$,待放点的坐标为 $P(x,y)$。放线数据 D、A、J 可按直线型定线法计算,据此拨角测距即可放出待定点 P。

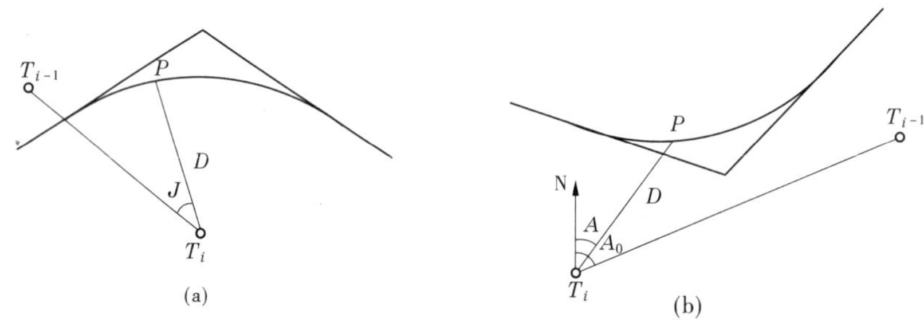

图 8-7　极坐标放线示意图

2. 坐标放线

此法的基本原理与极坐标法相同,它是利用现代自动测量仪的坐标计算功能,只需输入有关点的坐标值即可,现场不需做任何手工计算,而是由仪器内电脑自动完成有关数据计算。放线的具体操作步骤如下:

(1)在置仪点 T_i 安置仪器,后视 T_{i-1}点。

(2)键入置仪点和后视点坐标 $T_i(x_0,y_0)$、$T_{i-1}(x_h,y_h)$,完成定向工作。

(3)键入待放点坐标 $P(x,y)$。

(4)转动照准头使水平角为 0°00′00″,完成待放点 P 定向。

（5）置反射镜于 P 点方向上，并使面板上显示 0.000 m 时，即为 P 点的精确定位。

重复（3）～（5）步，可放出其他中桩位。当改变置仪点的位置后，要重复（1）～（5）步。

坐标法放线数据全部来自于精确计算，放线精度高，可用于直线或曲线的标定。因此，坐标法适用于直线形定线法和曲线形定线法。

第二节　实地定线

实地定线又称直接定线或现场定线，是低等级公路定线的常用方法。实地定线时，定线人员直接面对实际地形、地质和水文等具体情况，较纸上定线直观。在现场受视线条件的限制，定线时存在一定的片面性和局限性，要求定线人员具有一定的选线经验，要多跑、多看、多问，摸清路线影响因素，反复试定，最后确定路线。

根据实地控制定线主导因素的不同，可采用以点定线和放坡定线两种方法。

一、以点定线

当路线不受纵坡限制时，定线以平面和横断面为主要考虑因素。其要点是：以点定线、以线交点。以点定线，是在全面布局和逐段安排确定的控制点之间，结合各方面因素，进一步确定影响公路中线位置的小控制点，然后根据这些小控制点，大致穿出道路中线。以线交点，就是再结合路线标准，进一步调整各段直线，使之在满足路线标准的前提下，通过主要的小控制点，最后延长相邻两直线并交出交点。

（一）控制点的加密

两控制点之间，一般不可能作直线（特别是地形困难、等级较低的公路），常常需要设置交点，使路线转弯，从而避开障碍物，利用有利地形，以达到经济的目的。加密控制点，就是在实地寻找控制和影响道路中线位置的具体点位。一般小控制点有经济性和控制性两种控制点。

（1）经济性控制点。这类控制点，主要在路线穿过斜坡地带，考虑横向填挖平衡或横向施工经济（有挡土墙及其他加固边坡时）因素而确定的小控制点。如图 8-8 中Ⅱ—Ⅱ中线位置，使挖方面积和填方面积大致相等，这时的线位即为经济性控制点。由于这类点仅从横向施工经济出发控制线位，因此只能作为穿线定点的参考位置。

（2）控制性控制点。这类控制点，是受艰巨工程、不良地质、地物障碍、路基边坡稳定等因素限制所确定的道路中线位置。如图 8-9 所示为几个主要因素对线位影响的示意图。从图 8-9 中可看出，控制点的位置还与路基的形状尺寸、加固方式、通过不良地质地段的工程措施、地表形状、路基设计标高等因素有关。定线时应综合考虑这些因素，合理确定小控制点的位置。

（二）穿线定点

受各种因素限制的平面位置控制点比较多，而且这些点在平面上的分布又没有一定的规律，另一方面路线受技术标准和平面线形组合的限制，不可能照顾到每一个控制点。因此，穿线定点，就是根据技术标准和线形组合的要求，满足控制点并兼顾多数经济点，前

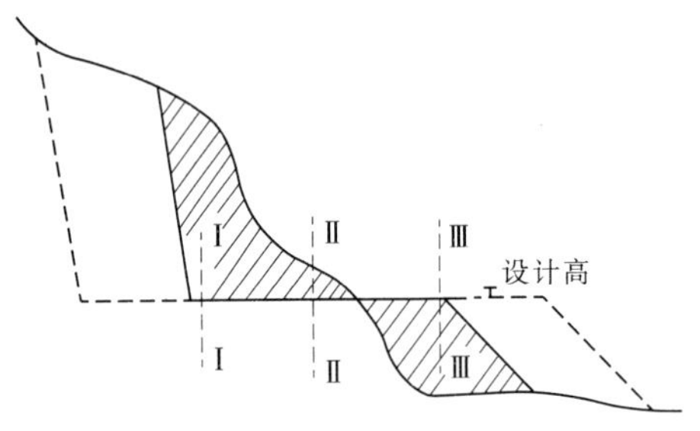

图 8-8　横断面经济性控制点

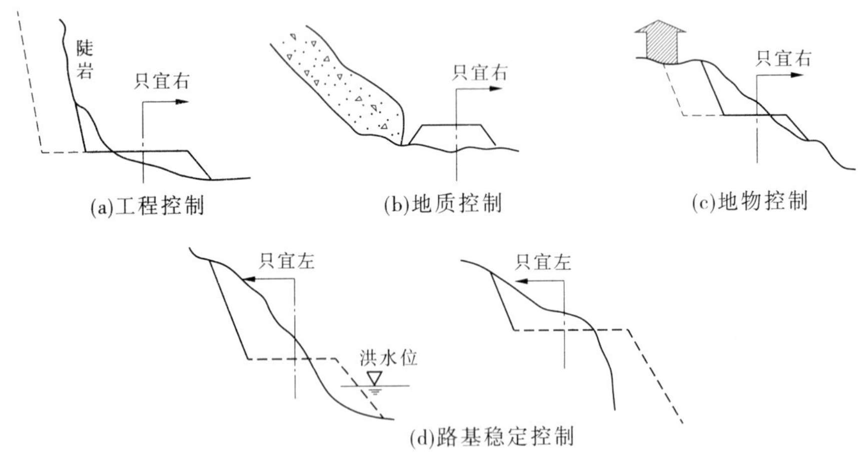

图 8-9　控制线位的因素

后照顾,用穿线的办法延长直线,交出转角点。

在进行穿线定点时,除要满足技术指标的要求外,还应注意以下几方面问题:

(1)平曲线间必须有足够的直线长度。

(2)同向平曲线间应避免"断背曲线"。在满足控制点要求的前提下,调整交点位置使路线偏角较小,交点间距较长,以争取较好线形。

(3)注意保证行车视距。确定交点位置时,应尽量避免交点正对山嘴或其他障碍物。

(4)力求平面线形指标均衡,保持线形的连续性,长直线尽头应尽量避免设小半径曲线;路线绕避障碍物时,要及早转向,以使线形舒顺均衡。同时,长下坡尽头应避免急弯,以利行车安全。

(5)路线平面弯曲要与纵面起伏相协调,注意平、纵面组合线形的要求。在定线中既要防止由于路线平面走直线使纵面起伏很大,造成大填大挖现象,又要避免只求纵面平缓,而使平面随意弯曲造成线形很差的现象。在复杂地形地段,可结合纸上移线来求得平、纵面协调的线形。

(6)定线应同时考虑纵面线形指标,尽量少用或不用极限纵坡,越岭线要避免反坡。

(7)在横坡较陡的路段,应注意结合路基边坡加固措施来安排路线,尽量避免高边坡和长深的路堑。

（8）要考虑多数经济控制点的要求，使所穿直线横向填挖基本平衡。所定线形应保证路基横向稳定性和经济性。根据经验，一般要注意暗弯勿多填、明弯勿多挖，这样，既减少土石方，又保证路基稳定。

（9）定线时应注意横向地形、地质、地物控制的要求，做到定的是一条线、考虑的是一条带，从整个路带范围来布置路线。

（10）路线应与桥涵及其他构造物相配合。

二、放坡定线

当两控制点间高差较大，路线受纵坡限制时，定线应以纵坡为主导，采用放坡定线。

（一）放坡

按照要求的设计纵坡（或平均坡度）在实地找出地面坡度线的工作叫放坡。

在山岭重丘区路段，天然地面坡度角均在20°以上，而设计纵坡（或平均坡度）有一定要求，如图8-10所示，路线由A点到B点，如果沿最大地面自然坡度方向AB（即垂直于等高线的方向）前进，将使路线上不去，显然不可能实施。如果路线沿等高线走（即AC方向），虽然纵坡平缓，但方向偏离，达不到上山的目的，因此就需要在AB和AC方向间找到AD方向线，使其地面坡度正好等于设计纵坡（或平均坡度）i_p，这样既使路线纵坡平缓，又使填挖数量最小。寻求这条地面坡度等于设计纵坡（或平均坡度）i_p的工作就是放坡的任务。

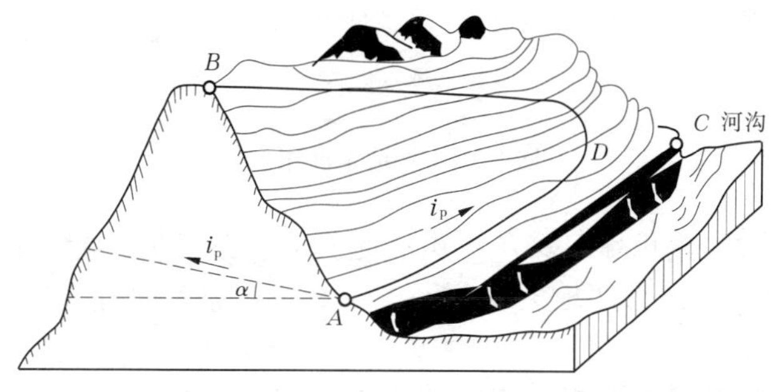

图8-10　放坡原理示意图

（二）放坡定线

（1）作修正导向线。放坡后的坡度点就是概略的路基设计标高位置，而实地路中线的位置对于路基的稳定和填挖工程量影响很大。如图8-11所示，如果中线在坡度点的下方（见图8-11（a）），则横断面以路堤形式为主；若中线正好通过坡度点（见图8-11（b）），则横断面为半填半挖形式；若中线在坡度点上方（见图8-11（c）），则横断面以路堑形式为主。因此，根据坡度线如图8-12所示中的$A_0A_1A_2\cdots$连线（在此也称导向线），结合地面横坡考虑路基稳定和工程经济即可确定出合适的中线位置，并插上花杆（或标志），如图8-12所示中的$B_0B_1B_2\cdots$连线，叫修正的导向线。根据经验，一般情况当地面横坡在1∶5以下时，中线在坡度点上下方对路基稳定和工程经济影响不大；当为1∶5～1∶2时，中线与坡度点重合为宜；当横坡大于1∶2时，中线宜在坡度点上方，以形成全挖的台口式断面为好。

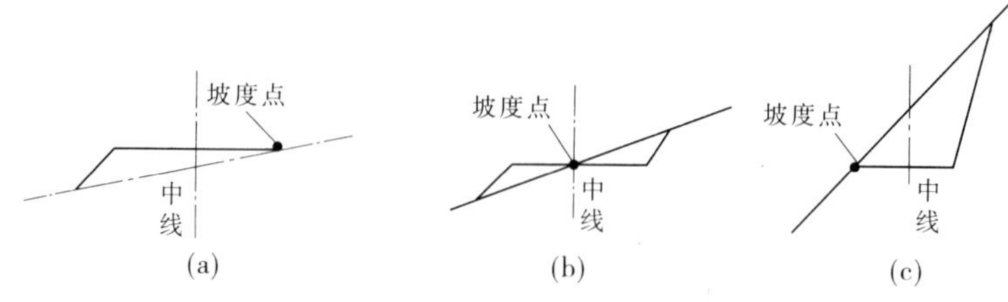

图 8-11　中线与坡度点在横断面上的位置

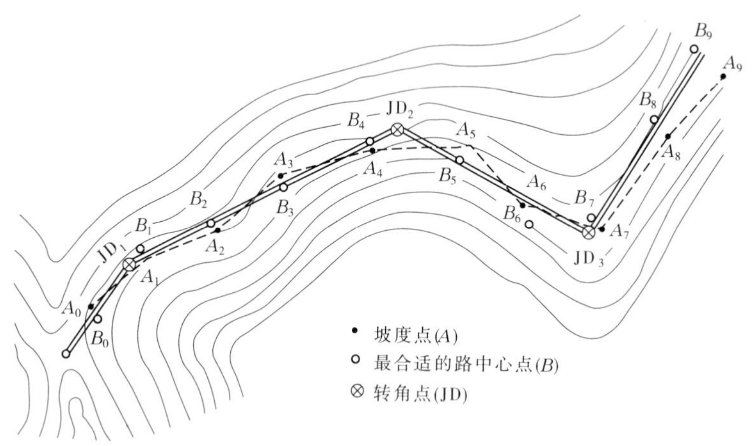

图 8-12　放坡定线示意图

(2)穿线定交点。修正导向线 $B_0B_1B_2\cdots$ 是具有合理纵坡、横断面上位置最佳的一条折线。根据修正导向线进行实地穿线,穿线应在满足平面线形标准的前提下,尽可能多地靠近或穿过导向线上各特征点,特别要注意穿过控制严的点,裁弯取直,使路线平、纵、横三方面配合协调,穿出与地形相适应的若干直线,延伸相邻两条直线即可确定交点,如图 8-12所示中的 JD_1、JD_2、JD_3 等。穿线交点这一工作很重要,定线人员必须反复插试,多次修改,才可能定出合理的路线。

三、定平曲线

经过穿线交点确定了路线的交点位置,在交点处还需要根据标准,结合地形、地物及其他因素选择适宜的平曲线半径,控制曲线线位。

(一)单交点法

单交点是实地定线最常用的方法之一。它是用一个交点来确定一段单圆曲线的插设曲线方法。方法简便,单交点法适用于一般转角不大或实地能直接钉设交点的情况。

圆曲线半径 R 的大小,直接影响曲线线位,如图 8-13 所示,当转角较大,不同半径可能使曲线线位相差几米甚至几十米。线位的移动将直接影响线形、工程数量及路基稳定,确定半径一般结合地形和其他因素按以下控制条件来选择:

(1)外距控制(即曲线中点控制)。如图 8-14 所示根据弯道内侧的固定建筑物,确定曲线 A 点是不与其发生干扰的控制点,即可用皮尺量出控制的外距值 E,并测出转角,即可反算确定半径。

(2)切线控制(即曲线起、终点控制)。有时路线为了控制曲线起、终点位置,要求曲线的切线长为一定值,比如相邻的反向曲线间要求一定的直线长度,或者要求桥头或隧道洞口在直线上等,这时曲线半径就由控制的切线长来选定。

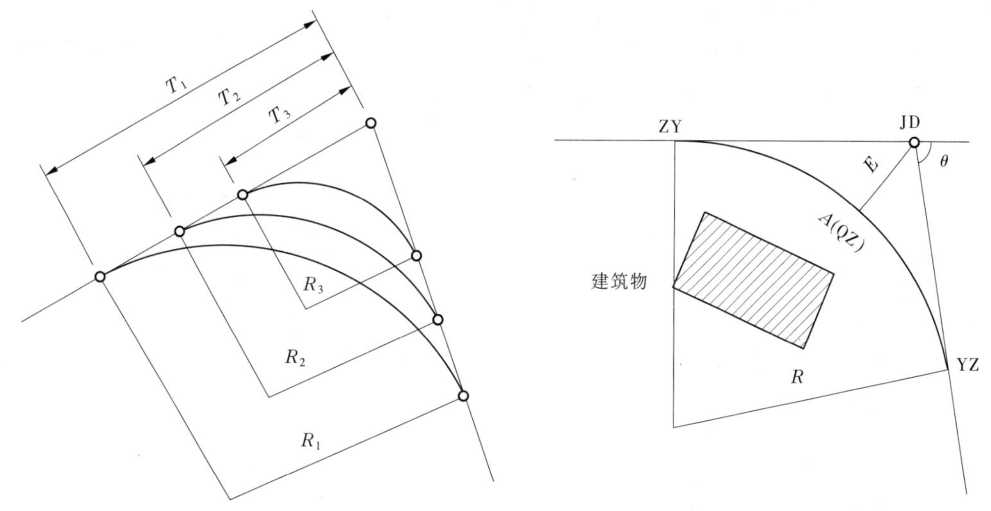

图 8-13　半径对线位的影响

图 8-14　外距控制曲线半径

(3)曲线长控制。当路线转角较小,为使曲线长度满足最短曲线长度 L_{min},则曲线半径最小值可反算确定。

(4)曲线上任意点控制。如图 8-15 所示,有时路线由于桥涵人工构造物位置或原路改建的要求,控制曲线必须从任意点 A 通过,可用试算法选择半径。其办法是:先实地量出 JD 至 B 点的距离和要求的支距(即 BA),初选半径 R,用试算法确定。

(5)按纵坡控制。当路线纵坡紧迫时,为使弯道上合成纵坡不因曲线半径太小而超过规定值,应根据已定的纵坡和合成纵坡标准值来反算出超高横坡,再按控制的超高横坡求得最小控制半径。

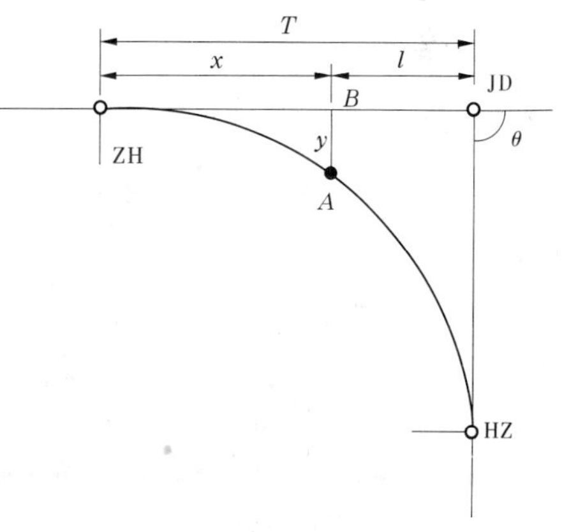

图 8-15　曲线上任意点控制

(二)双交点法(即虚交点法)

当路线偏角很大及交点受地形或地物障碍限制,无法钉设交点时,可在前后直线上选两个辅助交点 JD_A、JD_B 来代替交点 JD,敷设曲线选择半径,如图 8-16 所示。JD_A 和 JD_B 的连线叫基线,具体作法可有如下两种:

（1）切基线法。当选择的基线可以控制曲线位置，能使所定曲线与基线相切时，叫切基线法。如图 8-16 所示，GQ 为公切点，量出转角 θ_A、θ_B 和基线长度 AB 后可反算半径。选择半径后还要检查是否合乎标准的要求。切基线法方法简便，容易控制线位，计算容易，是工程中较常用的方法。

（2）不切基线法。当选择基线不能控制曲线线位或切基线计算的半径不能满足标准要求时，则所设曲线不能与基线相切，只能按不切基线办法来选择半径，如图 8-17 所示。其方法是：先根据标准要求初选半径 R，测量 θ_A、θ_B，基线 AB，计算 T_A、T_B，由计算出的 T_A、T_B 即可根据 JD_A、JD_B 量距定出曲线起、终点 ZH、HZ，并用切线支距 x、y 检查曲线上任一点的线位，如与实际情况相符，则所选半径合适，反之则应再调整、计算。

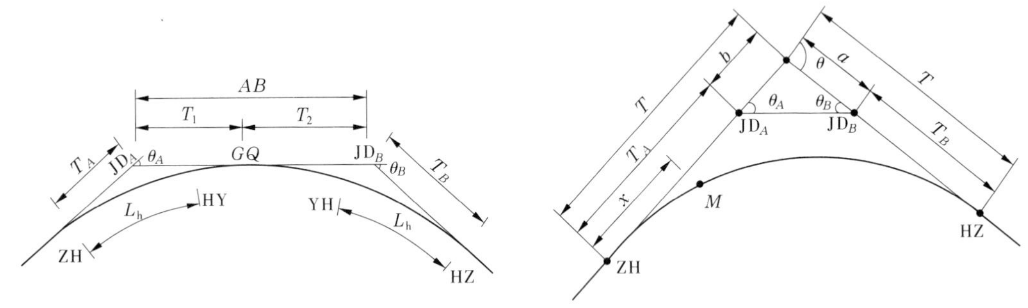

图 8-16　切基线的双交点法

图 8-17　不切基线的双交点法

（三）回头曲线定线法

一般来讲，有回头曲线的地方，路线受地形约束较大，主曲线和辅助曲线的平、纵面控制较严，定线时稍有不慎会对线形和工程数量影响很大，插线时必须反复试线，才能得到满意的结果。回头曲线定线的方法很多，通常采用切基线的双交点定线。

按照放坡的导向线，先确定辅助曲线交点 JD_1、JD_2 和上下线位置，如图 8-18 所示，然后反复移动基线 JD_A—JD_B 控制确定主曲线，直到满意。其具体方法同切基线的双交点法。

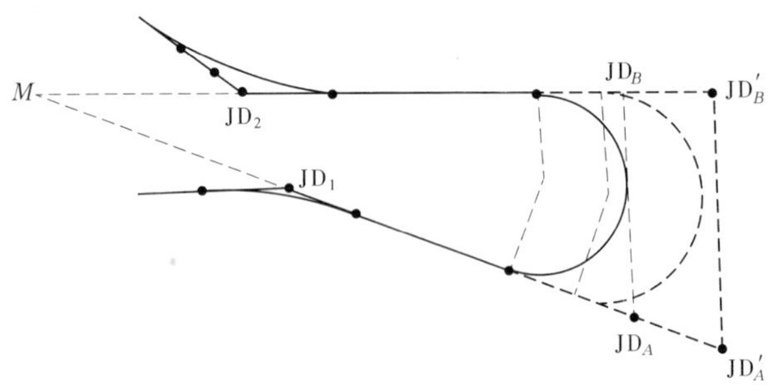

图 8-18　回头曲线定线（双交点法）

第三节　纸上移线

现场实地定线，往往由于地形复杂，定线人员视野受到限制和产生错觉，难免发生个别路段线位定得不当。纸上移线是修改局部路线的有效方法。

一、纸上移线的条件

(1)路线平面标准前后不协调，需要调整转角点位置、改变半径，或室内定坡后发现局部地段工程量过大时。

(2)路线位置过于靠山使挖方过大，或过于靠外使挡土墙较高，移改线位后能节省大量工程时。

(3)增加工程量不大，但能显著提高平、纵线形标准时。

二、纸上移线的方法与步骤

纸上移线有计断链和不计断链两种做法。移距较大，断链长度较长，对纵坡度有较大影响时，应采用计断链的做法，步骤如下：

(1)绘制移线地段的大比例尺(一般用1∶200～1∶500)路线图，标注交点编号，曲线起终点以及各桩位置。

(2)依据移线目的，在纵断面图上试定出合理坡度，读取各桩填挖值。

(3)根据各桩填挖值，用路基模板在横断面图上找出最经济或控制性的路基中心线位置，量出偏离原中心线的距离即移距，如图8-19所示中a，分别用不同符号点在路线平面图上。参照这些记号，在保证重点照顾多数的原则下，经反复试定修改，直到定出满足移线要求，线形合理的移改导线，如图8-20中虚线所示。

(4)用正切法量算各交点转角。移线与原线的角度要闭合，否则需进行调整，首先调整短边和角值小的转角。拟定半径、计算曲线要素并给出平曲线。量原线各相邻桩横断面方向线切割移线的实际长度(这些长度之和，在曲线段内应等于曲线的计算长度，在直线段应等于曲线间的直线长)，据以推算移线上的新桩号，量原线各桩移距，连同新老桩号一并记入移距表中。算出断链长度，注于接线桩处。

(5)按各桩移距，在横断面图上绘出移线后中心线位置，注上新桩号，读取新老桩比高。

(6)根据比高，用虚线在原纵面图上绘出移线后的地面线和平曲线，重新设计纵坡和竖曲线。

(7)按移线的桩号、平曲线、坡度、竖曲线等资料编制“路基设计表”，表中地面标高仍为原桩标高，移线的平曲线起、终点桩号填在“备注”栏里。

(8)设计路基横断面，计算土石方数量。

纸上移线示例如图8-20～图8-22所示。

当移距不大或路线纵坡度较缓的路段，可采用不计断链的做法，不推算移线的新桩号，但需推算与移线平面线起、终点相应的原线上的桩号，以便计算超高和加宽，移线终点不标注长短链。

纸上移线的资料主要从原线的横断面上取得，由于一般横断面施测范围有限，且离中线愈远误差愈大，故移距不能太大，一般以小于 3 ~ 5 m 为好。移距很大时，应在定出移改导线后，实地放线重测。

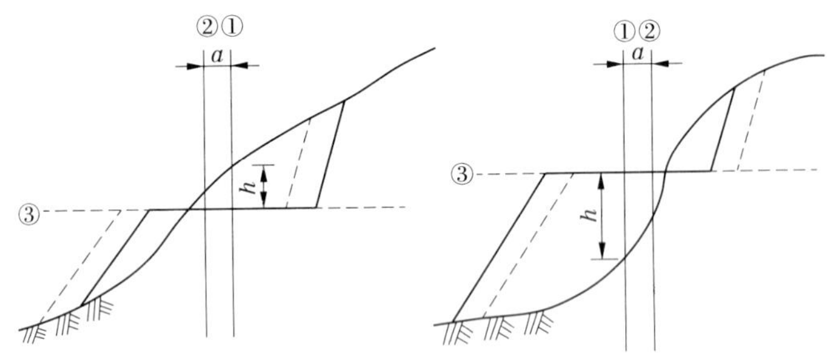

①—未移动前路基中心线；②—最佳路基中心线；③—对原桩填挖值的水平线；

h—填挖高度；a—最佳中心位置偏离原中心线的距离

图 8-19　横断面上移距示意图

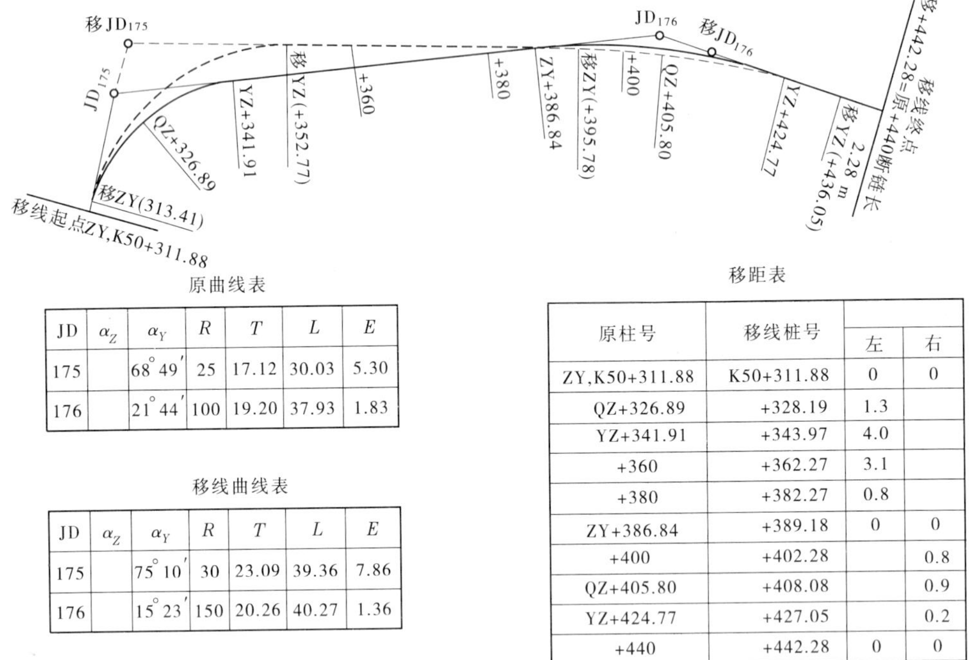

原曲线表

JD	α_Z	α_Y	R	T	L	E
175		68°49′	25	17.12	30.03	5.30
176		21°44′	100	19.20	37.93	1.83

移线曲线表

JD	α_Z	α_Y	R	T	L	E
175		75°10′	30	23.09	39.36	7.86
176		15°23′	150	20.26	40.27	1.36

移距表

原桩号	移线桩号		
		左	右
ZY,K50+311.88	K50+311.88	0	0
QZ+326.89	+328.19	1.3	
YZ+341.91	+343.97	4.0	
+360	+362.27	3.1	
+380	+382.27	0.8	
ZY+386.84	+389.18	0	0
+400	+402.28		0.8
QZ+405.80	+408.08		0.9
YZ+424.77	+427.05		0.2
+440	+442.28	0	0

注：此段移线原因为土石方数量过大。将 JD_{175} 端外移，可避免出现深路堑，以减少土方工程量。

图 8-20　纸上移线平面图

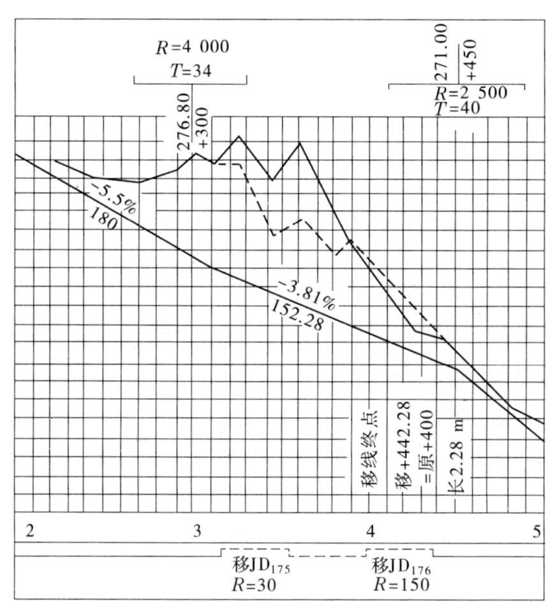

图 8-21　纸上移线纵断面图

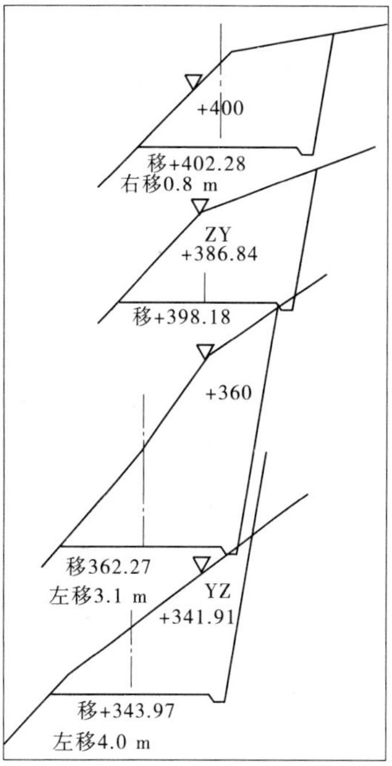

图 8-22　纸上移线横断面图

思考题及习题

8-1　何谓定线？定线的方法有哪些？

8-2　什么叫放坡？简述纸上放坡定线的特点。

8-3　曲线定线的方法有哪些？

8-4　简述纸上定线与实地定线的特点。

8-5　何谓纸上移线？纸上移线的步骤是什么？

第九章　公路外业勘测

教学目标　了解公路初测及定测的目的和任务；熟悉公路初测及定测外业工作的内容和方法。

公路外业勘测的最终目的就是把研究确定的路线走向方案通过适当的勘测放在实地，并取得相关的设计资料。公路勘测工作是公路工程设计的基础，而公路工程设计又是施工的依据和基础，公路勘测质量的好坏对整个公路建设质量起着决定性的作用。因此，在公路勘测中，必须深入全面地进行调查研究，实事求是，精心勘测，注重技术经济效益，同时考虑环境和社会等因素的影响，为设计提供准确、完整的数据和资料，以保证设计文件的高质量。

根据各设计阶段的不同要求，公路外业勘测也划分为初测和定测。

第一节　公路初测

一、初测的任务及准备工作

（一）初测的任务

初测是两阶段设计和三阶段设计中第一阶段（初步设计阶段）的外业勘测工作。

初测的目的是根据批复的《工程项目可行性研究报告》所拟订的修建原则和路线基本走向方案，通过现场对各比选方案的勘测，从中确定采用方案，并收集编制初步设计文件所需的勘测资料。

初测的任务是对路线方案作进一步的核查落实，并进行导线、高程、地形、桥涵、隧道、路线交叉等测量工作，同时收集调查沿线相关的地方规划、政府意见、环保要求以及筑路材料、占用土地、概（预）算资料等，并根据测量的资料进行纸上定线和有关的内业工作。

（二）准备工作

1. 收集资料

为满足初测和初步设计的需要，初测前应收集和掌握以下基本资料：

（1）各种比例的地形图、航测图片，国家及有关部门设置的三角点、导线点、水准点、GPS点等资料。

（2）沿线自然地理概况、工程地质、水文、气象、地震基本烈度等资料。

（3）沿线铁路、公路、航运、城建、农林、水利、电力、通信、文物、环保、国土资源、国防等部门与本路有关系的规划、设计、规定及科研成果等资料。

（4）对于改（扩）建公路，还应收集原有公路的测设、施工、养护、路况及交通量等资料。

2. 室内研究路线方案

根据工程可行性研究报告拟订的路线基本走向方案，在地形图上进行各可行方案的研究，经过对路线方案的初步比选，拟订出需要勘测的方案（包括比较线）及现场需要重点调查和落实的问题。

3. 现场踏勘

现场踏勘是初测前对拟订的路线方案进行全面调查和核实的工作，应组织路线、地质、桥梁隧道等主要专业人员参加，必要时，可邀请当地政府和有关部门派人员参加。核查的主要内容和要求如下：

(1) 核查所收集地形图的地形、地物的变化及对初拟方案的影响。

(2) 核查沿线居民点、农田水利设施、主要建筑设施和不良地质的分布情况及对初拟方案的影响，并研究相应的路线调整方案。

(3) 核查各种地上管线、地下管线、重要历史文物、名胜古迹、旅游风景区、自然保护区、景观区（点）等分布情况，并据此调整初拟方案或拟定相应的环境保护措施。

(4) 对沿线重点工程和复杂的大中桥、隧道、互通式立体交叉等，应逐一核查落实其位置与设置条件。

(5) 了解沿线主要建筑材料的产地、质量、储量和采运条件，对缺乏的筑路材料应提出解决的途径。

(6) 核查工作应与当地政府或主管部门取得联系，对重要的路线方案及同地方规划或设施有干扰的方案，应征求相关部门的意见。

4. 其他资料调查

(1) 了解沿线地形情况，拟订路线方案的地形分界位置。

(2) 了解沿线涉及测量现场的地形、地貌、地物、通视、通行等情况，拟定勘测工作的困难类别。

(3) 调查沿线生活供应、交通条件等情况。

5. 资料整理

通过收集资料和现场的核实调查，应提出如下资料：

(1) 根据已掌握的资料，概略说明沿线的地形、河流、工程地质、水文地质、气象等情况，指出采用路线方案的理由，提供沿线主要工程和主要建筑材料情况，提出勘测中应注意的事项、需要进一步解决的问题等。

(2) 估计野外工作的困难程度和工作量，确定初测队伍的组织及必需的仪器和其他装备，并编制野外工作计划和日程安排。

(3) 提出主要工程（如桥涵、隧道、立交等）的工程地质勘察工作量和要求。

二、初测的内容与步骤

公路初测由外业测量队分组进行，主要内容、步骤及要求如下。

（一）平面控制测量

(1) 公路平面控制测量包括路线、桥梁、隧道及其他大型建筑物的平面控制测量。平面控制网的布设应符合因地制宜、技术先进、经济合理、确保质量的原则。

(2)路线平面控制网是公路平面控制测量的主控制网,沿线各种工点平面控制网应联系于主控制网上,主控制网宜全线贯通,统一平差。

(3)平面控制网的建立可采用全球定位系统(GPS)测量、导线测量、三角测量和三边测量等方法。

(4)各级公路、桥梁、隧道及其他建筑物的平面控制测量等级的确定应符合表9-1的规定。

表9-1　平面控制测量等级

高架桥、路线控制测量	多跨桥梁总长 L (m)	单跨桥梁长度 L_K (m)	隧道贯通长度 L_G (m)	测量等级
—	$L \geqslant 3\ 000$	$L_K \geqslant 500$	$L_G \geqslant 6\ 000$	二等
—	$2\ 000 \leqslant L < 3\ 000$	$300 \leqslant L_K < 500$	$3\ 000 \leqslant L_G < 6\ 000$	三等
高架桥	$1\ 000 \leqslant L < 2\ 000$	$150 \leqslant L_K < 300$	$1\ 000 \leqslant L_G < 3\ 000$	四等
高速公路、一级公路	$L < 1\ 000$	$L_K < 150$	$L_G < 1\ 000$	一级
二、三、四级公路	—	—	—	二级

(5)采用"现场定线法"进行初测的导线或中线,应根据地形变化钉设加桩,以供测绘地图使用。

(6)应利用路线经过地区已有的国家或其他有关部门的平面控制资料,但应进行以下工作:①对原有控制点进行检测;②控制测量的坐标系统与本路的坐标系统不一致时,应进行换算;③原有平面控制点若不能满足公路放线要求,应按规定予以加密。

(二)高程测量

(1)公路高程系统宜采用国家统一的高程基准。同一条公路应采用同一个高程系统,不能采用同一系统时,应给定高程系统的转换关系。独立工程或三级以下公路联测有困难时,可采用假定高程。

(2)各级公路及构造物的水准测量等级不得低于表9-2的规定。

表9-2　公路及构造物的水准测量等级

高架桥、路线控制测量	多跨桥梁总长 L (m)	单跨桥梁长度 L_K (m)	隧道贯通长度 L_G (m)	测量等级
—	$L \geqslant 3\ 000$	$L_K \geqslant 500$	$L_G \geqslant 6\ 000$	二等
—	$1\ 000 \leqslant L < 3\ 000$	$150 \leqslant L_K < 500$	$3\ 000 \leqslant L_G < 6\ 000$	三等
高架桥、高速公路、一级公路	$L < 1\ 000$	$L_K < 150$	$L_G < 3\ 000$	四等
二、三、四级公路	—	—	—	五等

(3)等级公路高程控制网最弱点高程中误差不得超过±25 mm;用于跨越水域和深谷

的大桥、特大桥的高程控制网最弱点高程中误差不得超过 ±10 mm；每千米观测高差中误差和附合（环线）水准路线长度应小于表 9-3 的规定。当附合（环线）水准路线长度超过规定时，可采用双摆站的方法进行测量，其长度不得大于表 9-3 中水准路线长度的 2 倍。

（4）高程控制测量的主要技术要求。公路高程测量一般采用四、五等水准测量，其精度要求应符合表 9-4 的规定；在进行水准测量确有困难的山岭地带以及沼泽、水网地区，可用光电测距三角高程测量代替，其主要技术要求应符合表 9-5 的规定。

表 9-3　高程控制测量的技术要求

测量等级	每千米高差中数中误差（mm）		附合或环线水准路线长度（km）	
	偶然中误差 M_Δ	全中误差 M_W	路线、隧道	桥梁
二等	±1	±2	600	100
三等	±3	±6	60	10
四等	±5	±10	25	4
五等	±8	±16	16	1.6

表 9-4　水准测量的精度要求

测量等级	往返较差、附合或环线闭合差（mm）		检查已测测段高差之差（mm）
	平原微丘区	山岭重丘区	
四等	$\leqslant 20\sqrt{L}$	$\leqslant 6\sqrt{n}$ 或 $\leqslant 25\sqrt{L}$	$\leqslant 30\sqrt{L_i}$
五等	$\leqslant 30\sqrt{L}$	$\leqslant 45\sqrt{L}$	$\leqslant 40\sqrt{L_i}$

注：计算往返较差时，L 为水准点间的路线长度，km；计算附合或环线闭合差时，L 为附合或环线的路线长度，km；n 为测站数；L_i 为检测段长度，km。

表 9-5　光电测距三角高程测量的主要技术要求

测量等级	测回内同向观测高差较差（mm）	同向测回间高差较差（mm）	对向观测高差较差（mm）	附合或环线闭合差（mm）
四等	$\leqslant 8\sqrt{D}$	$\leqslant 10\sqrt{D}$	$\leqslant 40\sqrt{D}$	$\leqslant 20\sqrt{\sum D}$
五等	$\leqslant 8\sqrt{D}$	$\leqslant 15\sqrt{D}$	$\leqslant 60\sqrt{D}$	$\leqslant 30\sqrt{\sum D}$

注：D 为测距边长度，km。

（5）水准点的布设。水准点应沿公路布设，水准点宜设于公路中心线两侧 50 ~ 300 m 范围之内。水准点间距宜为 1 ~ 1.5 km；山岭重丘区可根据需要适当加密；大桥、隧道口及其他大型构造物两端，应增设水准点。

（6）尽量利用路线经过地区已有的国家或其他部门设置的水准点，但应对原水准点进行逐一检测；原高程系统与本路使用的高程系统不一致时，应进行换算。

（7）路线上设置的平面控制桩、中线桩和设计需要高程控制的点，如干渠、水坝、河堤、管线、铁路等都应测量其高程。

(三)地形测量

(1)路线地形图的测绘宽度,当采用“纸上定线法”初测时,路线中线两侧各测绘 200 ~400 m;采用“现场定线法”初测时,路线中线两侧测绘宽度可减窄为 150 ~250 m。

(2)路线地形测绘的图根点,应利用已有的平面控制点或中线控制桩作测站,当不能满足要求时,应按规定进行图根控制测量。地形测绘的技术要求应符合《公路勘测规范》(JTG C10—2007)的有关规定。

(3)采用“现场定线法”初测时,可采用小平板配合经纬仪或大平板仪测量,也可利用纵、横断面资料,配合仪器现场测量勾绘。

(4)应利用国家或其他有关部门所测绘的地形图,但使用时应进行现场核查,对有变化的地形地物进行补测。

(5)高速公路和一级公路采用分离式路基时,地形图测绘宽度应覆盖两条分离路线及中间带的全部地形;当两条路线相距很远或中间带为大河与高山时,中间地带的地形可不测。

(四)路线测量

(1)各级公路应在地形测量之后,进行纸上定线;受条件限制或地形、方案较简单时,也可以采用现场定线。

(2)路线定线应符合《公路工程技术标准》(JTG B01—2003)及《公路勘测规范》(JTG C01—2007)的规定,正确掌握和运用技术标准。定线时,应作好总体布局,根据各类地形特点,结合人工构造物的布设,进行路线平、纵、横面的协调布置,定出合理的线位。对地形、地质、水文条件复杂,工程艰巨的路段,应拟订可能的比较方案,进行反复推敲、比较,确定采用方案。

(3)纸上定线应进行的勘测内容:①应将有特殊要求或控制的地点、必须避绕的建筑物或地质不良地带、地下建筑或管线等标注于地形图上。②山岭地区的越岭路线,需要进行纵坡控制的地段应在地形图上进行放坡,将放坡点标示于图上。③在地形图上选定路线曲线与直线位置,定出交点,计算坐标和转角,计算平曲线要素,计算路线连续里程。④沿路线中线按一定桩距从图上判读其高程,点绘纵断面图;河堤、铁路、立体交叉等需要重点控制的地段或地点,应实测高程点绘纵断面图,并据以进行纵坡设计。⑤应根据路线中线线位,在地形图上测绘控制性横断面,并按纵坡设计的填挖高度进行横断面设计,作为中线横向检验和计算路基土石方数量的依据。⑥依据纸上定线的线位及实地调查资料,初步确定人工构造物的位置、交角、类型与尺寸。⑦综合检查路线线形设计及有关构造物的配合情况与合理性;线形设计可采用透视图法检验平、纵、横组合情况。⑧纸上定线后,应进行实地查看,对高填深挖地段、大型桥梁、隧道、立体交叉以及需要特殊控制的地段,应进行实地放线检验、核对,并作为各专业工程勘测调查的依据。⑨所确定的线位应总体配合恰当、工程经济合理、线形连续顺适。对需进行比较的方案,应按上述步骤方法定出线位、计算工程量,进行技术经济比较。

(4)现场定线应进行的勘测内容:①现场踏勘前应在 1/50 000 地形图上对路线进行总体布置,确定控制点、绕避点,选择路线通过的最佳位置。②越岭路线或受纵坡控制的路段,应选择好山坡坡面与展线方式,进行放坡试线,作出分段安排。③根据各种地形的定线要点和控制点进行布线和穿线定点，钉设交点、转点并选定半径。④测定交点，进行中桩、水准、横断面和地形等测量。⑤通过内业工作，对路线进行平、纵、横面进行综合检查，确定线位。

（五）其他勘测与调查

除上述四项测量内容外，初测还应包括以下几方面的勘测与调查：

（1）路基、路面及排水勘测与调查。

（2）小桥涵勘测与调查。

（3）大、中桥勘测与调查。

（4）隧道勘测与调查。

（5）路线交叉勘测与调查。

（6）沿线设施勘测与调查。

（7）环境保护调查。

（8）临时工程勘测与调查。

（9）工程经济调查。

（六）初测的内业工作

1. 初测内业工作主要内容

（1）复核、检查、整理外业资料。

（2）进行纸上定线或移线及局部方案比选。

（3）初步拟订各种构造物设计方案，并综合检查定线成果。

（4）应按专业分类编制外业勘测成果图表，并编制勘测报告。

（5）应逐日复核、检查外业中原始记录资料，如有差错、遗漏，必须及时纠正或弥补；对于向其他部门收集的资料，应根据测设需要，检查、分析其是否齐全、可靠和适用，做到正确取用。

（6）综合检查、协调路线设计与有关专业及结构物布设的合理性，并进行现场核对。

2. 初测应提交的成果

（1）各种调查、勘测原始记录及检验资料。

（2）纸上定线或移线成果及方案比较资料。

（3）各种主要构造物设计方案及计算资料。

（4）路基、路面、桥梁、交叉、隧道等工程设计方案图及比较方案图。

（5）沿线设施、环境保护、筑路材料等设计方案。

（6）平纵面缩图，主要经济技术指标表，勘测报告及有关协议、会议纪要等文件。

第二节　公路定测

一、定测的任务与准备工作

（一）定测的任务

公路定测即定线测量，是指施工图设计阶段的外业勘测和调查工作，也称施工图测量。其具体任务是:根据上级批准的初步设计(或计划任务书),结合现场地形、地物条件,具体核实路线方案,现场确定路线或实地放线,并进行详细测量和调查工作,其目的是为施工图设计和编制工程预算提供资料。

定测包括路中线敷设、中桩高程测量、横断面测量、地形图测绘、路基路面及排水勘测与调查、小桥涵勘测与调查、大中桥勘测与调查、隧道勘测与调查、路线交叉勘测与调查、沿线设施勘测与调查、环境保护调查、临时工程勘测与调查、工程经济调查等方面。

(二)定测的准备工作

(1)应收集工程可行性研究、初步设计阶段勘测设计的有关资料以及审查、批复意见。

(2)根据定测的任务、内容、规模和仪器设备情况,拟订勘测方案。

(3)对初步设计所收集的资料进行现场核查。

(4)对沿线地形、地貌及地物的变化情况进行核查。

(5)对初测阶段施测的路线平面、高程控制测量进行全面检查,当检测成果与初测成果的较差符合限差要求,并且控制点分布可以满足设计要求时,应采用原成果,否则应对整个控制网进行复测或重测,并应重新进行平差计算。

二、定测时分组及其工作内容

定测通常分为选线组、导线测角组、中桩组、水平组、横断面组、地形组、调查组、桥涵组、内业组共九个作业组进行。如果采用纸上定线方法进行测量,则可将选线和测角组合并为一个放线组。

(一)选线组

1. 任务

选线组亦称大旗组,它是整个外业勘测的核心,其他作业组都是根据它所插定的路线位置开展测量工作的,所以选线在整个公路勘测设计中起着主导作用,是最关键的一环。

选线是公路定线的第一步,主要任务是实地确定中线位置。其主要工作就是进行路线查勘,并进一步确定路线布局方案;清除中线附近的测设障碍物;确定路线交点及转角并钉桩,初拟曲线半径,会同桥涵组确定大、中桥位,会同内业组进行纵坡设计等工作。在越岭线地带,还需进行放坡定线工作。

2. 工作内容

1)前点放坡插点

前点一般由1~2人担任(需要放坡时2人)。其主要工作是在全面勘察的基础上,结合当地自然条件,研究路线布局,合理地运用技术标准,通过实测,选定路线方案,进一步加密小控制点,插上标旗(一般可用红白纸旗),供后面定线参考。

2)中点穿线定点

中点一般由2人担任。其主要工作是根据技术标准,结合地形及其他条件,修正路线方案,用花杆穿直线的办法,反复插试,穿线定交点,并在长直线或在相邻两互不通视的交点间增设转点,最后初拟曲线半径及其有关元素。

3）后点钉桩

后点1人。其主要工作是钉桩插标旗，并给后面的作业组留下初拟半径及其他相关资料。

（二）导线测角组

1. 任务

导线测角组紧跟选组线工作。其主要任务是标定直线与修正点位、测角及转角计算；测量交点间距；平曲线要素计算；导线磁方位角观测及复核；交点及转点桩固定；作分角桩；协助中桩组敷设难度大的曲线等工作。

为确保测设质量和进度，定线与导线测角应紧密配合，互相协作。作为后继作业的导线测角组，要注意领会选线意图，发现问题及时给予建议并修正补充，使之完善。

2. 工作内容

导线测角组一般由4人组成，其中司仪1人，记录计算1人，插杆跑点1人，固桩1人。其主要工作内容如下。

1）标定直线及修正点位

对于相互通视的交点，如果定线无误，就不存在点位修正问题，可以直接引用，当交点相距太远，或地形起伏较大，为了便于中桩组穿杆定向，测角组应用测量仪器在其间插设若干个导向桩，供中桩组穿线使用。

2）测角计算

（1）测右角。路线测角一般规定为测右角（即前进方向右侧路线的夹角）。

右角按下式计算：

$$右角 = 后视读数 - 前视读数$$

当后视读数小于前视读数时，应将后视读数加上360°，然后减去前视读数。

（2）计算转角。转角是指后视导线的延长线与前视导线的水平夹角，根据右角计算。如图9-1所示。

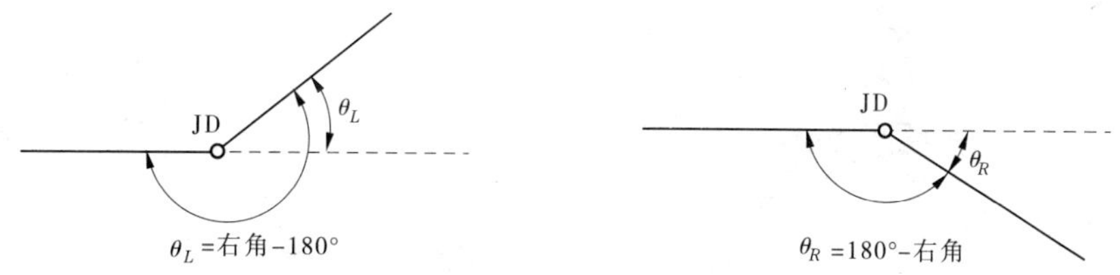

图9-1　路线转角的计算

3）距离测量

距离测量通常用红外测距仪或全站仪测定两相邻交点间的平距。当交点较远时，可利用其间转点分段测距的方法。当公路等级较低且无全站仪或红外测距仪时，可利用经纬仪进行视距测量。

4）作分角桩

为便于中桩组敷设平曲线中点桩（QZ），在测角的同时需做转角的分角线方向桩。分角桩方向的水平度盘读数按下式计算：

$$分角读数=(前视读数+后视读数)/2\ (右转角)$$
$$分角读数=(前视读数+后视读数)/2+180°(左转角)$$

5)方位角观测与校核

观测磁方位角的目的是校核测角组测角的精度和展绘平面路线图时检查展线的精度。定测计算所得的磁方位角与观测磁方位角的较差不超过2°。

磁方位角每天至少应该观测一次(一般在出工时进行观测或收工时进行观测)。

假定路线起始边的磁方位角为θ_0,则任意导线边的磁方位角为

$$\theta_n=\theta_0+\sum\Delta_R-\sum\Delta_L$$

即任意导线边的磁方位角等于起始边磁方位角加上从起始边到计算边的路线的所有右转角再减去所有的左转角。

6)交点桩、转点桩的保护和固定

在测设过程中,为避免交点桩、转点桩的丢失及方便以后施工时寻找,交点桩及转点桩在定测时必须加以固定和保护。

交点桩的保护一般采用灌注水泥混凝土的办法进行。水泥混凝土的尺寸一般深30~40 cm,直径15~20 cm或边长10~20 cm。

固桩则是将交点桩与周围固定物(如房角、电杆、基岩、孤石等)上某一个不易破坏(损坏)的点联系起来,通过测定该点与交点桩的直线距离,将桩的位置确定下来,以便桩丢失时及时恢复该桩。

用作交点桩、转点桩固定的地物点应稳定可靠,各地物点与保护桩连接之间的夹角一般不宜小于90°,固定点个数一般应在两个以上,如图9-2所示。

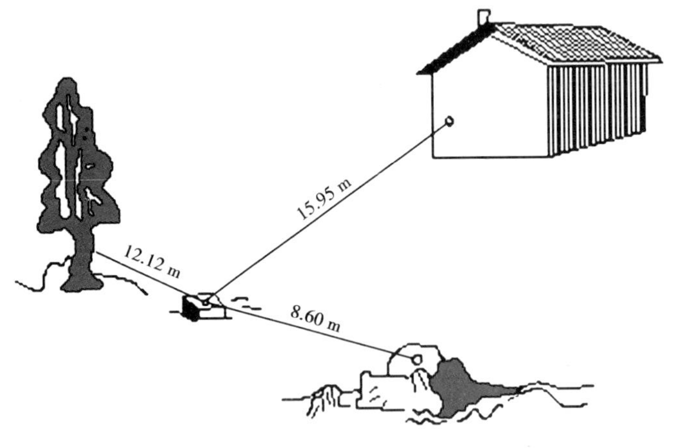

图9-2 固桩示意图

固桩完毕后,应及时画出固桩草图,草图上应绘出路线前进方向、地物名称、距离等,以备将来编制路线固定表使用。

(三)中桩组

1.任务

中桩组的主要任务是根据选线组选定的交点位置、曲线半径、缓和曲线参数(或缓和曲线长度)及导线测角组所测得的路线转角,进行量距、钉桩、敷设曲线及桩号计算,并负

责编制直线、曲线及转角一览表。

2. 工作内容

中桩组作业内容较多,一般由 7 人组成,其中:前点 1 人,负责寻找前方交点,并插前点花杆;拉链 2 人,分别为前链手和后链手,其中后链手还负责指挥前链手进行穿线工作;卡链 1 人,负责卡定路线中桩的具体位置;记录计算 1 人,负责进行桩号及敷设数据计算,并记录中桩编号、累计链距等工作;写桩 1 人,负责中桩的具体书写工作;背桩及打桩 1 人。其主要工作内容如下:

(1)中线丈量。指丈量路线的里程,通常情况下把路线的起点作为零点,以后逐链累加计算。

量距应采用水平距离,量距时一般采用钢卷尺进行。公路等级较高时,最好采用光电测距仪和钢卷尺进行。

(2)中桩钉设。与中线丈量是同时进行的。

需要钉设的中桩包括路线的起终点桩、公里桩、百米桩、平曲线控制桩(主点桩)、桥梁或隧道中轴线控制桩以及按桩距要求和根据地形、地物、地质需要设置的加桩等。

直线路线上中桩的桩距一般为 20 m,在平坦地段桩距一般为 50 m。位于曲线上的中桩间距一般为:$R>50$ m,桩距为 20 m;20 m $<R<$ 50 m,桩距为 10 m;$R<$ 20 m,桩距为 5 m。

此外,在下列地点应设加桩,加桩一般应设在整米上:①路线范围内纵向与横向地形有显著变化处;②与水渠、管道、电信线、电力线等交叉或干扰地段的起点、终点;③与既有公路、铁路、便道交叉处;④土质变化及不良地质地段的起、终点;⑤拆迁建筑物处;⑥占用耕地及经济林的起、终点;⑦小桥涵中心及大桥、中桥、隧道的两端;⑧省、地(市)、县级行政区划分界处。

(3)写桩与钉桩。所有中桩应写明桩号、转点及曲线主点桩及桩名。桩志的尺寸如图 9-3 所示。为了便于找桩和避免漏桩,所有中桩应按 0 ~ 9 的循环序号在背面编号。中桩的书写常用红油漆或油笔。

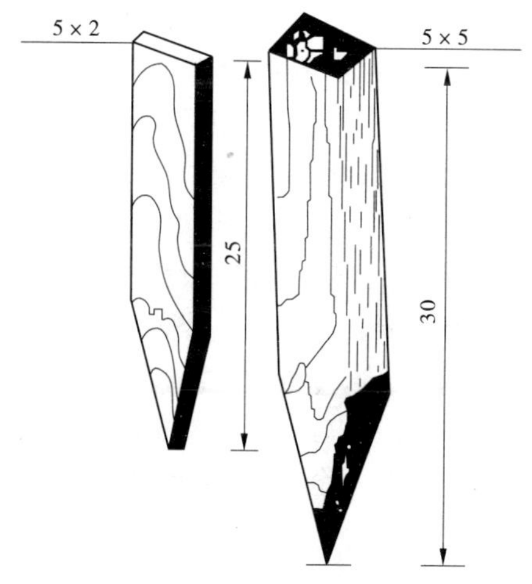

图 9-3　桩志　(单位:cm)

(4)断链及处理。在丈量过程中,出现桩号与实际里程不符的现象叫断链。断链的原因较多，但主要有两种：一种是由计算和丈量发生错误造成的，另一种则是由局部改线、分段测量等客观原因造成的。

断链有“长链”和“短链”之分，当路线桩号长于地面实际里程时叫短链，反之则叫长链。其桩号写法举例如下：

长链：k3 +110 = k3 +105.21　长链 4.79 m

短链：k3 +157 = k3 +207　短链 50 m

所有断链桩号应填在总里程及断链桩号表上，考虑断链桩号的影响，路线的总里程应为

$$\text{路线总里程} = \text{终点桩里程} - \text{起点桩里程} + \sum \text{长链} - \sum \text{短链}$$

（四）水平组

1. 任务

水平组的任务是对线路中线各中桩高程进行测量，并沿线设置水准点，为路线纵断面和横断面设计和施工提供高程资料。

2. 工作内容

水平组通常由6人组成，分基平和中平两个组。基平测量主要是设置临时水准点并进行水准点高程的测量，中平测量主要对各中桩进行水准测量。

（1）水准点的设置。水准点的高程应引用国家水准点，并争取沿线联测，形成闭合导线。采用假定高程时，假定高程应尽量与实际接近，可借助于1∶10 000或1∶50 000地图进行假定。

沿线布设水准点时，应有足够的数量，平原微丘区布设间距为1～2 km，山岭重丘区布设间距为0.5～1.0 km。在大桥、隧道、垭口及大型构造物所在处应增设水准点。水准点应设在测设方便、牢固可靠的地点。设置的水准点应在记录本上绘出草图，并记录位置及所对应的路线的桩号，以便编制水准点表。

公路定测进行水平测量时，若初测已设置了水准点，则只需对初测水准点逐一检查，如丢失或损坏，应加以恢复或补设。

（2）基平测量。一般采用一组仪器，在两水准点间往返各观测一次，也可用两组仪器各作一次单程观测进行附合。基平测量读数应精确到毫米（mm）。公路定测中进行基平测量时，若初测已进行了水准点测量，则在定测时应对初测水准点逐一进行检测，符合精度要求时，可采用初测高程；超出精度要求时，应复测，并予以更正。水准点距定测中线应为50～200 m，过小或过大时，应予迁移。对恢复、补测、迁移的水准点，均应进行联测，并与相邻的初测水准点闭合，其技术要求与精度应符合相应的规定。

（3）中平测量。一般采用单程法，以相邻两水准基点为一测段，用水准仪从前一水准点引测，并对测段范围所有路线中桩逐一测量其地面高程，然后附合到下一水准基点，如果与基平附合，即可计算测段内全部中桩地面高程，否则应重测。中平高程测量应起闭于水准点，并符合精度要求，高速公路、一级公路为 $\pm 30\sqrt{L}$ mm，二级及二级以下公路为 $\pm 50\sqrt{L}$ mm。中桩高程检测限差为：高速公路、一级公路为±5 cm；二级及二级以下公路为±10 cm。中平读数精度转点尺读至毫米（mm），中桩尺则读至厘米（cm）。

(五)横断面组

1. 任务

横断面组作业的主要任务是实地测量每个中桩在路线横向(法线方向)的地面起伏变化情况,并画出横断面的地面线,为路基横断面设计、计算土石方数量及公路施工放样提供资料。

2. 工作内容

1)横断面方向的确定

横断面测量应逐桩施测,测量前应首先确定横断面的方向。在直线路段,横断面的方向与路中线垂直;在曲线路段,横断面的方向与该点处的切线垂直,即该点的法线方向。

直线段的横断面方向可用方向架或经纬仪作垂线确定;曲线段的横断面方向,根据计算的弦偏角,可用弯道求心方向架或经纬仪来确定。

2)横断面测量方法

横断面测量以中线地面点即中桩位置为直角坐标原点,分别沿断面方向向两侧施测地面各地形变化特征点间的相对平距和高差,由此点绘出横断面的地面线。

横断面测量可采用抬杆法、水准仪皮尺法、手水准法、视距测量、三角高程测量、钓鱼法等。高速公路、一级公路横断面测量应采用水准仪皮尺法、横断面仪法、全站仪法或经纬视距仪法等;二级及二级以下公路横断面测量可采用水准仪皮尺法。

(1)抬杆法。利用花杆直接测得平距和高差,称为抬杆法,见图9-4。此法简便、易行,所以被经常采用,它适用于横向地面变化较多、较大的地段,但由于测站较多,测量误差和积累误差较大。

(2)手水准法。与抬杆法相同,仅在测高差时用水平花杆测量,量距仍用皮尺,如图9-5所示。与抬杆法相比,此法精度较高,但不如抬杆法简便,一般适用于横坡较缓的地段。

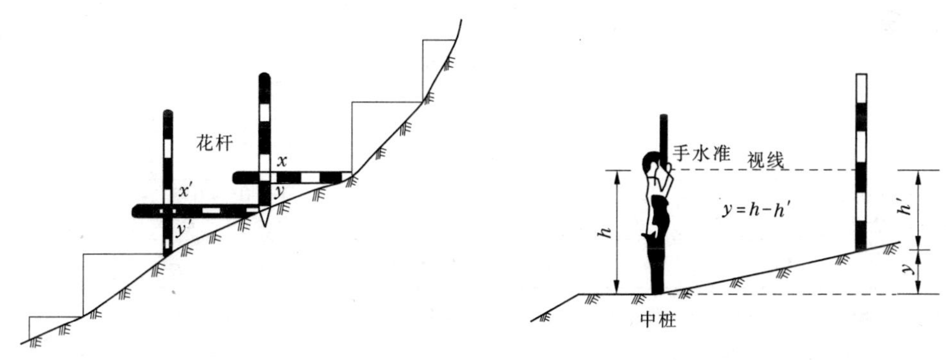

图9-4 抬杆法　　　　**图9-5 手水准法**

(3)水准仪皮尺法。当视线开阔,横坡不大,对横断面精度要求较高时,可用水准仪施测高差,配合卷尺丈量距离。该测量方法与纵断面水准测量一样(采用视线高程法),即后视中桩后,求得视线高程,减去所有断面点的中视读数,即得各点高程。若仪器安置得当,一站可测多个横断面。

(4)其他施测方法。在不良地质地段需作大断面图时,可用经纬仪作视距测量,并用三角高程测量施测横断面。对于一些陡岩地段，可用交会法，如图9-6所示，选定合适点位A、B，丈量A、B之间的距离L，利用经纬仪或带角手水准测出α_A、α_B，图解交会出C点。交会时交角不宜太小，距离L应有足够的长度。

对于深沟路段，可用钓鱼法施测，如图9-7所示。

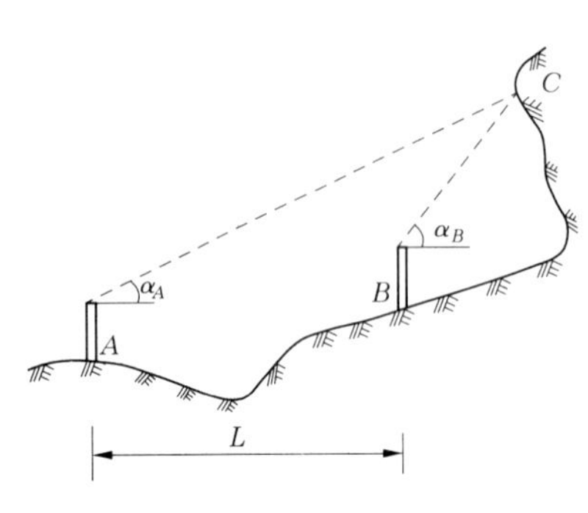

图9-6　交会法

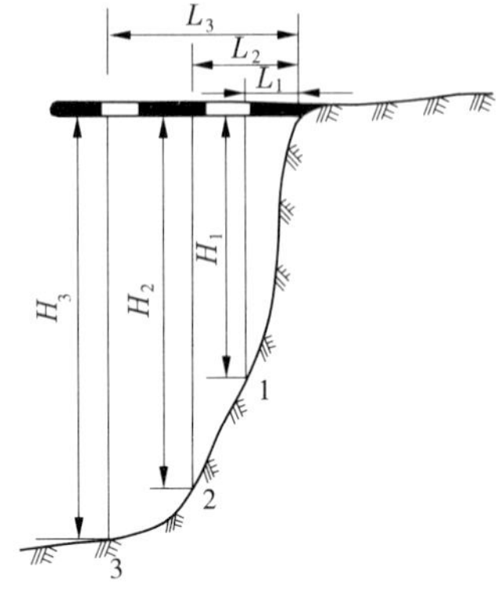

图9-7　钓鱼法

3)横断面图的绘制

横断面图的绘制通常采用现场一边记录一边点绘的方法。这样能及时核对，消除差错。点绘的方法是：以中桩点为中心，分左、右两侧，按测得的各侧相邻地形特征点之间的相对平距与高差或倾角与斜距等逐一将各特征点点绘在横断面图上，各点连线即构成横断面地面线。

当现场无绘图条件时，也可采用现场记录、室内整理绘图的方法，但必须进行现场核对。横断面测量记录见表9-6。点绘断面按由下向上、由左向右的原则安排断面位置。绘图的比例一般为1∶200，对有特殊情况需要的断面，可采用1∶100的比例。每个断面的地物情况应用文字在适当位置进行简要说明，如图9-8所示。

表9-6　横断面测量记录

左侧	桩号	右侧
…	K1+220	…
$\frac{+0.2}{1.6}$ $\frac{+0.4}{2.2}$ $\frac{0}{1.7}$ $\frac{-0.7}{2.0}$	K1+240	$\frac{+1.0}{1.5}$ $\frac{+0.3}{2.0}$ $\frac{+1.3}{1.8}$ $\frac{+1.6}{2.0}$
…	K1+260	…

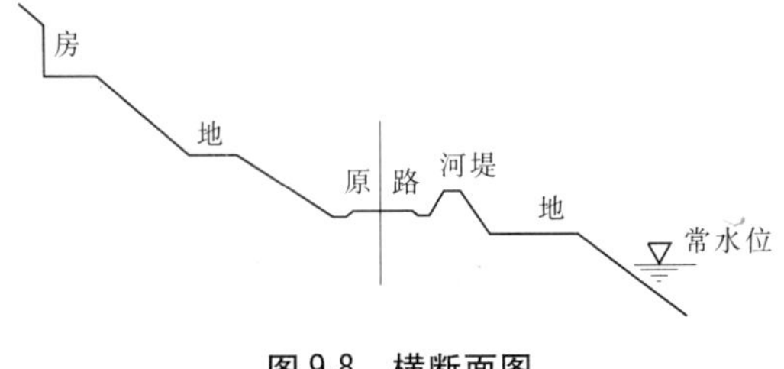

图9-8　横断面图

4）测量精度及测图范围

横断面中的高程、距离的读数取位至0.1 m。横断面测量检测限差应符合表9-7的规定。

表9-7　横断面测量检测限差

公路等级	距离	高程
高速公路、一级公路	$\pm(L/100+0.1)$	$\pm(h/100+L/200+0.1)$
二级及二级以下公路	$\pm(L/50+0.1)$	$\pm(h/50+L/100+0.1)$

注：L 为检测点到路线中桩的水平距离，m；h 为检测点与路线中桩的高差，m。

横断面的测量范围应根据地形、地质、地物及设计需要确定，一般要求中线左右宽度不小于20 m。高速公路、一级公路的分离式路基和二、三、四级公路的回头曲线路段，应测出连通上、下路线的横断面，并标注相关关系。横断面测量应反映地形、地物、地质的变化，并标注相关水位、建筑物、土石分界等位置。

（六）地形组

1. 任务

地形组的任务是根据设计需要，按一定比例测绘出沿线一定宽度范围内的带状地形图（或局部范围的专用地形图），供设计和施工使用。

地形图分为路线地形图和工点地形图两种。路线地形图是以导线（或路线）为依据的带状地形图，主要供纸上定线或路线设计使用。工点地形图是利用导线（或路线）或与其取得联系的支导线，为特殊工程（如大中桥、隧道和复杂排水、防护、改河、交叉口等工程）进行测量的专用地形图。

地形图若在公路初测中已测量，定测时只需对已有地形图进行核实、补充和完善。

2. 测设要求

（1）比例及范围。路线地形图常采用比例尺为1∶2 000；测绘宽度两侧各为100～200 m；对于地物、地貌简单，地势平坦的地区，比例可采用1∶5 000；测绘宽度每侧不应小于250 m。

（2）等高距规定。比例1∶500，0.5 m、1.0 m；比例1∶1 000，1.0 m；比例1∶2 000，1.0 m、2.0 m；比例1∶5 000，2.0 m、5.0 m。

（七）调查组

1. 任务

调查组的主要任务是根据测设任务的要求，通过对公路所经地区的自然条件和技术经济条件进行调查，为公路选线和内业设计收集原始资料。

2. 调查内容

调查的主要内容包括工程地质情况、筑路材料料场情况、预算资料及杂项情况等。对于旧路改建，还应对原路路况进行调查。可由2～3人组成综合调查组，也可分小组同时调查。

1）工程地质调查

工程地质资料是公路设计的重要资料，通过调查、观测和必要的勘探、试验，进一步掌握与评价路线通过地带的工程地质和水文地质情况,为正确选定路线位置、合理进行路线、路基、路面、小桥涵及其构造物的设计提供充分准确的工程地质依据。

工程地质调查的主要内容如下:

(1)路线方面。在工程地质复杂和工程艰巨的地段,会同选线人员研究路线布设及所采取的工程措施;调查沿线范围的地貌单元和地貌特征、地质构造、岩石、水文地质、植被、土壤种类、地面径流及不良地质现象情况,并分段进行工程地质评价;分段测绘代表性工程地质横断面,标明土石分类界限,并划分土、石等级;调查气象、地震及施工、养护经验等资料;编写公路地质说明书。

(2)路基方面。调查分析自然山坡或路基边坡的稳定状况,根据地质构造、岩性及风化破碎程度以及其他影响边坡稳定的因素,提出路堑边坡或防护加固措施;对于沿溪线,应查明河流的形态、水文条件、河岸地貌、地质特征、河岸稳定情况、受冲刷程度等,进而提出防护类型、长度及基础埋置深度等意见;对路基坡面及支挡构造物调查,提出路基土壤分类和水文地带类型。

(3)路面方面。收集有关气象资料,研究地貌条件,划分路段的道路气候分区,并提出土基回弹模量建议值,供路面设计时采用;调查当地常用路面结构类型和经验厚度。

(4)特殊地质、不良地质地区调查。如黄土、盐渍土、沙漠、沼泽以及滑坡、崩塌、岩溶、泥石流等地区的综合性地质调查与观测,为制定防治措施提供资料。

(5)路基取土调查。根据初步设计确定的取土方案进行,可不另进行专门勘察,但对于沿线集中取土或线外大型取土坑,均需进行详勘,并选取有代表性的土样,以鉴定其路用性质。

(6)隧道工程地质详勘。通常包括两项内容:一是隧道方案与位置的选择;二是隧道洞口与洞身的勘测,主要为隧道设计和施工提供所需的地质资料。

2)筑路材料料场调查

筑路材料质量、数量及运距直接影响工程的质量和造价。筑路材料调查的任务是根据适用、经济和就地取材的原则,对沿线料场的分布情况进行广泛调查,以探明数量、质量及开采条件,为施工提供符合要求的料场,主要有三个方面内容:

(1)使用条件调查。主要对自采加工材料如块石、片石、料石、砾石、砂、黏土料源的质量和数量进行勘探,以必要的取样试验决定料场的开采价值。

(2)开采条件调查。主要对矿层的产状条件、水文地质条件、开采季节、工作面大小、废土堆置场地、环境保护及安全处理措施等方面进行调查。

(3)运输条件调查。主要了解当地的交通运输情况以及公路建设过程中所需材料来源,对运输支线的修筑和各交通运输费用做进一步调查。

3)预算资料调查

施工预算是公路设计文件的重要组成部分,进行预算资料调查的目的就是要为编制施工预算提供资料。调查应按部颁《公路工程基本建设项目概算、预算编制办法》的有关规定进行。调查的主要内容包括:

(1)施工组织形式调查。主要调查施工单位的组织形式、机械化程度和生产能力以及施工企业的等级等。当施工单位不明确时,应由建设单位提供上述可能的情况及编制原则。

(2)工资标准。包括工人基本工资标准和工资性津贴(附加工资、粮价补贴、副食补贴)、其他地区性津贴及工人工资计算办法等内容。

(3)调拨或外购材料及交通运输调查。包括材料的出厂价格、可能发生的包装费和手续费、可能供应数量、运输方式、运距、中转情况、运输能力、运杂费(包括运费、装卸费、囤存、过渡、过磅等)、水电价格等内容。

(4)征用土地和拆迁补偿费。按国务院公布的《国家建设征用土地条例》和当地政府有关补偿费用标准和办法进行调查。

(5)施工机构迁移和主副食运费补贴调查。

(6)气温、雨量、施工季节调查。

(7)其他可能费用资料调查。

4)杂项调查

杂项调查主要是指占地、拆迁及有关项目的情况和数量调查,为编制设计文件的杂项表格提供资料。主要内容如下:

(1)占用土地的测绘和调查。

(2)拆迁建筑物、构造物(包括水井、坟墓等)调查。

(3)拆迁管理、电力、电信设施调查。

(4)排水、防护、改河以及临时工程(便道、便桥等)的调查。

(八)桥涵组

1. 任务

桥涵组的主要任务是调查与收集沿线小桥涵水文、地质、地形资料,配合路线总体布设,进行实地勘测,提供小桥涵及其他排水构造物的技术要求,研究决定小桥涵的位置、结构形式、孔径大小、进出口形式、埋置深度,以及上下游的防护处理等。

2. 工作内容

(1)桥涵水文资料调查。水文资料调查的目的是为确定设计流量和孔径提供所必需的资料。调查方法可采用水文计算的方法,主要有形态调查法、径流形成法、直接类比法。当跨径在 1.5 m 以下时,可不进行孔径计算,通过实地勘测,用目估法确定孔径。

(2)小桥涵位置的选定及测量。小桥涵的位置,原则上应服从路线走向,通常情况下是由选线组根据最佳路线位置确定下来的。但是,桥涵如何布置,应由桥涵人员根据实地地形、地质、水文条件综合考虑,然后进行桥址或涵址测量。

(3)桥涵结构类型的确定。小桥涵类型的选择应结合路线的等级和性质,根据适用、经济和就地取材的原则,结合其他情况综合考虑,使所选定的型式具有施工快、造价低、便于行车和利于养护等优点。

(4)小桥涵地质调查。小桥涵地质调查的目的在于摸清桥涵基底工程地质及水文地质情况,为正确选定桥涵及附属构造物的基础埋置深度及有关尺寸、类型等提供资料。调查的内容包括基底土壤类型及特征、有无地质不良情况、土壤冻结深度及水文地质对基础和施工的影响等。

（九）内业组

1. 定测内业工作内容

（1）应对各项外业资料进行检查、复核和签署，检查、复核内容包括测量方法的正确性、野外计算的正确性、记录的完整性等，检查各项勘测调查项目、内容及详细程度是否满足施工图设计的要求。

（2）对于向有关部门收集的资料，应检查、分析其是否齐全、可靠、适用、正确。

（3）及时进行路线设计和局部方案的取舍工作，外业期间宜做出全部路基横断面设计，并结合沿线构造物的布设，逐段综合检查所定公路线位的技术经济合理性，同时应进行必要的现场核对。

（4）对地形复杂的路线、不良地质地段、大型桥隧、立体交叉等地段的勘测调查资料，必须进行现场核对。

2. 定测应提交的成果

定测阶段应提交的勘测资料必须经过有效的检查，签署完备，并附有自检报告，以保证勘测资料的质量。定测阶段应完成和提交的资料如下：

（1）控制测量检测、补测或复测记录、计算和成果资料，地形图补充测量资料。

（2）各种调查、勘测原始记录、图纸及资料。

（3）各专业勘测调查的质量检查及分析评定资料。

（4）外业勘测说明书及有关协议和文件。

（5）根据设计需要编制的各种图表、说明资料。

思考题及习题

9-1 什么是公路初测？初测外业工作的主要任务是什么？

9-2 初测工作结束后应提交哪些成果？

9-3 什么是公路定测？定测外业工作的主要任务是什么？

9-4 水准点的设置有何要求？

9-5 横断面测量的方法有哪些？

9-6 什么是断链？产生断链的原因有哪些？

9-7 定测工作应提交的成果是什么？

第十章　公路现代测设技术

教学目标　了解公路路线计算机辅助设计(CAD)系统组成、数字地面模型及其在公路设计中的应用、“3S”技术在公路勘测设计中的应用。

第一节　公路路线 CAD 技术

一、CAD 技术简介

(一)CAD 的概念

CAD 是计算机辅助设计(Computer Aided Design)的简称,是近年来工程技术领域中发展最迅速、最引人注目的高新技术之一。它将计算机迅速、准确地处理信息的特点与人类的创造思维相结合,为现代设计提供了理想手段。

1963 年,美国麻省理工学院首次建立了 CAD 的概念,50 年来,随着计算机技术和微电子学的发展,价格低廉、性能优良的 CAD 软、硬件系统得到了广泛的应用。

(二)CAD 系统的组成

CAD 系统由软件系统和硬件系统组成。

1. CAD 软件系统

CAD 软件系统由数据库、图形系统和科学计算三部分组成。

(1)数据库:是一个通用性的、综合性的以及减少数据重复存储的“数据集合”。它按照信息的自然联系来构成数据,即把数据本身和实体之间的描述都存入数据库,用各种方法来对数据进行各种组合,以满足各种需要;使设计所需数据便于提取,新的数据便于补充。其内容包括原始资料、设计标准与规范数据、中间结果、最终结果等。数据库及其管理系统是整个 CAD 系统的纽带。

(2)图形系统:包括几何构型、绘制工程设计图、绘制各种函数曲线、绘制各种数据表格、在图形显示装置上进行图形变换以及分析和模拟等。图形系统是 CAD 技术的基础。

(3)科学计算:包括通用的数学函数和计算程序,以及在设计中占有很大比例的常规设计、优化设计等,即 CAD 的应用软件包。科学计算是实现工程设计、计算、分析、绘图等具体专用功能的程序,是 CAD 技术应用于工程实践的保证。

2. CAD 硬件系统

CAD 硬件系统由计算机、显示器、打印机及绘图仪四部分组成。计算机进行数据的处理,其处理的结果由显示器进行显示,供设计者判断、修改,最后由绘图仪输出所需的图形,由打印机输出数据处理的结果。必要时也可输出打印图形。在绘图精度和效率都要求较高的场合,可以在基本配置的基础上增加图形输出板或数字化仪,以改进输入手段,提高输入效率和精度,在输出方面可以增添图形硬拷贝机,以提高输出效率和效果。

(三)CAD 技术在工程上的应用

早在 20 世纪 60 年代,公路设计人员就运用计算机技术,解决公路路线中繁冗重复的计算问题。随着计算机图形处理功能的发展和动态可视化技术的日渐成熟,以及 GPS、航测、遥感等现代测量技术的应用和普及,道路 CAD 已逐步发展成为集数据采集与处理、设计、分析、优化于一体的集成化系统,该系统软件由数字地面模型子系统、路线平纵优化子系统、路线设计子系统、立体交叉口设计子系统、公路中小桥涵设计子系统、公路工程造价分析子系统六大专业设计子系统组成。

该系统覆盖了地形数据采集—建立数据地面模型—人机交互地进行路线平、纵、横设计,线形优化设计和人工构造物的设计图表屏幕编辑,并最终完成图纸的绘制以及工程造价分析等成套 CAD 技术。这些技术一经推出,很快得到了推广,并取得了显著的工程效益。

目前,路线 CAD 系统的发展方向是建立在数字地面模型基础上的三维设计。随着计算机技术的飞速发展,已解决了在实际应用中受数字地面模型大小限制的问题,使利用数字地面模型为依据进行多路线方案优化设计成为可能。桥梁 CAD 系统也在朝着基于数据库的项目管理、三维设计的方向发展。

二、公路路线辅助设计

(一)公路 CAD 系统总体结构

公路 CAD 系统总体结构如图 10-1 所示。系统采用模块技术,各子系统及子系统内

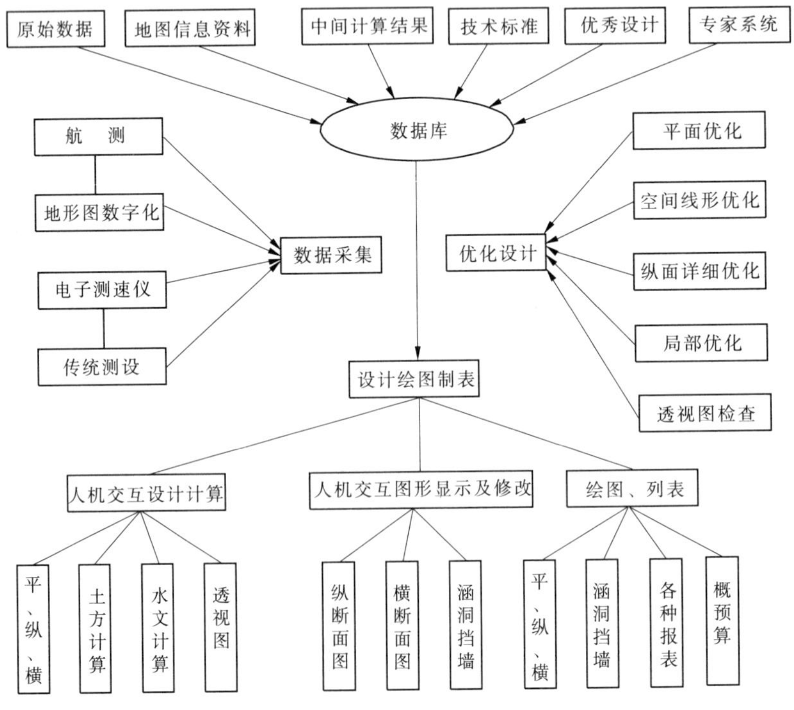

图 10-1 公路 CAD 系统总体结构

的各个程序都成为单独的模块。在系统使用时,运用菜单技术,通过数据库,采用数据通信的方式,有机地将各模块联系起来,在此数据库起到了桥梁的作用。这种模块化了的程序系统,不仅节省了有限的计算机内存空间,而且增添了系统的灵活性,即可以不断地把新模块增添到系统内,加强系统功能。

(二)数据采集

公路路线设计必须依靠大量的地面信息和地形数据。数据采集方法分类见图 10-2。

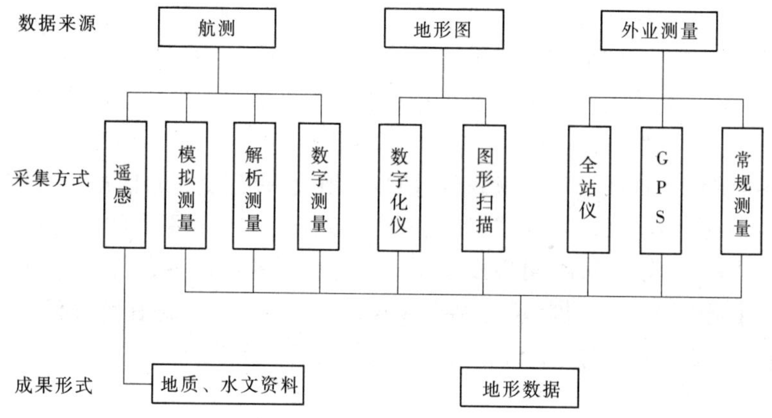

图 10-2 数据采集方法分类

(1)用现代化的航空摄影测量手段建立数字地面模型。该方法快速、自动化水平高,但采用专摄航片,需委托航测部门按数据采集的要求订立合同,这种专摄航片受到时间、费用等因素的限制,除非对重点工程项目,在目前条件下对一般公路建设项目工程尚难以推广。

(2)用全站仪或红外线测距仪地面实测的方法,直接建立三维的数字地面模型。该方法在工程上普遍采用。

(3)用传统的经纬仪、水准仪和小平板实测。

(三)路线优化设计

要使公路计算机辅助设计系统具备经济效益和获得质量较高的设计方案,必须包含优化技术。在进行优化设计时,应根据不同设计阶段,有不同的重点要求,建立一个从粗到细逐渐优化的思路,还应注意到多种复杂因素的干扰。在优化设计过程中,可不断发挥人机交互作用,以获得切合实际的最优方案。传统的道路路线设计一般是在路线平面位置确定以后进行的,利用计算机辅助进行路线设计有如下两种做法。

第一种:在数字地面模型支持下,借助数学方法,由计算机初定路线平面位置,进行优化设计,根据计算机选择的最优方案和数字模型提供的地形资料,完成整个路线设计工作,这种方法实现的 CAD 系统,自动化程度高。但是,由于平面线形优化涉及很多复杂因素,目前尚处于研究开发和完善阶段。

第二种:在路线平面位置确定以后,利用计算机进行辅助设计,类似于传统的设计方法。设计人员根据地形和环境条件,首先在实地或在地形图上(1∶1 000 或 1∶2 000)确定路线平面位置,将平面设计资料输入计算机,由计算机逐一完成或人机采用交互方式共同完成路线平面设计,然后输入平面设计方案所对应的纵、横断面资料,由计算机完成整个路线设计(如内业计算和有关图表的绘制等)。设计所需地形资料可由野外实测获得,也可以从地形图上或者在数字模型支持下通过程序提供。目前,现有的公路路线辅助设计系统大部分是采用这种方法开发的。

1. 路线平面设计

路线方案确定以后,设计者根据实际地形条件在实地或纸上确定平面线形。将平面设计资料输入计算机,例如交点坐标(或定点间距、偏角)、平曲线半径、平曲线类型、缓和曲线长度等。计算机根据这些资料按照程序计算路线里程、平曲线要素和曲线上各特征点的桩号以及逐桩坐标。设计者可以根据设计结果,反复调整设计参数,直至满意。这是在路线平面位置完全确定的情况下进行的,设计者基本上不参与路线平面设计的过程,为了充分发挥人的主观能动性,让设计者更多地参与平面设计,也可以采用人机交互的方式,在屏幕上进行平面设计,其过程简单描述如下:在路线平面方案确定的基础上,利用数字化仪将路线导线图或线形草图输入到计算机,作为平面设计的依据。在图形编辑软件的支持下,设计者利用直线、圆曲线和缓和曲线拟合出理想的平面线位,计算机输出该线形的设计结果,若不满足要求,可以反复调整上述元素的设计参数,直至满意。

平面设计完成以后,自动将设计结果以数据文件的方式存储在计算机中,供后续工作调用。也可以通过专用程序,绘制路线平面设计图和有关表格。

路线平面设计流程见图 10-3。

2. 路线纵断面设计

1)纵断面地面高程的获取

道路平面位置确定以后,一种方法是实地对道路中线进行水准测量或根据纸上定线的结果在地形图上人工读取中桩高程,通过键盘输入计算机,得到地面高程资料,这也是传统的获取纵断面地面线的方法。另一种方法是利用建立的带状数字模型,计算机进行数模内插,得到道路中线上任一点的高程值,从而获得纵断面地面线。这一方法可以局部或全部代替人工测量输入工作。

2)纵断面设计线的确定

路线平面设计方案确定以后,如何让计算机自动产生道路的最优纵断面,这是从事道路计算机辅助设计的人研究的重点。目前,国内利用计算机进行纵断面设计,仍采用传统的设计方法,即计算机将输入的地面资料处理后由绘图机输出或由屏幕显示一张纵断面地面线图,设计者在上面进行手工拉坡,然后将纵坡设计信息送回计算机,计算机自动完成纵断面设计的计算与输出工作。

路线纵断面设计流程见图 10-4。

3. 道路横断面设计

在整个道路设计中,横断面设计的工作量是相当繁重的,并且大部分工作是重复性的,例如横断面面积计算、绘图等。利用计算机进行辅助设计,既能提高设计速度,又可提高设计质量。

利用计算机进行横断面设计,需要处理大量的横断面地面线数据。这些数据若靠人工键盘输入,工作量是很大的,并且容易出错。一般是利用数字化仪将实测横断面地面线输入或通过数字地形模型自动产生。其工作过程可描述如下:设计者根据路线所经地区的地形、地质、水文、气候等条件,归纳可能出现的横断面形式和处理方式, 确定各段的标

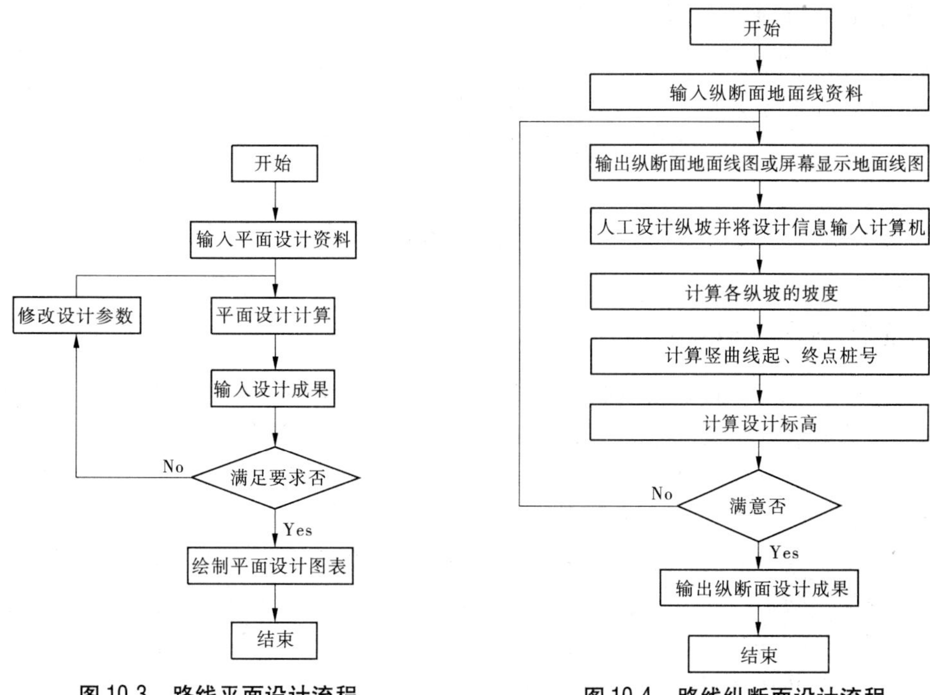

图 10-3　路线平面设计流程　　　　**图 10-4　路线纵断面设计流程**

准设计横断面形式及构造物布置形式,计算机根据标准横断面自动进行横断面设计。设计成果通过计算机逐个显示在屏幕上,设计者可根据地形、地质条件等在屏幕上修改不合理的设计断面。计算机自动提取并存入修改后的数据,计算土石方工程数量和土石方累计数据,根据土石方累计数据曲线,进行土石方调配。最后输出横断面设计图和有关图表。上述过程也可用图 10-5 表示。

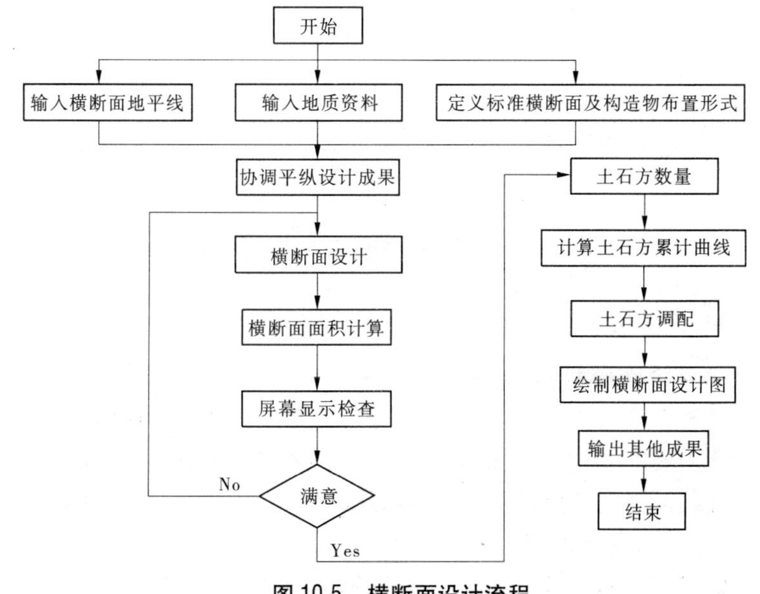

图 10-5　横断面设计流程

(四)计算机辅助设计、绘图和制表

现代计算机辅助设计一般具备在荧光屏上显示并通过人机对话设计方案进行修改;通过不断地人机交互作用,以获得切合实际的最优方案,在设计完成时可以利用绘图机输出各设计阶段所需的相应的图纸,并由打印机输出工程量和概预算等设计资料。

第二节　数字地面模型

一、数字地面模型及其应用

数字地面模型(DTM)是指地形地表形态等多种信息的数字表示,它由许多有规则或无规则阵列的地形点三维坐标(X,Y,Z)组成,是数字化了的地形资料存储于计算机的产物。对于呈带状的公路来说,需要的是公路左右一定范围内的地形资料,它所对应的数字地形模型,则为带状数字模型。有了数字地面模型,就可以采用一种数学内插方法,把这种地形信息拟合成一个表面,以便在公路设计时根据已知点的坐标计算出它的高程来。

数字地面模型是以抽象的数字阵列表示地貌起伏、地表形态的,虽然是一种不直观的、抽象的地表形态表示,人眼不能观察,但计算机可以从中直接、快捷、准确地识别,进行数据处理,提供方便的地形数据,以实现各项作业的自动化。

由于采用了数字地面模型,设计人员几乎只要根据地形图资料而不必进行极为艰苦的外业测量,或者只需要做一些必要的外业资料调查,便能既保证精度也能高效地完成各个阶段的设计工作。如果配合计算机绘图设备,同时还可绘出包括平、纵、横三方面的设计图纸,甚至公路透视图。图 10-6 所示的框图说明了数字地面模型的应用。

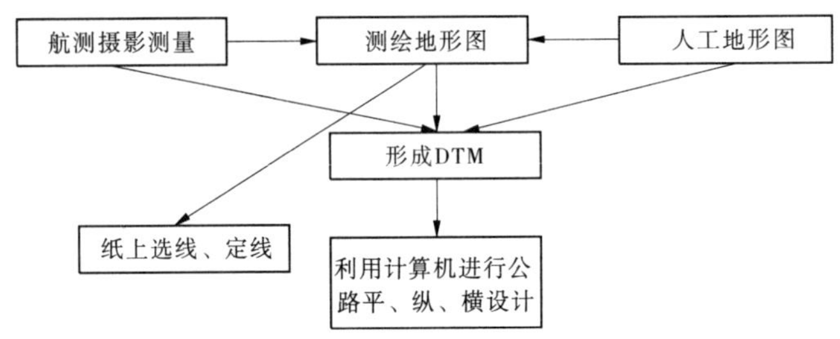

图 10-6　数字地面模型的应用

二、数字地面模型的种类

(一)离散式数字地面模型

离散式数字地面模型简称三点数模,是由随机分布的离散地形数据构成的,可通过内插产生路线设计所需要的纵、横断面地面线资料。其基本思想是:在地面某个小范围内,认为可用一圆滑曲线面表现,对每一个待定点,从存储的地形中选择该点附近若干个地形点,按距离远近考虑其相应权数,确定一拟合曲面。

三点数模的优点是地形点可以任意布置,能够适应地形的变化;缺点是地形点的选择要依赖设计人员的经验判断,占用计算机内存多,计算速度相对较慢。

(二)方格网式数字地面模型

这种形式的模型，只要将工程用地的一定范围划分成相等大小的方格或长方格，按一定次序读取网格点的高程即可。作为公路设计用的带状方格网数字地面模型，常可根据地形类别的变化，在不同区段选用不同的方格大小，以提高它的使用精度。

这种数字地面模型的优点是只需要储存网格点的高程值而无须储存平面坐标值，内插和检索简单，节省计算时间，采集数据方便，选点不依赖于经验。缺点则是地形变化大的地方精度较低，常常漏掉了地形的真正变化点。

(三)三角网式数字地面模型

这种数字地面模型，由所有三角形顶点的三维坐标组成，并把每个三角形看成是由三顶点高程构成的一个平面，因而划分三角网时，应尽量使三角形的周边以内所有等高线都呈直线，而且相互平行，间距相等。

这种数字地面模型虽然要存储各三角形顶点的三维坐标，但为了达到同样的使用精度，其网点数可以远小于方格网数字地面模型所需要的网点数，因而能节省很多的计算机内存。如果采用数字化仪等自动坐标输入装置，获取原始数据也颇为方便，只是要求操作者应有一定的工作经验，以免取点不当，降低计算精度。此外，为了有效地查询，还应将所有三角形按一定规律标号排列起来。

(四)鱼骨式数字地面模型

鱼骨式数字地面模型是在路线方案确定以后，沿路线方向和垂直于路线方向上采集地形点而构成的数字地面模型。其优点是：数据采集方法简单，容易从航测像片或地形图上采点，只考虑中桩及中桩两侧一定宽度内的地形；节省计算机内存。缺点是：要在路线方案确定以后才能建立数字地面模型，不能用作方案比选，在地形变化大的地区或远离中线的地方内插精度较低。

三、数字地面模型数据点的获取

数据采集是指选取构造数字模型的数据点及量取其坐标值的过程，是建立数字地面模型的基础工作。数据采集一般采用以下三种方式：

(1)从现有的地形图上获取。从现有的地形图上获取是对现有的地形图进行数字化。除可以人工读取数据外，目前最常用的是手扶跟踪式的坐标读取装置图形数字化仪。这种采集方式最为经济、简单；缺点是依赖于地形图，对没有地形图的地区无能为力。

(2)利用自动记录的测距仪(或全站仪)在野外实测，获取原始数据。这种方法数据精度高，但人工劳动强度大且费时，适用于局部补测。

(3)数字摄影测量方法。可以利用带有自动记录设备的立体测量仪或数字测图仪，对立体模型进行断面扫描或勾绘等高线，将坐标记录在纸带或磁带上。

第三节　公路透视图

现代公路除要能满足交通要求外，还要求行车舒适安全、线形和谐优美，与环境相互融合；乘客的视觉良好，心旷神怡，即使长途旅行也不感到疲劳和厌倦。良好的公路线形应该使驾驶员与乘客在行车安全和舒适两方面获得最大限度的满足。透视图技术是评价公路线形质量的主要手段之一,也是当今进行招标、投标时显现设计效果的重要手段。

某一点(视点)和被视物体的各点(物点)相连的射线(视线)与画面产生一系列交点,连接这些交点所产生的被视物体的图像即该物体的透视图,与画面垂直的视线称为视轴,视轴与画面的交点称为主点,视线与物体的交点称为物点,视线与画面的交点称为迹点。

道路路线透视图流程如图 10-7 所示,首先应计算道路各点的大地坐标,接着要确定视点、视轴及视轴坐标系,然后确定透视断面和透视物点,最后进行坐标计算转换,经过消隐等手段绘制出透视图。

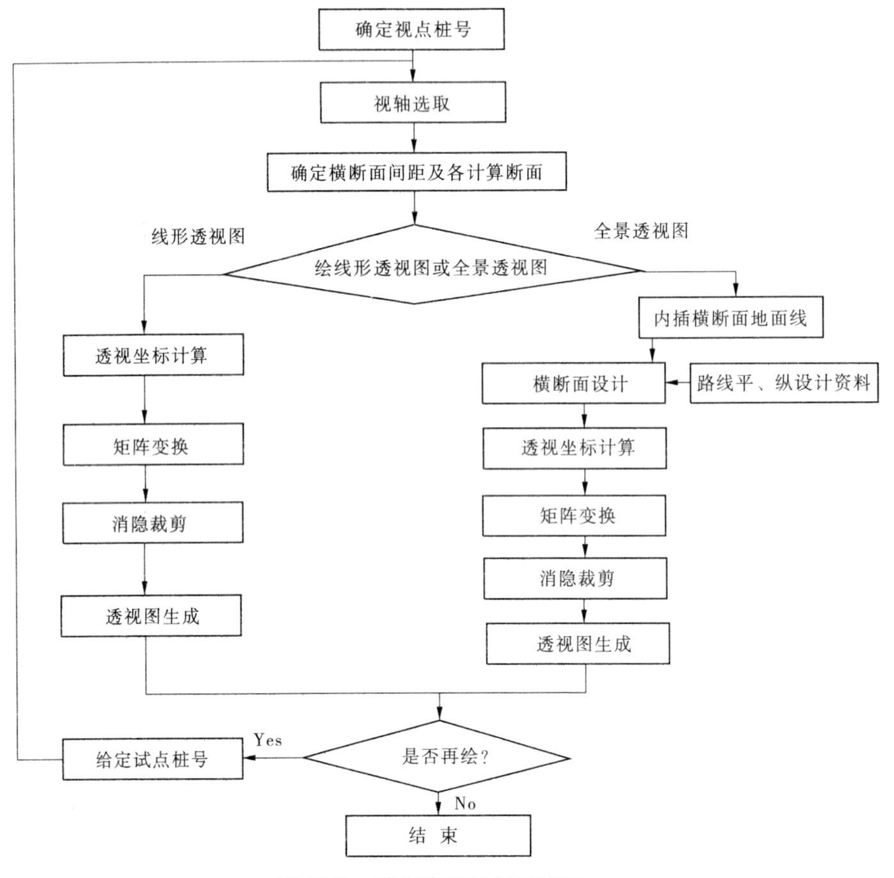

图 10-7 道路路线透视图流程

透视图的运行设计,通过设计者设置有关透视参数,然后显示或输出透视图的模型,也可以在计算机屏幕上观看动态透视图。通过透视图的检查,对公路平面、纵断面、横断面设计进行分析,对线形存在的问题进行修改,然后绘出透视图进行分析研究,直至满意。

第四节 "3S"技术在公路勘测设计中的应用

在大规模进行高速公路建设的今天,公路勘测设计的好坏以及设计水平的高低直接影响着整个工程的质量。因为一个公路建设项目质量的好坏、投资的多少以及运营的完善与否，直接取决于勘测工作是否周全，设计方案是否合理，两者是相辅相成、互为影响的。但目前的公路勘测设计仍然没有完全摆脱传统的勘测设计模式和方法，技术含量低，特别是高科技含量不足，制约了高速公路建设的发展。如何有效地加快勘测速度，缩短设计周期，优化设计方案，提高设计质量是公路设计人员面临的重要任务。

目前已提出了数字化地球的概念，并通过“3S”计划来实现，即

(1)丰富的全球地理信息系统(GIS)；

(2)精确的全球卫星定位系统(GPS)；

(3)先进的遥感测设系统(RS)。

未来的世界将是“数字化的世界”，数字化的概念将渗透到我国的各行各业。公路行业的数字化也是最近几年才提出来的概念。它也包括三个部分：

(1)公路的数字化地理信息系统；

(2)公路的全球卫星定位系统；

(3)公路的遥感测设系统。

一、地理信息系统(Geographic Information System)

公路 GIS 是综合处理三维公路信息的计算机软硬件系统，是 GIS 技术在公路领域的发展，是 GIS 与多种公路信息分析和处理技术的集成。数字化地理信息系统应该具备详细的地形数据资料，其内容主要包括平面点的坐标、高程，已建道路和桥梁的位置、名称，道路沿线的民宅、工矿企事业单位、田地、果林、鱼塘、水渠、河流、电力管线等详细地面资料。建立一个庞大的 GIS，单靠公路一家是无法实现的，需要与测绘、航测、规划、地勘等部门通力合作，系统完成后，完全可以实现资源共享，具有较大的经济效益和社会效益。应用 GIS，可以方便地打开某一个区域或设计路段数字化地形图，通过鼠标在地形图上选取控制点，方便地比选最佳路线方案，并同时获取其他相关信息资料(如最佳路径、最短出行时间、交通流量、道路沿线地区人口数量、经济状况、建材分布与储量、运输条件、土壤、地质和植被情况等)。同时，设计人员对同一起、终点的路线，可以选取不同的路线方案进行分析、对比、筛选，直至获得最满意的方案。

GIS 在道路前期规划中发挥了巨大作用，在 GIS 电子地图上准确确定出占地线宽度，自动算出占地亩数，占地范围内的鱼塘、田地、果树、电线杆、水井和电力管线等分项拆迁工程量，减轻前期规划人员外业作业强度，提高工作效率。还可以随时到现场进行碎部测量并采集数据，以补充更新原有的 GIS 数据库。

二、全球卫星定位系统(Global Positioning System)

GPS 是目前应用最广泛、技术最成熟的卫星导航和定位系统，它是一种可以授时和测距的空间交会定点导航系统。GPS 系统由卫星系统、地面控制系统、用户系统三部分组成，不仅具有全球性、全天候、连续性、实时性的精密三维导航与定位能力，而且具有良好的抗干扰性和保密性。相对于经典测量学说，GPS 定位技术具有观测点之间无须通视、定位精度高、观测时间短、提供三维坐标、操作简便以及全天候作业等优点。随着 GPS 技术的快速发展，产品的更新换代，新一代具备 RTK(实时动态定位)系统功能双频 GPS 接收

机的诞生，给当今公路测设事业注入了新的活力。最新的RTK技术在公路测设及建设中主要应用于以下几方面：

(1)工程控制测量。用GPS建立控制网，精密方法为静态测量。对大型结构物，如特大桥、隧道、互通式立交等进行控制，宜用静态测量；而一般道路工程的控制测量，则可采用实时GPS动态测量。该法在测量过程中能实时获得定位精度，当达到要求的点位精度时，即可停止观测，提高了作业效率。因点与点之间不要求通视，使测量简便易行。

(2)绘制大比例尺地形图。公路选线多是在大比例尺(1∶1 000或1∶2 000)带状地形图上进行的。用传统方法测图，先要建立控制网，然后进行碎部测量，绘制成大比例尺地形图。传统方法工作量大，速度慢，花费时间长。用实时GPS动态测量，在沿线每个碎部点上仅需短暂时间，即可获得测点的坐标，结合输入的点特征编码及属性信息，构成碎部点的数据，在室内由绘图软件成图。因只需要采集碎部点的坐标和输入其属性信息，采集速度快，降低了测图的难度，既省时又省力。当基准站设置完成后，整个测设系统可由一人持流动站接收机操作，也可设置几个流动站，利用同一基准站观测信息各自独立操作。

(3)公路中线测设。纸上定线后需将道路中线在地面上标定。采用实时GPS测量，只需将中线桩点的坐标输入GPS接收机，移动接收机就会定出放样点位。因每个点的测量独立完成，不会产生累计误差，各点放样精度一致。

(4)公路的纵、横断面测量。道路中线确定后，利用中线桩点坐标，通过绘图软件，即可绘出路线纵断面和各桩点的横断面。所用数据是测绘地形图时采集的，不需要再到现场进行纵、横断面测量，减少了外业工作。如需进行现场断面测量时，也可采用实时GPS测量。

(5)施工测量。实时GPS系统有良好的硬件，也有丰富的软件可供选择。施工中对点、线、面以及坡度等放样方便、快捷。

三、遥感技术(Remote Sensing)

遥感(RS)是利用航片或卫星照片上含有的丰富地表信息，通过立体观察和相片判释并经过计算机的自动处理、自动识别，以获得各种地形、地貌、地质、水文等资料的计算机软硬件系统。现代遥感技术系统一般由空间信息采集系统、地面接收和预处理系统、地面实况调查系统、信息分析应用系统四部分组成。

遥感技术的主要产品之一就是遥感专题地图。遥感专题地图通过图形符号，客观、系统地反映一定地区内环境和资源的空间分布和时间变化规律。按其内容和专题性质不同，遥感专题地图可分为三类，即自然地图(如地质图、地貌图、气象气候图、土壤图、植被图等)、社会经济地图(如行政区划图、居民分布图、经济地图、文化地图等)、其他专题地图(如航海图、航空图、城市平面图等)。

遥感技术及其所提供的遥感资料，具有视域广、整体感强、资料获取迅速、影像逼真、信息量丰富等特点，特别对地形、地貌、地质、植被等信息反映最为直接。目前，在公路勘测设计中，遥感技术主要是一种辅助性的地质勘察技术手段，其应用主要体现在以下几方面：

(1)查明地质条件。利用遥感影像，配合地面地质调查，可以判定区域地质条件、地形、地貌、岩性、构造和不良地质现象等资料，大幅减小野外工作量，节省野外勘察成本。

(2)为公路选线提供资料。在公路可行性研究阶段，利用TM卫星影像或SPOT影像，可以判释大地区域地质构造及地层岩性，推荐适宜路线布局的合适走廊带，为公路方案的选择与优化提供宏观地质依据。避开容易因工程建设而造成的多种不良地质现象发生地段，从而积极降低工程造价和路线运行维护成本。

（3）为路线构造物设计提供帮助。利用路线走廊带大比例尺航空摄影像片，可以判释出绝大部分物理地质现象，如崩塌、滑坡、泥石流等自然灾害的位置、规模，并能对相应的地质灾害提出相应的治理办法和建议，可以为工程构造物的位置、形式等提出建议。

（4）可对所选路线线形进行三维透视。通过 RS、GPS、GIS 一体化技术的综合处理，将遥感图像叠加于三维地形模型上，形成真实地形环境模拟，帮助设计人员了解路线线形是否顺畅，行车视距是否良好，与周围景观是否协调一致，更体现出遥感技术在公路路线比选中的重要作用。

思考题及习题

10-1　CAD 的含义是什么？CAD 的组成系统有哪些？

10-2　什么是数字地面模型？数字地面模型有哪几种类型？

10-3　数字地面模型原始数据采集方法有哪些？

10-4　什么是公路透视图？

10-5　简述“3S”技术在公路测设中的应用。

参 考 文 献

[1] 陈方晔,李绪梅. 公路勘测设计[M].2 版. 北京:人民交通出版社,2009.

[2] 田万涛. 道路勘测设计[M]. 北京:高等教育出版社,2010.

[3] 张雨化. 道路勘测设计[M]. 北京:人民交通出版社,2001.

[4] 金仲秋. 公路设计技术[M]. 北京:人民交通出版社,2007.

[5] 田平. 道路勘测设计[M]. 北京:机械工业出版社,2005.

[6] 王连威. 城市道路设计[M]. 北京:人民交通出版社,2001.

[7] 王健林. 公路勘测技术[M]. 北京:人民交通出版社,2011.

[8] 杨少伟,等. 道路勘测设计[M].3 版. 北京:人民交通出版社,2009.

[9] 吴瑞麟,李亚梅, 张先勇. 公路勘测设计[M]. 武汉:华中科技大学出版社,2010.

[10] 孙家驷. 公路勘测设计[M]. 北京:人民交通出版社,2005.

[11] 刘培文. 现代公路勘测设计实用技术[M]. 北京:中国科学出版社,2001.

[12] 蔡龙成,刘雨. 公路勘测设计[M]. 郑州:黄河水利出版社,2008.

[13] 中华人民共和国交通部. JTG B01—2003 公路工程技术标准[S]. 北京:人民交通出版社,2004.

[14] 中华人民共和国交通部. JTG D20—2006 公路路线设计规范[S]. 北京:人民交通出版社,2006.

[15] 中华人民共和国交通部. JTG C10—2007 公路勘测规范[S]. 北京:人民交通出版社,2007.

[16] 中华人民共和国交通部. JTG/T T10—2007 公路勘测细则[S]. 北京:人民交通出版社,2007.

[17] 中华人民共和国交通运输部. JTG C20—2011 公路工程地质勘察规范[S]. 北京:人民交通出版社,2011.

[18] 中华人民共和国交通部. JTG D81—2006 公路交通安全设施设计规范[S]. 北京:人民交通出版社,2006.

[19] 中华人民共和国交通部. GB 5768—2009 道路交通标志和标线[S]. 北京:中国标准出版社,2009.

[20] 中华人民共和国交通运输部. JTG B04—2010 公路环境保护设计规范[S]. 北京:人民交通出版社,2010.